国际电子商务法通论

International E-Commerce Law

薛虹 ◎著
Xue Hong

中国法制出版社
CHINA LEGAL PUBLISHING HOUSE

互联网开启了一个前所未有、让人眼花缭乱的时代，我们看到喷涌的天才，迅速的成功或者失败，巨大的商业机会，年轻人主宰的舞台。互联网，从它的雏形算起，也只有短短四十几年的历史，已经完全改变了我们的世界。互联网开启了人类信息社会的钥匙，正如火的发现照亮了人类文明的入口。互联网无愧于人类文明史上最伟大的发明创造之一。人类的文明史从此可以划分为有互联网的时代和没有互联网的时代。

——摘自《十字路口的国际知识产权法》

序　言

Luca Castellani*

In the last few decades technological development and the diffusion of information and communication technologies have changed radically society and economy. Moreover, the ability to exchange information anywhere and anytime has made the world much smaller.

Novel legal questions have arisen and possible solutions to those questions have been suggested. Many of those solutions are the effort of global efforts and adoption of the resulting uniform legislation helps harmonizing national laws in a field that, due to its own nature, is inherently transnational. This is the case, for instance, in the case of the law of electronic transactions and electronic signatures, where the texts prepared by the United Nations Commission on International Trade Law (UNCITRAL) have been adopted in more than 100 States. This is likewise the case of the Convention on Cybercrime of the Council of Europe (the "Budapest Convention"), which may be used also as a source of inspiration for domestic legislation. In addition, regional trade agreements contain an increasing number of provisions providing detailed guidance on specific aspects of national and international e-commerce law. The announced plurilateral initiative on e-commerce, to be discussed in the framework of the World TradeOrganisation, may add another layer to uniform e-commerce law.

China has taken the lead in promoting the use of information and communication technologies for commercial and non – commercial purposes. Chinese companies are among the global top players in this business sector. This is not surprising, as success in

---

* Legal Officer, UNCITRAL Secretariat, Vienna (Austria) and Secretary, UNCITRAL Working Group IV (Electronic Commerce). The views expressed herein are those of the authors and do not necessarily reflect the views of the United Nations.

this field requires ingenuity, entrepreneurship and skills that are recurrent in Chinese history.

With respect to e-commerce laws and regulations, China has sometimes relied on transnational models. This happed for the Law on Electronic Signatures, which is based on UNCITRAL texts. In other cases, it has adopted an original approach aimed at addressing specific Chinese needs and features.

China has now decided to address certain matters that are critical to its harmonious development of e-commerce. These matters pertain to e-commerce regulation and facilitation, protection of consumers online, conclusion and performance of contracts as well as dispute settlement. Specific provisions on platforms operator have attracted much interest as they are among the first to be adopted worldwide.

The preparation of the law has been meticulous and inclusive, spanning over few years. I had the honor to attend the initial and the last meetings of the drafting process as well as other related events. On those occasions, I have always learned much fromthe expertise of those involved. The author of this book, Professor Xue Hong, has been involved in every step of the drafting process as a leading expert. It is indeed fortunate that she wrote this book, which is not only the first work on the International e-commerce Law but a compilation of insights. The book is therefore particularly useful to understand the operation of the law and the goals pursued by its drafters.

The e-commerce Law is a work-in-progress. Suggestions to fine-tune certain provisions have already been made. A debate may be foreseen, enriched by practical experience. It will help in better understanding the content of the law and in promoting its use and interpretation.

From the international perspective, the e-commerce Law raises great hopes. Articles 71, 72 and 73 of the Law clearly pave the way to greater Chinese involvement in cross-border e-commerce law. In particular, those articles may support China' s adoption of two important treaties, the United Nations Convention on the Use of Electronic Communications in International Contracts and the Framework Agreement of the Facilitation of Cross-Border Paperless Trade in Asia and the Pacific. The first treaty provides core rules to assess the validity of electronic communications, including electronic signatures, exchanged across borders in a business-to-business environment. The second treaty promotes the exchange of trade-related data across borders, thus opening the way to international single windows and other trade facilitation mechanisms involving both private and public sectors.

China's adoption of the two treaties will send a strong signal of its engagement in leading not only technological but also legal innovation related to the digital economy. The international community will then not only take into full account Chinese views and needs, but also benefit from its expertise and experience. This will provide an important contribution to building a prosper and harmonious future in a fully connected world.

目　录

Contents

第一章　总　　论

第二章　电子商务合同法律问题

第三章　跨境电子商务法律问题

第四章　电子商务平台知识产权保护制度

第五章 电子商务争议解决

第六章 电子商务其他相关法律制度

第一章

总　　论

自电子商务于二十世纪九十年代中期兴起，世界范围内关于电子商务的立法出现了两次热潮。第一次发生在1997年至2001年，大多数国家和地区的电子商务立法明显受到了1996年联合国国际贸易法委员会的“电子商务示范法”及2001年“电子签名示范法”的促进和影响。以两个“示范法”为蓝本，出现了一系列代表性的立法。例如，新加坡于1998年颁布的“电子交易法”，曾经被多个亚太国家和地区所效仿，掀起了地区性的电子商务立法高潮。又如，欧盟1999年的“电子签名指令”、2000年的“电子商务指令”，为欧盟成员国的电子商务国内立法提供了框架和依据。2001年后，在世界各主要经济体均有了基本的电子商务法律之后，关于电子商务的国家与地区立法活动曾经一度沉寂。

进入二十一世纪，自第一个十年的中后期，电子商务立法的第二次热潮逐渐显现。经历十余年的发展，电子商务逐渐步入成熟阶段。商业模式层出不穷、市场规模剧增、在整体经济中的地位和比重逐步提升，关于电子商务的立法已经由浅入深、由点及面、由分散到系统。从最初消除妨碍电子商务发展的法律障碍的电子交易法，发展到涵盖电子商务中的数据流、商品流、资金流、保障电子商务发展环境的综合性法律。涉及商品质量、消费者保护、数据及隐私保护、网络服务提供者的责任、争议解决、网络安全、侵权犯罪、知识产权、税收和金融、电子政务等各方面的法律问题。有关国家与地区的电子商务立法更加注重在促进跨境电子商务，推动电子口岸、一站式通关等国际贸易便利化，实施电子政务，保障电子支付、发展云计算、大数据等新兴产业等方面发挥作用。随着二十一世纪第一个十年的结束，主要经济体的电子商务立法向更加成熟的阶段迈进，对于电子商务的核心、根本的法律问题的认识逐渐深化，立法向维护和规范数字经济时代的市场竞争秩序、保护人们基本权利的更高层次发展。

第二次电子商务立法方兴未艾之际，《中华人民共和国电子商务法》（简称中国“电子商务法”）于2018年8月31日横空出世，吸引了全世界的目光。中国“电子商务法”涉及经济、社会范围之广，内容之丰富，法律规范之新颖、独特，均使之在世界电子商务立法历史中留下浓墨重彩的一笔。中国“电子商务法”在立法领域、立法体例与法律规范方面的开拓性与创造性使之具有了新时代电子商务示范法的价值，值得正在修订或者制定本国“电子商务法”的国家与地区学习、参考与借鉴。以中国最新的“电子商务法”为蓝本，可以勾勒出国际电子商务立法的发展趋势，进而深入研究其基本框架与主要法律制度。

第一节　国际电子商务法的主要特征与发展趋势

电子商务本身具有全球性、跨国性的特点，因此，国家与地区的域内电子商务立法必须注意与其他国家与地区的相关法律规范进行协调，注意吸纳最新的国际立法的经验，尽量避免和减少法律冲突与贸易障碍，尽量保障电子商务的数据流、资金流、货物流在互联网上全球通畅。在世界各主要经济体都有了基本的电子交易法律之后，关于电子商务的立法逐渐向双边、多边、国际化的法律体系扩展，在国际法领域出现了一系列重要的电子商务国际法律文件。

一、立法领域：从域内法向国际法的发展

联合国国际贸易法委员会在总结提炼两部电子商务“示范法”的经验和教训的基础上，于2005年形成了《联合国国际合同使用电子通信公约》（简称“电子通信公约”），开启了电子商务立法的第二次高潮，为电子商务发展的高级阶段提供了新的法律规范和体系。“电子通信公约”是2005年11月23日由联合国国际贸易法委员会在“电子商务示范法”“电子签名示范法”的基础上制定、形成的正式的国际法律文件。该公约有18个国家签署，在3个成员国正式批准之后，于2013年3月1日生效。“电子通信公约”旨在确保以电子方式订立的合同和往来的其他通信在公约成员国之间的效力和可执行性与传统的纸面合同和通信相同，从而促进在国际贸易中使用电子通信，保障在国际合同中使用电子通信的法律确定性和商业可预期性。在电子交易的移动装置逐渐普及、跨国交易频繁的情况下，各国在国内立法中直接适用“电子通信公约”的条款，将促进法律的统一性，节约立法资源，进一步提高国际贸易的可预期性。对于尚未通过任何电子商务立法的国家，直接适用公约更有事半功倍的效果。

“电子通信公约”问世以来，原有电子交易法律的国家与地区纷纷根据公约对于本国法律进行了修改与更新。例如，马来西亚于2006年颁布的“电子商务法”、新加坡于2010年重新颁布的“电子商务法”（取代了1998年的旧法）均

以“电子通信公约”为依据。自2005年之后，通过联合国贸易与发展会议、国际贸易法委员会等专门机构对发展中国家及最不发达国家开展的法律援助项目，越来越多的新兴经济体、中小国家在电子商务立法中直接采纳了“电子通信公约”等最新的国际法律规范，实现了本国电子商务立法的跨越式发展。例如，老挝、柬埔寨等最不发达国家也相继开展了关于电子商务的立法。老挝于2012年年底颁布了“电子商务法”，柬埔寨正在起草有关的法律。

世界贸易组织的“贸易便利化协定”在三分之二的成员国批准后于2017年2月正式生效。联合国亚洲及太平洋经济社会委员会（联合国亚太经社委员会）于2016年5月形成的“亚洲及太平洋跨境无纸贸易便利化框架协定”，为跨境电子商务提供了进一步的国际法支持。

双边、多边的自由贸易、自由投资协定中大量出现了关于电子商务的条款与章节。2016年2月以美国为首的12国签署了“跨太平洋伙伴协议”，其中有“电子商务”一章。虽然由于美国特朗普政府决定从该协议中退出导致原协议并未生效，但是澳大利亚、文莱、加拿大、智利、日本、马来西亚、墨西哥、新西兰、新加坡、秘鲁、越南11国于2017年重启了谈判，于2018年1月达成了“跨太平洋伙伴广泛与促进协议”。该协议已于2018年12月30日在11国正式生效。原协议的“电子商务”章基本在新协议中得以保存。美国与欧盟正在进行的“跨大西洋贸易与投资伙伴协议”也有关于电子商务章节。总之，电子商务立法早已不限于国内法，而是出现了越来越多的国际法以及国内法与国际法之间的互动。

二、立法体例：综合化、体系化、系统化

电子商务整合了各类交易主体、客体及内容，因此，有关立法表现出明显的综合性、系统性特点，在立法体例上有所突破与创新。有的国家虽然为电子商务单独立法，但是注意与其他相关法律部门、规范之间保持有机性与协调性。有的国家则进行了包括电子商务在内的综合性立法。综合性立法并非将知识产权、数据保护、电信、网络安全、消费者保护、合同、税收、犯罪、侵权等方方面面的法律规范简单罗列，而是找到有关规范内在的联系，并使之真正融会贯通。

许多国家在进行这方面的立法探索。例如，德国有法典化的传统，早在1996年年底就颁布了“规范信息及通讯服务条件的联邦法律”（即俗称“多媒体

法”），涉及网络服务提供者的责任、数据保护、电子签名、网络犯罪、青少年保护、版权保护等方面的内容。由于该法形成时间较早，许多条款已经不适应现实的需要。2010 年英国通过了“数字化经济法”，覆盖了网络服务提供者的版权责任、广播电视服务、互联网域名管理机构、频率管理、电子游戏等各方面，但是各章节各自独立，仅是各类法律规范的合并而非整合。相比之下，巴西议会于 2014 年 3 月底通过的“互联网权利地标法”则并非一部大而全、包罗万象的法律，而是致力于确立电子商务的基本市场竞争秩序和原则、保护各方主体的基本权利。该法于 2014 年 4 月被巴西议案通过，经巴西总统在“关于互联网治理的未来的利益有关各方全球大会”上签署成为法律。该法律被称为互联网上的宪法、基本法。该法主要保护互联网用户的个人数据、隐私权等基本权利，明确了网络服务提供者的责任限度，确立了网络中立性的互联网市场竞争基本原则。

德国、英国、巴西出台的上述法律虽然属于综合性立法，但是均非专门关于电子商务的立法。11 个国家达成的“跨太平洋伙伴广泛与促进协议”中的“电子商务”章，则是迄今出现的关于电子商务综合化、体系化、系统化立法的最突出例证。该“电子商务”章仅有 18 个条文，但是涉及范围极为广泛，涵盖了海关管理、数字产品、电子交易、电子认证与电子签名、在线消费者保护、个人信息保护、无纸化贸易、消费者接入与使用互联网的选择权、电子形式信息的跨境传输、互联网互联费用分担、计算设施的物理位置、垃圾电子信息、促进中小企业的合作、网络安全的国际合作、源代码等各类法律规范。该协议中“电子商务”章内容广泛，被视为新时代电子商务立法的开拓者。在该“电子商务”章中，仅用很小的篇幅规范电子交易本身（直接援引了联合国“电子通信公约”或者“电子签名示范法”），却用大量的条文规范个人信息保护、消费者保护、争议解决、无纸化等贸易便利化措施、数字产品、数据跨境流动、电子交易安全与电子身份管理等新的法律领域与问题，突破了法律部门、体系、领域与规范的桎梏，横跨公法与私法，糅合了强制性规范与任意性规范，形成了以电子商务为核心的全新综合性立法体例。中国“电子商务法”在篇章结构实质上与之颇为近似。

三、法律规范：制度创新

二十世纪末兴起了第一次电子商务立法热潮，其间形成的法律大多以电子签名法为核心，尤其使用大量的篇幅对第三方认证加密数字形式的电子签名加以详细规定。但是随着电子商务发展到成熟阶段，各国越来越清晰地认识到这种形式的电子签名在实践中存在很大的局限、应用并不广泛。数字签名认证机构在运行中也存在诸多问题。因此，在第二次立法热潮中，绝大多数国家已经不再将电子签名及其认证作为立法的核心和主要内容，转而以法律规范构建安全、信用的电子商务发展环境及健康、公平的市场秩序为重点。在第一次热潮中完成立法的国家，也纷纷修改原有的法律，简化关于电子签名及其认证的法律规范，适应电子商务市场新的需要，构建新的法律规范与制度。例如，新加坡于2010年重新颁布了“电子交易法”，取代了1998年的旧法，大量简化了关于电子签名及认证的规定。欧盟于2014年出台了“统一市场电子交易有关电子认证和可信服务条例”，建立欧盟统一市场内部的跨境电子身份认证体系。欧盟于2016年颁布了“欧盟一般性数据保护条例”，重构了欧盟的个人数据保护法律。欧盟于2013年先后颁布了“消费纠纷替代性解决机制指令”与“消费纠纷网上解决机制条例”，推动在线争议解决机制在欧盟的发展与应用。欧盟于2009年颁布了“关于电子货币机构业务开办、经营和审慎监管的指令”，规范欧盟市场的电子支付服务。美国于2013年颁布了“市场公平法”，于2015年颁布了“国家网络安全保护提升法”（National Cybersecurity Protection Advancement Act of 2015），保障电子商务的市场秩序与交易安全。

电子商务发展迅速，有关立法必须兼顾现实的需要和发展的空间。因此，很多国家对于电子商务的法律规范设置了定期审议制度，随着形势发展不断调整、修改。例如，美国对于电子商务企业的税收豁免规定了期限，到期进行审查，决定是否延长。还有的国家规定政府采用新的、适用网络需要的公共事务管理手段和方式，如完善电子政务、改进证据制度、推进网上争议解决程序等。

四、法律原则：社会共治

全球化的、巨型的电子商务平台企业所制订和实施的交易规则、服务条款、用户政策等全球性规范快速生长，对于传统的国际、国内法律体系形成或者依赖、或者交叉、或者疏离、或者冲突的关系。拥有数亿用户的Google、Facebook、腾讯、阿里巴巴等全球性企业在其电子商务平台上实施或者修改的每一项重大“政策”或者“规则”，都会实质性影响使用其服务的亿万商家、消费者的利益。

这些电子商务平台企业的规则如果由企业单方面制订、适用于全球范围所有使用其服务的相对方，很可能过于注重商业利益，而忽视公共利益。规则虽然不是法律，但是其全球性、单方性、公共性的特征，已经具有社会规范的某些属性，足以影响社会公共利益。这些规则的复杂性、广泛性、影响力和约束力，非传统契约关系中的格式合同或者格式条款可比。这些规则在很大程度上不再属于平等主体之间的“私约”，而更近于社会“公约”。同时，巨型网络平台一旦出现管理疏漏、秩序混乱等问题，将严重损害社会公众的利益与社会经济的发展。例如，2018 年“剑桥分析”事件中，数据分析公司从 Facebook 获取了大量美国用户的个人数据，造成严重的数据泄露与滥用，甚至可能对美国总统大选结果产生影响。

为了保障社会公共利益，防止全球性电子商务平台及其交易规则的野蛮生长，传统的法律体系需要对这些企业及其规则进行必要的监督、规范。例如，台北市政府曾于 2011 年认定 Google 和 Apple 违反了我国台湾地区消费者权益保障法的规定，责令它们修改所运营的交易平台的有关规则。Apple 随后依照规定修改了交易规则，但是 Google 拒绝执行命令，被台北市政府处以 1000000 新台币的罚款。[①]又如，拥有全球 20 亿用户的社交网站 Facebook 关于用户隐私权的政策接连受到爱尔兰、加拿大等严格保护个人数据的国家数据主管部门的调查和处罚，在美国受到了美国联邦贸易委员会的调查。2018 年年底，美国哥伦比亚特区检察官首次对 Facebook 提出刑事检控，理由是 Facebook 疏于保护用户数据，采取误导性隐私权设置，并导致 8700 万美国用户数据被滥用。

传统法律体系的捉襟见肘说明不能完全依赖政府实现对互联网上电子商务平台及其交易规则的监管。互联网上的问题更适合用互联网的方式解决。2005 年联合国信息社会世界峰会形成的“突尼斯信息社会议程”提出了“利益有关方共同参与”的新型互联网治理模式。就互联网上的电子商务平台及其交易规则而言，政府、平台、商家、消费者与其他利益相关方共同开展生态型综合治理才能达到良好社会效果。“利益有关方共同参与”模式已经在现实中应用。例如，谷歌于 2010 年 2 月推出了类似微博的服务“Buzz”，但是该服务的默认设置公然践

---

① 台北市政府认为，Google 在其 Adriod Market 的交易规则中仅给予购买其手机应用程序的消费者 15 分钟内无条件退货的权利，违反了我国台湾地区“消费者权益保障法”规定的消费者 7 日内无条件退货的条款，应当受到处罚。Google 为此提起了行政诉讼。2012 年 12 月底，我国台湾地区高等行政法院裁定撤销了台北市政府的罚款决定。台北市政府不服法院裁决，已经提出了上诉。

踏用户的隐私设置，遭到了用户强烈的反对。对此，谷歌不得不公开道歉，并修改了其服务条款中关于隐私保护的规定。又如，2012 年年底，Facebook 为了平息用户对其隐私权政策的不满，在其平台上开放了用户投票表决的机制，根据投票结果决定是否修改隐私权政策。当然，“利益有关方共同参与”模式还在摸索和实验阶段，公众的参与尚且缺乏权利依据，参与渠道、程序和效力也没有相应保障，在电子商务法律规范中也缺乏体现。在此方面，中国“电子商务法”作出了有益的探索，正式承认了社会共治在电子商务监管中的地位、作用与效力，领全球电子商务立法风气之先。

总之，当今电子商务立法在国际法领域的扩展，综合化、体系化、系统化的立法体例特征，大量新的法律规范与制度创新的出现，都与蓬勃发展的电子商务相呼应。电子商务本身的复杂性、综合性和全球化决定了与其相关的法律体系和规范的性质和特征。在电子商务不足二十年的发展历程中，国内、国际法律体系和规范框架逐渐成熟和系统化，充分说明了立法理念、立法体例与制度创新的重要性，同时奠定了新时代法律发展的基础。

第二节　中国“电子商务法”的特征与适用范围

中国电子商务立法经历了长达 5 年调研、起草、审议的过程。2013 年 12 月，全国人大财政经济委员会牵头开展电子商务立法工作，组织成立由国务院十二个部门参加的电子商务法起草组。在起草过程中，认真落实科学立法、民主立法要求，注重提高立法质量，广泛吸纳地方人大、院校专家、部分电商企业和行业协会共同参与起草工作。起草组成立后，对电子商务现有法律法规进行了梳理，选定电子商务立法十六个方面重点课题进行研究，形成三十多份有份量、有深度的研究报告。[①]在课题研究基础上，电子商务相关部门、地方人大、高校、电商企业、行业协会等密切合作，形成四份电子商务法立法大纲和两个版本草案建议稿。起草组通过专题调研、座谈会、研讨会等多种形式，充分听取各方面意见，

① 全国人大财政经济委员会电子商务法起草组编：《中国电子商务立法研究报告》，中国财政经济出版社 2016 年版。

贯穿于起草的全过程。认真研究梳理、充分借鉴国际组织和主要国家的经验做法，先后于2014年、2016年召开两次国际研讨会，邀请联合国国际贸易法委员会和美国、欧盟、日本、新加坡等官员及专家，结合我国电子商务立法工作进行了专题研讨。草案建议稿整合形成草案初稿后，经征求国务院有关部门的意见，反复研究修改，形成草案讨论稿。2016年4月29日，电子商务法起草领导小组会议讨论并原则同意草案。此后，将草案发到各省区市人大财经委，广泛听取当地有关部门、企业、专家特别是全国人大代表、地方人大代表的意见，根据各地意见对草案进行了修改完善。2016年7月19日，全国人大财政经济委员会召开第49次全体会议，审议并原则通过草案，之后根据委员的意见进行了修改。此后，全国人大常委会办公厅发函国务院办公厅征求了国务院各部门的意见，财政经济委员会根据61个部门反馈的意见进行修改完善，并按照全国人大常委会法工委审核意见对重点问题进行了协调和修改，形成草案于2016年12月提交全国人大常委会第一次审议。2017年10月，电子商务法草案进行第二次审议。2018年6月，电子商务法草案进行第三次审议。2018年8月，全国人大常委会对电子商务法草案进行第四次审议后高票通过。中国“电子商务法”共有7章89个条文，于2019年1月1日起正式实施。①

历时五载、审议四次、公共征求公众意见三次的中国“电子商务法”以崭新姿态进入中国法律体系，吸引了全世界的目光。现阶段，我国电子商务发展遭受着相当多的法律障碍与政府过度监管，不利于我国经济整体升级和发展。同时，跨境电子商务正在遭遇严重的法律“瓶颈”，急需我国更积极地加入有关的国际法律体系（如“电子通信公约”等），维护我国企业、经营者在电子商务海外市场的权益。因此，我国的电子商务法顺应全球发展趋势，消除现有不适应电子商务发展的法律障碍，规范电子商务市场主体的行为，维护正常的市场秩序，在保护有关各方合法权益的基础上，促进电子商务健康、可持续发展。

一、中国“电子商务法”基本特色

在促进发展、保护合法权益和规范市场秩序的原则下，中国“电子商务法”

① 中国“电子商务法”共有总则、电子商务经营者、电子商务合同的订立与履行、电子商务争议解决、电子商务促进、法律责任、附则7章。

建立了综合性、基础性的法律框架，成为中国法律发展史上的重要里程碑，奠定了数字经济的法律基础。中国“电子商务法”有其突出特色。

第一，中国“电子商务法”是综合性的立法，涵盖了一系列与电子商务有关的法律问题。与许多国家的电子商务法不同，中国“电子商务法”并不局限于规制电子交易本身，而是延伸到电子支付、快递物流、数据保护、市场竞争、消费者权益保护、在线争端解决、跨境电子商务、政府监督管理等其他相关的关键性法律问题，构建有利于电子商务发展的整体性法律环境。中国“电子商务法”是问题导向的立法，不属于任何传统的法律部门，包括民商法、经济法、行政法等各类法律规范，创造出中国法律体系中调整数字经济的基本法。中国“电子商务法”体例与内容上的综合性特征系其优势，而非问题或者缺陷。

第二，中国“电子商务法”是基础性的立法，建立了大量的灵活性法律规范，以维系法律生态系统的一致性与发展力。中国“电子商务法”虽然是综合性的法律，但并非冗长的法律汇编，而是通过确立明晰的、基础的法律原则与框架，保障电子商务法律的进一步充实与发展。例如，中国“电子商务法”填补了电子支付、快递物流、在线争端解决等法律空白的领域，同时为这些领域制订具体的法律、行政法规提供了法律基础与依据。因此，中国“电子商务法”是一部数字经济的“母法”，由此可以生长、孵化出更多的法律制度。

第三，中国“电子商务法”是创新性的立法，建立了许多新的法律制度以适应电子商务的需要。中国“电子商务法”明确了社会共治的原则，鼓励创造性的政府监督管理，支持在数字经济中以市场作为资源配置主导力量，尽量减少政府对于市场的不必要干预；将电子商务平台经营者作为法律规范的核心，赋予其独立法律地位，规范其行为，明确其法律责任；承认自动信息系统的法律效力，建立电子商务平台知识产权保护制度，禁止对消费者进行“大数据杀熟”，规范电子商务市场竞争秩序，从而修正与更新了《中华人民共和国合同法》（简称“合同法”）、《中华人民共和国电子签名法》（简称“电子签名法”）、《中华人民共和国消费者权益保护法》（简称“消费者权益保护法”）、《中华人民共和国著作权法》（简称“著作权法”）、《中华人民共和国反不正当竞争法》（简称“反不正当竞争法”）等多部法律中的相关法律规范。

第四，中国“电子商务法”是国际化的立法。跨境电子商务是中国国际贸易的重要组成部分。中国“电子商务法”关于跨境电子商务的条款与国际贸易的法律、标准高度一致，建立了无纸化贸易与单一窗口机制的法律框架，鼓励发展关于跨境电子商务的综合性服务。

总之，中国“电子商务法”综合性、基础性、创新性与国际化的特征，充分反映了电子商务国际立法的发展趋势，为中国电子商务在新时代健康、持续发展提供了重要的法律保障。

二、中国“电子商务法”的适用范围

中国“电子商务法”调整对象和适用范围是否科学合理，直接关系到促进发展、规范秩序、保障权益的立法目标能否顺利实现，关系到整个“电子商务法”总体框架设计。经综合考虑我国电子商务发展实践、中国的现实国情、与国际接轨、与国内其他法律法规的衔接等因素，中国“电子商务法”将电子商务定义为通过互联网等信息网络销售商品或者提供服务的经营活动。[①]在此定义中，信息网络包括互联网、移动互联网等；销售商品包括销售有形产品和无形产品（如数字产品）；提供服务是指服务产品交易。

国外、国际立法在界定适用范围时也采用类似做法，突出电子商务经营性的特征。例如，“电子通信公约”第一条规定，本公约适用于经营地在不同成员国的当事人订立与履行合同所使用的电子通信；“电子商务示范法”第一条规定，本法适用于在商业活动方面使用的、以一项数据电文为形式的任何种类的信息；菲律宾“电子商务法”第四节规定，本法适用于商业和非商业活动中各种类型的数据信息和电子文件，包括国内和国际交易、贸易、布局、协议、合同以及信息的交换和存储等活动；韩国“电子商务基本法”第三条规定，本法适用于所有使用电子讯息的贸易和交易。

在立法过程中，电子商务定义的内涵并无重大争议，但是对于其外延与法律适用范围则存在不同看法。在立法过程中，中国“电子商务法”适用于境内电子商务活动的同时，能否适用于跨境电子商务活动，存在很大争议。在最初提交审议的草案中，法律适用范围规定为“在中华人民共和国境内发生或有境内电子商务主体参与的电子商务活动”。其后经过反复论证与征求各方意见，最终形成了中国“电子商务法”第二条第一款与第三款的内容，分别界定电子商务法适用范围、除外情形和与其他法律、行政法规的关系三个部分内容。

---

① 我国“电子商务法”第二条第二款。

虽然中国“电子商务法”规定适用于境内的电子商务活动，但是对此不应作僵化的理解。而且，境内电子商务活动不仅限于境内电子商务经营者，境外电子商务经营者符合一定条件的，应被视为在我国境内从事电子商务活动，而受电子商务法的管辖。

我国在努力建设网络强国，并提出要推动网络空间互联互通、共享共治，共同构建网络空间命运共同体。中国“电子商务法”对于我国参与全球网络空间治理、主导国际规则制定等方面具有重大意义。因此，如何理解该款中“境内”电子商务活动、如何处理有跨境电子商务活动，是正确适用“电子商务法”的关键法律问题。①

（一）境内电子商务活动

中国“电子商务法”第二条第一款规定，中华人民共和国境内的电子商务活动，适用本法。境内电子商务活动涉及境内经营者与境外经营者两种情况，中国“电子商务法”适用范围与条件有所不同，下分述之。

1. 境内电子商务经营者

根据“民法总则”第十二条规定，中华人民共和国领域内的民事活动，适用中华人民共和国法律，除非法律另有规定。我国公民、法人、其他组织通过互联网等信息网络销售商品或者提供服务进行电子商务活动，当然属于境内电子商务活动，应适用中国“电子商务法”。我国境内建立的外资企业、中外合资企业、中外合作企业②，系根据我国法律成立的中国法人或者非法人组织③（如亚马逊公司在中国建立的子公司卓越亚马逊），它们相互之间或者与我国公民、法人、其他组织之间进行的电子商务活动，亦应适用中国“电子商务法”。

---

① 在《中华人民共和国电子商务法条文释义》（以及条文研析与适用指引、条文解读等书）中，本书作者为我国“电子商务法”第二条第一款、第三款详解的唯一作者。

② 根据2016年9月3日《全国人大常务委员会关于修改〈中华人民共和国外资企业法〉等四部法律的决定》，依照中国有关法律在中国境内设立的全部资本由外国投资者投资的企业（不包括外国的企业和其他经济组织在中国境内的分支机构）；外国公司、企业和其他经济组织或个人按照平等互利的原则，经中国政府批准，在中华人民共和国境内，同中国的公司、企业或其他经济组织共同举办合营企业；以及外国的企业和其他经济组织或者个人按照平等互利的原则，同中华人民共和国的企业或者其他经济组织在中国境内共同举办中外合作经营企业；三类企业都必须遵守中国的法律、行政法规，不得损害中国的社会公共利益。

③《中华人民共和国外资企业法》《中华人民共和国中外合资经营企业法》规定，外资企业与中外合姿企业为中国法人；《中华人民共和国中外合作经营企业法》规定，合作企业符合中国法律关于法人条件的规定的，依法取得中国法人资格。

我国公民、法人、其他组织之间进行的电子商务活动，即便通过在国外的网站或者使用国外平台服务进行，亦应视为境内电子商务活动而适用中国“电子商务法”，除非交易双方明确约定排除我国法律适用（但在消费者贸易的情况下，此种协议排除的效力受到法律限制）。

（1）跨境电子商务

境内经营者从事跨境电子商务活动的，也应适用中国“电子商务法”。中国“电子商务法”第二十六条规定，电子商务经营者从事跨境电子商务，应当遵守有关进出口监督管理的法律、行政法规和国家有关规定；第五章“电子商务促进”规定了跨境电子商务的法律制度与措施。上述章节、条文足以说明，境内电子商务经营者从事跨境电子商务活动，并未被排除在中国“电子商务法”适用范围之外。

（2）电子商务经营者

中国“电子商务法”第九条规定，电子商务经营者包括电子商务平台经营者、平台内经营者以及通过自建网站、其他网络服务销售商品或者提供服务的电子商务经营者四类。根据我国法律建立、经我国市场登记、取得我国相关行政许可（如经营者网站登记）的法人、非法人组织或者自然人，不论属于何种类型，均属我国境内的经营者。此解释与《中华人民共和国涉外民事关系法律适用法》（简称“涉外民事关系法律适用法”）第十四条规定的适用登记地法律的原则完全一致。①

国务院于2000年颁布的《互联网信息服务管理办法》规定，通过互联网向上网用户有偿提供信息或者网页制作等服务活动从事经营性互联网信息服务，应当向省、自治区、直辖市电信管理机构或者国务院信息产业主管部门申请办理互联网信息服务增值电信业务经营许可证。因此，在我国获得经营性互联网信息服务许可证的电子商务经营者，从事电子商务活动，不论其实际投资人或者隶属的企业是否在我国境内，均属于境内经营者，应适用中国“电子商务法”。

（3）自由贸易试验区

我国自2013年起建立了多个自由贸易试验区（简称自贸试验区）。自贸试验区内进行的电子商务活动属于我国境内的电子商务活动。但是，根据《中国

---

① “涉外民事关系法律适用法”第十四条规定，法人及其分支机构的民事权利能力、民事行为能力、组织机构、股东权利义务等事项，适用登记地法律。

（上海）自由贸易试验区管理办法》第三条、第二十六条的规定，自贸试验区需要按照国际化、法治化的要求，建立高效便捷的管理和服务模式，促进投资和贸易便利化。因此，中国“电子商务法”中有关行政监管的规定在适用于自贸试验区时可加以必要的调整，以满足扩大开放与创新监管的实际需要。中国“电子商务法”在立法之初就充分考虑到国际化的要求，在制定过程中也多次征求国际社会的意见，总体上与我国法治发展的趋势与方向保持高度一致，具备适用于自贸试验区的条件与优势。而且，“电子商务法”第七十一条、第七十二条为促进跨境电子商务发展创设的一系列法律制度（如单证电子化、单一窗口制度等贸易便利化措施），也与自贸试验区先试先行的各种举措完全契合，为自贸试验区的跨境电子商务活动提供了有力的法律支持与保障。

另外，跨境电子商务的出口贸易中，我国经营者为了提高效率与节约成本，深入海外买家所在国家，在当地建立储存商品的海外仓。这些仓储设施处于我国境外，应当遵守所在国家或者地区的法律。

2. 境外经营者

电子商务活动天然具有全球性的特点，难依国家地域截然分割。本书作者认为，中国“电子商务法”规定的境内电子商务活动应作广义解释，可以视情况扩展适用于境外电子商务经营者。本书作者认为，中国“电子商务法”以下三种情况下可以扩展适用于境外经营者，即电子商务平台服务导致的扩展适用，保护我国消费者的扩展适用，以及依据国际条约或者协定的扩展适用。

（1）电子商务平台服务导致的扩展适用

根据中国“电子商务法”第九条规定，电子商务经营者，是指在电子商务中为交易双方或者多方提供虚拟经营场所、交易撮合、信息发布等服务，供交易双方或者多方独立开展交易活动的法人或者非法人组织。电子商务平台是我国电子商务发展的重要特征与基础设施①，承载平台内数量众多的经营者，在电子商务活动中处于核心与枢纽地位。平台内经营者虽然独立开展交易活动，但是必须遵守平台经营者的交易规则与服务协议，并且必须使用平台提供的自动信息系统

① 中国“电子商务法”第六十六条规定，国家推动电子商务基础设施和物流网络建设，完善电子商务统计制度，加强电子商务标准体系建设。

达成交易，平台所在地（登记地）实际上决定着电子商务活动的发生地。[①]我国电子商务平台经营者应当依法取得有关的主体登记与网站许可（包括互联网信息服务增值电信业务经营许可证）。因此，本书作者认为，境外法人或者非法人组织使用我国电子商务平台服务从事经营活动的，即便依据外国法律建立，也并未在我国取得市场主体登记、经营性网站许可证，都可以视为在我国境内从事电子商务活动，受中国“电子商务法”的管辖，除非该外国经营者与平台经营者明确协议约定排除我国法律适用。

主要的电子商务平台经营者均在其平台规则与服务协议中明确了平台内经营者的法律适用与司法管辖，而且不允许平台内经营者协议排除。例如，阿里巴巴集团“淘宝”“天猫”“aliexpress”等我国境内电子商务平台均已经获得增值电信业务经营许可证、网络文化经营许可证、出版物网络交易平台服务经营备案证、互联网药品信息服务资质证书、公安网安备案等我国各类登记注册，且均在交易规则中明确规定适用我国的法律、行政法规。因此，中国“电子商务法”当然适用于上述平台内的经营者。[②]

相比之下，我国境外的电子商务平台经营者在交易规则中对于法律适用有完全不同的约定。例如，alibaba. com 属于建立在新加坡的电子商务平台，其服务协议的格式条款规定，本协议的解释、阐释与实施这方面均应遵守新加坡法律，与本协议有关的一切争议均受新加坡法院的专属管辖。这印证了电子商务平台经营者所在地决定平台内经营者的法律适用与司法管辖。

“电子商务法”因电子商务平台服务适度扩展适用，符合实际情况，也与域外法律发展趋势相一致。2018 年 5 月实施的欧盟“统一数据保护条例”为了保护欧盟国家公民的个人数据，适用范围不仅及于在欧盟成员国境内设立的个人数据控制者，还扩展到未在欧盟境内设立，但是为了处理个人数据而使用了设置在欧盟成员国境内的自动或者非自动设备（除非该设备仅为运输而穿越欧盟领域）的个人数据控制者。同理，天猫、京东等大型电子商务平台，已经成为重要的电子商务基础设施，方便为数众多的外国企业在中国市场从事经营活动，这些企业即便在我国境内没有分支机构或者代表机构，但是使用了在我国建立与登记的电

---

① 市场监管总局于 2018 年 12 月 5 日发布的“关于做好电子商务经营者登记工作的意见（国市监注〔2018〕236 号）”规定，电子商务经营者申请登记为个体工商户的，允许其将网络经营场所作为经营场所进行登记。因此，电子商务平台内经营者可以将所在电子商务平台登记为其网络经营场所。

② 《天猫规则》第五条规定，用户应遵守国家法律、行政法规、部门规章及相关规范性文件的规定。

子商务平台的服务，也应当遵守中国的电子商务法律。

（2）保护我国消费者的扩展适用

电子商务是通过互联网等信息网络进行的经营活动，方便跨越距离与物理空间的局限，经营者可以面对全球性市场提供商品与服务，消费者也可以在全球各地购买与消费。我国消费者受惠于电子商务的发展，已经成为“全球购”的主力，但是一旦在跨境交易中发生争议或者合法权益受到损害，则难以维权。绝大部分我国消费者缺乏应用外国法、在境外寻求法律救济的能力，高昂的维权成本也令人望而却步。

中国“电子商务法”在消费者权益保护方面不仅与“消费者权益保护法”等现有法律、行政法规保持一致，而且根据电子商务特点对有关法律、行政规范作出了调整、澄清或者补充，为电子商务消费者提供了进一步的法律保障。①我国消费者如能在跨境消费中适用中国“电子商务法”，则其合法权益能够得到比较充分、有效的保障。

为了保护消费者的合法权益，境外经营者与境内消费者之间的民事关系适用消费者所在地法律，已经成为国际社会普遍接受的法律适用原则。“涉外民事关系法律适用法”第四十二条明确规定，消费者合同，适用消费者经常居所地法律。因此，经常居所地为我国的消费者与境外电子商务经营者之间的购买商品与服务合同，应适用中国“电子商务法”的规定。

在传统国际消费者贸易中，适用消费者所在地法律的原则存在两种例外情形，即（a）经营者在消费者经常居所地没有从事相关经营活动的，适用商品、服务提供地法律；（b）消费者选择适用商品、服务提供地法律，适用商品、服

① 中国“电子商务法”第二十条规定，电子商务经营者应当按照承诺或者与消费者约定的方式、时限向消费者交付商品或者服务，并承担商品运输中的风险和责任。但是，消费者另行选择快递物流服务提供者的除外。第二十一条规定，电子商务经营者按照约定向消费者收取押金的，应当明示押金退还的方式、程序，不得对押金退还设置不合理条件。第三十九条规定，电子商务平台经营者应当建立健全信用评价制度，公示信用评价规则，为消费者提供对平台内销售的商品或者提供的服务进行评价的途径。第十九条规定，电子商务经营者搭售商品或者服务，应当以显著方式提请消费者注意，不得将搭售商品或者服务作为默认同意的选项。第五十八条规定，国家鼓励电子商务平台经营者建立有利于电子商务发展和消费者权益保护的商品、服务质量担保机制；还规定了电子商务平台经营者的保证金制度与向消费者承担先行赔偿责任的条件。第六十一条规定，消费者在电子商务平台购买商品或者接受服务，与平台内经营者发生争议时，电子商务平台经营者应当积极协助消费者维护合法权益。

务提供地法律。①

随着跨境电子商务的发展，上述例外情形需要重新解释。如果我国消费者在国外旅行期间消费有关的商品或服务，相关经营者在我国没有从事相关经营活动的，有关的消费者合同适用经营者提供商品、服务地的法律并无不妥。但是，在跨境电子商务中，外国法人及非法人组织，即便在我国没有登记注册、没有建立境内的机构，也没有使用境内的电子商务平台服务，仍然可以通过互联网等信息网络（如自建网站、使用境外交易平台或者社交媒体）极其方便与直接地从境外向我国消费者提供商品与服务。因此，外国经营者是否在我国境内从事相关电子商务活动、是否通过网络向我国境内消费者提供商品与服务，应当根据实际情况加以判断。如果境外电子商务经营者（包括自建网站经营者、平台经营者与平台内经营者）使用的语言文字、支付货币与配送方式等交易诸方面均明确指向中国境内的消费者，应当视为面向我国消费者从事相关电子商务活动，应当属于我国境内的电子商务活动，从而适用中国“电子商务法”。

在跨境电子商务中，根据契约自由与意思自治原则，电子商务主体可以合同约定适用的法律。因此，理论上消费者如果选择适用经营者所在地法律的，从其约定。但是，在现实生活中，消费者常常受制于经营者提供的格式条款或者格式合同，被动选择商品、服务提供地的法律为合同适用的法律。在此情况下，法律有必要给予消费者必要的保护与救济，以弥补消费者在缔约能力上的不足。因此，如果境外经营者在格式条款或者订立合同的自动信息系统中明确规定合同适用商品、服务提供地法律，排除中国“电子商务法”等我国法律的适用，合法权益受到损害的我国消费者可以到我国有管辖权的法院起诉，以对该法律适用条款不知情不同意为由，主张适用该条款无效。我国法院可以根据消费者的主张与证据，认定有关适用外国法条款是否有效。

（3）依据国际条约或协定的扩展适用

跨境电子商务是我国对外贸易重要组成部分。中国“电子商务法”第七十一条、第七十二条在单证电子化、单一窗口建设、跨境电子商务综合服务等方面均有创新性的法律制度设计。中国“电子商务法”第七十三条规定，国家推动建立与不同国家、地区间跨境电子商务国际交流合作，参与电子商务国际规则的

① “涉外民事关系法律适用法”第四十二条也规定，消费者合同，适用消费者经常居所地法律；消费者选择适用商品、服务提供地法律或者经营者在消费者经常居所地没有从事相关经营活动的，适用商品、服务提供地法律。

制定。因此，我国与其他国家、地区所缔结或参加的国际条约、协议规定跨境电子商务活动适用中国“电子商务法”的，应从其规定。

随着我国“一带一路”等国际化经济战略的实施及我国电子商务企业全球化经营活动的开展，我国或者正在发起或者已经参与多个国际双边协议①、国际多边协议②、区域性贸易协议③或者国际投资协议④，以维护我国的经济贸易利益，保障我国企业走出国门后的合法权益，保护我国消费者的合法权益，并彰显全球第二大经济体的国际经济贸易影响力。在这些国际双边、多边、区域性国际条约、协议中，我国及其他国家与地区本着互利互惠的原则，规定在相关跨境电子商务活动适用中国“电子商务法”的，自当适用。

（二）除外情形

中国“电子商务法”第二条第三款第二句规定，金融类产品和服务，利用信息网络提供新闻信息、音视频节目、出版以及文化产品等内容方面的服务，不适用本法。

在立法过程中，关于上述除外情形的规定并非没有争议。有观点认为金融类产品和服务、利用信息网络播放音视频节目和提供互联网文化产品不应排除于适用范围之外。但是经多方考量，仍然保留了上述除外情形的规定。但是，对于这些被排除在电子商务法适用范围之外的情形，需要正确解读，避免不适当地扩大与扩展。

1. 有关网络内容的服务

关于提供网络新闻信息、播放网络音视频节目、提供网络出版与互联网文化产品等内容方面的服务，国家有专门的法律、行政法规与部门规章加以管理与规

① 例如，我国与韩国、澳大利亚签订的双边自由贸易协议。

② 例如，我国参与了世界贸易组织服务贸易协议的谈判。

③ 例如，我国正在与东盟十国、澳大利亚、新西兰、印度、日本、韩国共16个国家进行“区域性全面经济伙伴关系协议”的谈判。

④ 例如，我国与非洲国家签署的投资协议。

范，不属于电子商务法管辖。[①]

但是，中国“电子商务法”第五十一条第二款规定了采用在线传输方式交付合同标的之情形。[②]按照一般的理解，能够以此方式交付的标的系指数据信息、虚拟财产、知识产权等数字产品。网络音视频节目[③]、网络出版[④]、互联网文化产品[⑤]与网络新闻信息[⑥]，均在此列。

因此，电子商务合同的交易标的为在线传输的网络音视频节目、网络出版物、互联网文化产品或者网络新闻信息的，其合同成立、履行等交易行为应可适用中国“电子商务法”相关规定；但是，前提条件是这些交易标的符合国家相关网络内容服务管理的规定，具备合法性，可以依法采用网络传输。否则，电子商务经营者就违反了中国“电子商务法”关于交易标的合法的规定，应依法承担法律责任、受到相应的行政处罚。中国“电子商务法”第十二条、第十三条、第七十五规定，电子商务经营者从事经营活动，依法需要取得相关行政许可的，应当依法取得行政许可；且不得销售或者提供法律、行政法规禁止交易的商品或者服务；否则，应依照有关法律、行政法规的规范处罚。

2. 金融类产品和服务

为了保障国家经济安全与公民、法人的财产安全，国家应当对于金融类产品

---

① 根据国务院于2000年颁布的《互联网信息服务管理办法》规定，从事新闻、出版、教育、医疗保健、药品和医疗器械等互联网信息服务，依照法律、行政法规以及国家有关规定须经有关主管部门审核同意的，在申请经营许可或者履行备案手续前，应当依法经有关主管部门审核同意。2015年8月20日国家新闻出版广电总局（经工业和信息化部同意）公布《网络出版服务管理规定》，自2016年3月10日起施行；《互联网等信息网络传播视听节目管理办法》自2004年10月11日起施行。文化部于2011年2月11日发布《互联网文化管理暂行规定》，自2011年4月1日起施行；2017年5月2日国家互联网信息办公室公布《互联网新闻信息服务管理规定》，自2017年6月1日起施行。

② 中国“电子商务法”第五十一条第二款规定，合同的标的为采用在线传输方式交付的，以合同标的进入对方当事人指定的特定系统并且能够检索识别的时间为交付时间。

③ 根据《互联网等信息网络传播视听节目管理办法》的规定，以互联网协议（IP）作为主要技术形态，以计算机、电视机、手机等各类电子设备为接收终端，通过移动通信网、固定通信网、微波通信网、有线电视网、卫星或其他城域网、广域网、局域网等信息网络，从事开办、播放（含点播、转播、直播）、集成、传输、下载视听节目服务等活动，属于该办法管辖的互联网等信息网络传播视听节目。

④ 根据《网络出版服务管理规定》的规定，通过信息网络向公众提供网络出版物，包括原创数字化作品、原有作品的数字化、网络数据库及其他数字化作品，均属于该规定管辖的网络出版的范围之内。

⑤ 根据《互联网文化管理暂行规定》的规定，网络原创音乐娱乐、网络游戏、网络演出剧（节）目、网络表演、网络艺术品、网络动漫等文化产品，或者将上述原有的文化产品数字化并于互联网上传播的文化产品，均属于该规定所管辖的互联网文化产品。

⑥ 根据《互联网新闻信息服务管理规定》的规定，新闻信息，包括有关政治、经济、军事、外交等社会公共事务的报道、评论，以及有关社会突发事件的报道、评论均属于该规定管辖的互联网信息服务。

与服务加强监管与规范。因此，货币、黄金、外汇、有价证券、虚拟货币等金融产品、股票、期货、期权、保险等金融工具，均排除在中国“电子商务法”的适用范围之外。中国“电子商务法”第四十六条严禁电子商务平台经营者采取集中竞价、做市商等集中交易方式进行交易或者进行标准化合约交易，明确了电子商务平台经营者不得从事证券、期货类交易所业务。

根据人民银行等十部门于2015年发布的《关于促进互联网金融健康发展的指导意见》，互联网支付、网络借贷、股权众筹融资、互联网基金销售、互联网保险、互联网信托和互联网消费金融等为互联网金融主要业态。将上述互联网金融类产品与服务排除于中国“电子商务法”适用范围之外，是与现阶段互联网经济发展水平、法律需求及中国“电子商务法”的能力与体量相适应的。互联网金融的监管法律、制度与措施正在逐步建立与完善的过程中，将来时机成熟，国家有可能对此专门立法。

中国“电子商务法”虽然将金融类产品和服务排除于交易标的之外，但是并未排除电子支付在电子商务合同履行中的作用。中国“电子商务法”第五十三条明确允许电子商务当事人约定采用电子支付方式支付价款。电子支付虽然广义上属于金融类服务，但也是支撑电子商务正常运行所必需的服务。因此，中国“电子商务法”非但没有将电子支付排除在外，而且在第三章“电子商务合同的订立与履行”中用五个条文（第五十三条至第五十七条）比较详细地规定了电子支付服务提供者对于用户的义务与责任、用户使用电子支付的注意义务以及错误支付与非授权支付的风险与责任。

总之，中国“电子商务法”第二条第三款中关于除外情形的规定，应当结合具体情况加以判断，不应作过于僵化的理解。

（三）与其他法律、行政法规的关系

中国“电子商务法”第二条第三款第一句规定，法律、行政法规对商品交易或者服务交易有规定的，适用其规定。本书作者认为，该条款不应解释为只要其他法律、行政法规对于商品交易或者服务交易有规定，中国“电子商务法”就被排除适用。中国“电子商务法”系综合性与基础性立法，涵盖了一系列与网络商品与服务交易相关的法律问题与法律关系。该条款是为了保证我国法律体系的统一性，尽量避免新法与其他相关法律、行政法规发生冲突而作出的规定。

中国“电子商务法”的法律规范，与现有法律规范相比，依其创新程度，

可以大致分为创新性、补充性与更新性三类规范。在处理与其他法律、行政法规的关系上，中国“电子商务法”三类规范的适用情况有所不同。

1. 创新性规范

在现有法律、行政法规尚付阙如的方面，中国“电子商务法”创造性地建立了新的法律制度与规范。例如，关于电子商务平台经营者、电子支付、物流快递、网上争议解决、信用评价、电子商务市场竞争规制、跨境电子商务监管等问题，现有法律、行政法规并无明确、系统的规定，仅散见于层级较低的大量部门规章中，中国“电子商务法”填补了这些方面法律上的空白，不仅发展了我国现有的法律体系，而且为后续的专门性立法奠定了基础。中国“电子商务法”中的创新性规范，与其他法律、行政法规没有任何冲突与矛盾，应予适用。

2. 补充性规范

中国“电子商务法”虽然是综合性立法，但是无意成为一个巨大的各类法律的汇编。对于某些法律问题，现有法律、行政法规中已经存在比较全面、系统、成熟的法律规范的，中国“电子商务法”不再赘述，尽量与之衔接，建立互操作性，保障我国法律体系的和谐统一。与此同时，针对电子商务的特点与实际需要，中国“电子商务法”对于现有法律、行政法规进行了适度补充。

数据信息流动与保护是电子商务中的重要法律问题，鉴于《中华人民共和国网络安全法》（简称“网络安全法”）等现有法律、行政法规已经对于个人信息保护作出规定，未来很可能制定专门的个人信息保护法，中国“电子商务法”与这些法律、行政法规的规定直接衔接①，同时补充规定了电子商务经营者查询、更正、删除用户信息的义务及措施、依法向国家有关部门提供电子商务数据信息的义务等，作为电子商务领域数据信息流动与保护的专项规定。②

在跨境电子商务领域，中国“电子商务法”规定，从事跨境电子商务的电

---

① 中国“电子商务法”第二十三条规定，电子商务经营者收集、使用其用户的个人信息，应当遵守法律、行政法规有关个人信息保护的规定。

② 中国“电子商务法”第二十四条规定，电子商务经营者应当明示用户信息查询、更正、删除以及用户注销的方式、程序，不得对用户信息查询、更正、删除以及用户注销设置不合理条件。电子商务经营者收到用户信息查询或者更正、删除的申请的，应当在核实身份后及时提供查询或者更正、删除用户信息。用户注销的，电子商务经营者应当立即删除该用户的信息；依照法律、行政法规的规定或者双方约定保存的，依照其规定。第二十五条规定，有关主管部门依照法律、行政法规的规定要求电子商务经营者提供有关电子商务数据信息的，电子商务经营者应当提供。有关主管部门应当采取必要措施保护电子商务经营者提供的数据信息的安全，并对其中的个人信息、隐私和商业秘密严格保密，不得泄露、出售或者非法向他人提供。

子商务经营者应当遵守有关进出口监管的法律、行政法规,[①] 同时创设了单证电子化、单一窗口等新的法律制度，以补充我国进出口监管体系适应跨境电子商务特点与需求。[②]

中国“电子商务法”还在与“合同法”“电子签名法”“消费者权益保护法”等有机协调与衔接的基础上，规定了相应的补充性规范，以适应电子商务的需要。例如，中国“电子商务法”第四十七条规定，电子商务当事人订立和履行合同，适用本章和“民法总则”“合同法”与“电子签名法”等法律的规定，同时补充规定了电子商务合同中自动信息系统的效力、在线传输方式交付合同标的的交付时间等法律制度。[③]

中国“电子商务法”补充性规范，基本上与相关法律、行政法规相互配合、彼此补充，并无法律适用上的冲突，因此，应与相关法律、行政法规共同适用。

3. 更新性规范

中国“电子商务法”在某些方面修改并更新了现有法律规范，这类规范虽然所占比重不大，但是确实存在。例如，中国“电子商务法”在《中华人民共和国侵权责任法》（简称“侵权责任法”）第三十六条的基础上[④]，发展与完善了《信息网络传播权保护条例》规定的知识产权通知、删除及反通知的法律制度，建立了关于电子商务平台知识产权保护法律规范体系，由知识产权保护规则、治理措施及法律责任几个部分构成。[⑤]

根据《中华人民共和国立法法》（简称“立法法”）确立的法律适用原则，

---

① 中国“电子商务法”第二十六条规定，电子商务经营者从事跨境电子商务，应当遵守进出口监督管理的法律、行政法规和国家有关规定。

② 中国“电子商务法”第七十一条规定，国家促进跨境电子商务发展，建立健全适应跨境电子商务特点的海关、税收、进出境检验检疫、支付结算等管理制度；第七十二条规定，国家进出口管理部门应当推进跨境电子商务海关申报、纳税、检验检疫等环节的综合服务和监管体系建设，优化监管流程，推动实现信息共享、监管互认、执法互助，提高跨境电子商务服务和监管效率。跨境电子商务经营者可以凭电子单证向国家进出口管理部门办理有关手续。

③ 详见中国“电子商务法”第四十八条、第五十一条的规定。

④ “侵权责任法”第三十六条规定，网络用户利用网络服务实施侵权行为的，被侵权人有权通知网络服务提供者采取删除、屏蔽、断开链接等必要措施。网络服务提供者接到通知后未及时采取必要措施的，对损害的扩大部分与该网络用户承担连带责任。

⑤ 详见中国“电子商务法”第四十一条至第四十五条的规定。中国“电子商务法”规定的电子商务平台知识产权保护制度适用于著作权、商标权、专利权等各类知识产权。《信息网络传播权保护条例》第十四条至第十七条规定的法律制度则仅适用于著作权及表演、录音录像等邻接权。

新法规定与现有法律原规定不一致的，适用新法规定。[①]在电子商务领域，更新性规范应当优于原有法律规范，得到适用。中国“电子商务法”第二条第三款的规定不应被解释为排除本法更新性规范的适用。

总之，中国“电子商务法”关于法律适用范围的规定不应仅依据字面含义加以僵化与狭义的解释，而是应当结合立法目的、现实需要与法律规范之间的关系，综合判断，让“电子商务法”得以发挥应有的作用。

---

① “立法法”第九十二条规定，同一机关制定的法律、行政法规、地方性法规、自治条例和单行条例、规章，特别规定与一般规定不一致的，适用特别规定；新的规定与旧的规定不一致的，适用新的规定。

第二章

电子商务合同法律问题

随着电子商务逐渐发展到成熟阶段，人们对于电子商务合同的认识在不断深化。联合国“电子商务示范法”虽然没有定义电子商务合同，但是依据其对数据电文与电子商务合同效力的规定，电子商务合同应指采用数据电文形式的合同，具体表现为利用互联网等信息网络生成、发送、接收或者储存的关于销售商品或者提供服务信息的合同。①

联合国“电子商务示范法”与“电子通信公约”确立了技术中立原则，即当事人在其所选择的手段符合相关法律规则目的的限度内享有采用适当媒介和技术的自由，法律不倚重或者偏袒任何技术。依据此原则，电子商务合同对于数据电文的所有应用技术采取平等与开放的态度，数据电文不论具体采用的是何种电子、光学、磁或其他类似技术手段，法律效力均不受影响。基于新兴的区块链技术开发的智能合同，通过计算机系统设定交易各方共同同意的通信与互动规则，能够为交易各方自动订立并执行，具有保障交易安全的优点，属于电子商务合同之列。

电子商务合同并非都是书面合同。随着移动互联网5G技术的成熟与应用，电子商务当事人可以更加方便地通过互联网语音或者视频进行谈判甚至缔约，即便合同内容没有转化或者固定为文字，也可以属于电子商务合同范畴。

数据电文既可以用于订立合同，也可以用于履行合同。当事人之间的合同如果非以数据电文形式订立，但采用数据电文形式履行（如以在线传输形式交付合同标的或者以电子形式支付价款），亦属于电子商务合同。在现实生活中，常见消费者在实体超市购物，但以电子形式（扫描二维码）付款，由此消费者与超市之间达成的合同就属于电子商务合同。

电子商务合同并不等同于远程合同。随着移动互联网的普及，电子商务合同早已不限于缔约方分隔两地、仅通过互联网通信的情形。即便缔约方近在咫尺，但是彼此通过互联网等信息网络达成交易、订立合同，也属于电子商务合同。以缔约方物理距离区分电子商务合同，难免武断之嫌。例如，消费者无论在网络上远程订餐还是在餐馆内电子点餐，所订立的合同均属电子商务合同，不应因消费者距离餐馆的远近导致合同性质上的差别。

从世界范围看，电子商务合同基本上已经得到各国法律的认可，其法律效力

---

① “电子签名法”第二条规定，数据电文为以电子、光学、磁或类似手段生成、发送、接收或者储存的信息。

不会仅仅因数据电文的形式而被否定。但是，随着电子商务的深入发展，围绕电子商务合同出现了更为尖锐、复杂的新的法律问题，传统的合同法已经无法解决，需要构建新的法律制度以明确电子商务合同自动信息系统的效力及相关各方的权利与义务，也需要对国际电子商务合同提供国际法律支持。在这些方面，中国“电子商务法”树立了国内立法的典范，联合国国际贸易法委员会则构建了相关的国际法律框架。

第一节　中国电子商务合同法律制度

中国“电子商务法”第三章以电子商务合同订立与履行为核心，以物流快递及电子支付为两翼，创新、丰富与发展了我国法律规范体系。[①]其中关于电子商务合同的条文，共有5个，即第四十八条（自动信息系统的法律效力及电子商务当事人的行为能力推定）、第四十九条（电子商务合同订立及格式条款）、第五十条（使用自动信息系统经营者的义务）与第五十一条（电子商务合同标的交付）。条文数量虽然不多，但是每个条文均是针对电子商务合同的特点对我国现有法律的重要补充与修正。关于电子商务合同自动信息系统的规定对于我国方兴未艾的区块链、智能合同等技术的发展应用提供了极为重要的法律支持[②]，奠定了我国数字经济环境下新型交易法的基础，对我国合同法乃至整个民商法体系，均有重大的法律意义，值得特别深入的研究与探讨。关于电子商务合同当事人行为能力推定、标的交付时间的规定，也是维护电子交易安全的重要法律规范。[③]

① 中国“电子商务法”第五十二条规定快递物流服务提供者的义务，弥补我国快递物流方面法律规范的不足。第五十三条至第五十七条规定了电子支付服务提供者的义务与责任，规范了电子支付指令相关各方的行为，明确了错误支付、非授权支付的法律后果。在我国尚无电子支付相关法律、行政法规的情况下，中国“电子商务法”这部分规定是对我国法律体系的重大发展与补充，为我国电子商务的健康发展提供了重要的法律支撑。

② 智能合同是基于区块链技术开发的计算机程序系统，其中包括交易各方共同同意的通信与互动规则，能够为交易各方自动订立并执行合同，并保障交易安全。

③ 在《中华人民共和国电子商务法条文释义》（以及条文研析与适用指引、条文解读等书）中，本书作者为我国“电子商务法”第四十七条至第五十一条详解的唯一作者。

中国“电子商务法”关于电子商务合同的规定是建立在现有法律体系基础上的。中国“电子商务法”第四十七条确立了法律适用的原则，即电子商务当事人订立和履行合同，适用本章和“民法总则”“合同法”“电子签名法”等法律的规定。依据上述原则，“民法总则”“合同法”“电子签名法”等现有法律中已有关于合同主体、订立、效力、履行、变更和转让、权利义务、终止及违约责任等相关的法律规范，特别是关于“数据电文”“电子签名”等规定，除中国“电子商务法”明确补充或者修订更新之外，均继续适用；但“电子商务法”关于电子商务合同制定的新的法律规范，优先于现有规范适用。上述法律适用原则既避免中国“电子商务法”重复现有法律规范，又保证我国合同法律体系的和谐与统一、避免法律规范之间发生冲突。中国“电子商务法”关于电子商务合同的条文虽数量寥寥，但均系在“民法总则”“合同法”“电子签名法”基础上的点睛之笔。

在我国法律体系中，电子商务合同是指“合同法”所规定的采用数据电文方式的合同。根据“合同法”第十条、第十一条规定，合同书、信件和数据电文（包括电报、电传、传真、电子数据交换和电子邮件）都属于书面形式。[①]但是，随着电子商务的发展，数据电文可以音、形、画面等各种方式有形地表现所载内容，并不局限于文字书写的方式。故此，中国“电子商务法”中的电子商务合同不限于书面形式订立的合同；而且，虽非以书面形式订立、但以数据电文形式履行的合同，也可以属于电子商务合同。

一、电子商务合同自动信息系统

电子商务合同，除非特殊情况（如缔约当事人特别约定采用传统纸面方式签订）或者特殊领域（如法律、行政法规强制性要求合同采用传统纸面方式签订），都是采用自动信息系统订立的。自动信息系统是电子商务合同最突出的特点。如要规范电子商务合同，保障其依法成立、生效与履行，就必须承认自动信息系统的法律地位、明确有关各方的权利与义务并确定相应法律后果。

电子商务合同自动信息系统自动性与互动性的特征，对合同订立与履行、当

① “合同法”第十条、第十一条规定，当事人订立合同，包括合同书、信件和数据电文（包括电报、电传、传真、电子数据交换和电子邮件）等可以有形地表现所载内容的书面形式。

事人权利、义务、责任与风险的分配与分担均产生影响，促使相应法律规范的发展与演化，并衍生出自动信息系统用户的概念及相应法律制度。虽然合同法律制度并未因此发生根本性改变，但是由此产生的补充性及更新性法律规定不可避免地与原有规范发生磨合与碰撞，合同法律体系需要进行相应调整。中国“电子商务法”关于电子商务合同自动信息系统的法律规定，植根于电子商务的现实情况，并着眼于未来发展，反映了最新的法律成果，考虑了国际法律发展的经验，将对我国合同法乃至整个法律体系在数字经济环境下的发展产生重大影响。

二、自动信息系统的基本含义

自动信息系统在我国法律体系中并非新生事物。“电子签名法”实质上已经提及自动信息系统，即数据电文由发件人的信息系统自动发送的，视为发件人发送。①在“电子签名法”原有规定基础上，中国“电子商务法”第四十八条第一款明确规定，电子商务当事人使用自动信息系统订立或者履行合同的行为对使用该系统的当事人具有法律效力。上述规定确立了自动信息系统的法律效力，清除对其不必要的法律限制与障碍。

本书作者认为，电子商务合同的自动信息系统，是指按照事先设定的算法、程序指令、运行参数与条件，在无自然人确认或者干预的情况下，为交易双方订立或者履行合同进行信息互动的计算机系统。自动信息系统发送、接收信息与相对方互动，可以导致当事人之间合同关系的发生、变更与终止。基于技术中立性原则，自动信息系统不论设计与运行采用何种技术手段及方式，均不影响其法律效力。例如，已经广泛应用的投币式自动售货机、游戏机等都可以视为简化的自动信息系统。在电子商务中，基于区块链技术开发出的分布式记账的自动信息系统（即所谓智能合同）具有保障交易安全、防止信息篡改、反欺诈等突出优势。②

自动信息系统，顾名思义，具有自动性，故使用该系统的电子商务当事人，不再对该系统正常运行所生成、发送与接收的数据电文进行人工干预、审核或者确认。某些自动信息系统可能并非全程自动，其中某些环节仍保留人工复查或干

---

① “电子签名法”第九条。

② Max Raskin: The Law and Legality of Smart Contracts, Georgetown Law and Technology Review, Volume 1, 2017, Pages 305 - 341.

预的程序，但是不影响其法律效力。

三、使用自动信息系统的法律效力

“电子商务法”第四十八条第一款从两个方面明确了自动信息系统在电子商务合同订立与履行中的效力。

第一个方面，电子商务法消除了法律障碍，承认自动信息系统自动性的法律效力。因此，通过自动信息系统发送或者接收数据电文与对方当事人进行信息交互，不得仅仅因其自动性（即无自然人确认或者干预系统发出与接收的每一信息）而否定订立或者履行合同的法律效力。①

第二个方面，自动信息系统未经人工直接干预而自动生成、发送、接收的数据电文，属于使用该系统的法律主体（包括自然人、法人或者其他组织）实施的行为，并由该法律主体承担相应的法律后果。在电子交易中，虽然自动信息系统被俗称为“电子代理人”，但是并不同于法律上的代理人及代理关系，也不适用“民法总则”“合同法”关于代理的法律规定。自动信息系统本质上是一种工具，并非法律上权利和义务的主体，其使用者应当对其生成、发送、接收的任何数据电文承担责任。

电子商务当事人使用自动信息系统从事交易活动，还可能遇到如下特殊法律问题，需要法律的界定。

（一）电子商务合同当事人行为能力推定

“电子商务法”第四十八条第二款规定，当事人在电子商务中推定其具有相应的民事行为能力。但是，有相反证据足以推翻的除外。

上述条款是针对电子商务远程交易特点新增的行为能力推定，补充适用于“民法总则”“合同法”关于民事行为能力的规定。在缔结电子商务合同的过程中，一方当事人通常只能依赖对方当事人提供的信息与作出的意思表示判断对方的行为能力。在实践中，未成年人、精神疾病患者在网络上购买大额商品、使用

① “电子商务法”第四十八条第一款参考了“电子通信公约”第十二条的规定，即自动电文系统在合同订立中的使用通过自动电文系统与自然人之间的交互动作或者通过若干自动电文系统之间的交互动作订立的合同，不得仅仅因为无自然人复查或干预这些系统进行的每一动作或由此产生的合同而被否定效力或可执行性。

电子支付的情况屡屡发生。电子商务经营者作为交易对方通常难以在网络环境下通过自动信息系统认定消费者无行为能力或者无与其年龄、智力、精神健康状况相符合的行为能力。

根据“合同法”第四十七条规定，限制民事行为能力人订立的合同，经法定代理人追认后，该合同有效，但纯获利益的合同或者与其年龄、智力、精神健康状况相适应而订立的合同，不必经法定代理人追认。相对人可以催告法定代理人在一个月内予以追认。法定代理人未作表示的，视为拒绝追认。合同被追认之前，善意相对人有撤销的权利。撤销应当以通知的方式作出。在电子商务中，按照“合同法”上述规定，无完全行为能力人的法定代理人、监护人有权决定是否追认被监护人订立的合同，对方当事人却不得不暴露于交易风险之中。

“电子商务法”第四十八条第二款的法律推定则能够保障交易安全与善意相对人的利益，维护电子商务合同的有效性，同时防止无行为能力人、限制行为能力人的监护人推脱、逃避监护责任，维护电子交易秩序。

但是，无行为能力人、限制行为能力人的法定代理人、监护人如能证明缔约相对人知情，则上述条款关于行为能力的推定可以被推翻。随着电子身份、实名制等技术的发展，人脸识别、指纹识别等技术的应用，电子商务经营者识别与验证对方当事人身份的能力不断加强。社交电商、网络直播等新型电子商务的发展，也使电子商务经营者从更多渠道、以更直观方式获得消费者行为能力的信息。因此，电子商务经营者及时发现对方当事人属于无完全行为能力人的可能性增大。如电子商务经营者通过视频对话、身份认证等方式，足以知道缔约对方无完全行为能力，则属于“电子商务法”第四十八条第二款规定的相反证据，可以推翻该条款规定的行为能力推定，法定代理人有权依据“合同法”规定决定是否追认所订立的电子商务合同。

在某些特殊领域，电子商务经营者必须依法对用户进行实名制管理。在这些领域，电子商务经营者应当知道缔约对方的行为能力情况，不再适用中国“电子商务法”第四十八条第二款规定的行为能力推定。例如，《网络游戏管理暂行办法》于2010年8月1日实施，网络游戏用户需使用有效身份证件进行实名注册。文化部于2017年5月1日公布《关于规范网络游戏运营加强事中事后监管工作的通知》，规定游戏厂商在“实名制”方面需要从2017年5月1日开始要求网络游戏用户使用有效身份证件进行实名注册，未实名注册的用户以游客模式登录游戏后，不允许其在游戏内进行任何充值和消费行为，而且必须建立未成年人防沉迷机制，限制其游戏时段与时长。根据上述规定，提供网络游戏产品或者服务的经营者，不得以用户行为能力推定为由，推卸其用户身份实名验证与监管的责任。

（二）人工智能超预期运行是否影响自动信息系统的法律效力

在现有技术发展阶段，自动信息系统是基于电子商务当事人预先设定的算法、程序指令、参数条件运行的，一般情况下，属于电子商务当事人订立与履行合同的工具，与具有独立学习、判断、决策与执行能力的人工智能（如 AlphaGo Zero）仍然有本质区别。[①]电子商务法应当立足现实并适度前瞻，并未付诸商业性应用的科学实验、理论、假说及有科学依据的幻想尚且不足以纳入立法范围之中。“电子通信公约”在其释义中也表明，电子商务合同中的自动信息系统不涉及人工智能问题。但是，人工智能的发展应用非常迅猛，用于缔约或者履约的自动信息系统在大数据分析基础上具有深度学习、自我优化能力，已经在一定程度与范围内实现。如果完全将人工智能排除于电子商务合同的范畴之外，可能产生不公平、不合理的后果。自动信息系统中的人工智能虽然能够自我学习、自我优化，但是仍然由自动信息系统的使用者所设置，其运行的结果应由使用者承担。因此，本书作者认为，自动信息系统的使用者不得以人工智能产生超出预期的后果为由，否定自动信息系统的法律归属与效力。自动信息系统运行的结果不论是意外之喜，抑或无妄之灾，使用者都必须承受。

（三）自动信息系统故障的风险如何分配

在缔结或者履行电子商务合同过程中，如因自动信息系统所采用的软硬件存在问题、程序指令设计存在漏洞与缺陷或操作不当导致系统发生技术故障，未按照预先设定程序指令、参数与条件运行，控制与设置自动信息系统的一方当事人应承担相应的风险与不利后果。例如，经营者的自动信息系统错误运行、将出售商品价格设置为零的情况下，消费者提交订单导致合同成立的，经营者不得否定自动信息系统的运行结果。网络零售中免费促销、零元抢购等层出不穷，消费者难以合理地识别“零元购”究竟是经营者系统故障还是促销手段。因此，经营

---

① Emily M. Weitzenboeck: Electronic Agents and the Formation of Contracts, International Journal of Law and Information Technology, Volume 9, Issue 3, January 2001, Pages 204 - 234.

者如将自动信息系统故障运行的风险转嫁于消费者是非常不合理的。除非经营者能够举证证明消费者恶意利用自动信息系统的故障或者漏洞获得不当利益，经营者应当为其控制与设置的自动信息系统运行结果负责。①另外，用户如因经营者自动信息系统故障导致提交的数据电文未按时传递、传递不完整或不真实的，用户应有权采取相应的救济措施。

四、自动信息系统用户的法律保障

“电子商务法”第四十八条第一款规定了电子商务当事人使用自动信息系统的法律效力；第四十九条与第五十条中则出现了“用户”一词。本书作者认为，有必要正确认识与区分电子商务合同中自动信息系统的使用者与用户。

（一）自动信息系统的使用者与用户

自动信息系统是按照预先设定系统的算法、程序指令、运行参数与条件运行的。使用自动信息系统的当事人中，能够控制与设置自动信息系统的算法、程序、参数与条件的一方，比对方拥有明显的技术优势，可能造成缔约及履约中权益失衡。因此，法律特别保护不能控制与设置自动信息系统的一方当事人的利益，赋予其自动信息系统“用户”的地位与权利。

在经营者之间（B2B）的电子商务中，双方当事人均使用各自的自动信息系统、按照商定的通讯标准与协议自动交换数据电文，从而订立或者履行合同的情况非常普遍。在此情况下，缔约双方均使用、控制与设置各自的自动信息系统，为自己的使用行为承担法律后果。就其各自的自动信息系统而言，双方均既是使用者，也是控制者、设置者。同时，双方均是对方自动信息系统的“用户”。

在经营者与消费者之间（B2C）的电子商务中，一般情况下，经营者向消费者提供订立与履行合同的自动信息系统，虽然双方均使用同一系统，但是该系统运行的算法、程序、参数与条件由经营者控制与设置，消费者仅能按照系统运行

① 2019年年初，某电子商务平台出现漏洞，平台用户仅支付少量资金即可不限量领取100元无门槛券。有用户称熬夜借助漏洞充值了几万元话费。平台经营者主张，有黑灰产团伙通过一个过期的优惠券漏洞盗取数千万元平台优惠券，进行不正当牟利。平台经营者称，已经修复漏洞，对涉事订单进行溯源追踪，而且已向公安机关报案。该平台协议的用户守则中将“使用该平台外挂和/或利用该平台当中的BUG来获得不正当的利益”列为禁止行为。但是，如该平台要追究用户不当获利，应当承担举证责任。

要求提交订单等数据信息（如触摸或者点击计算机屏幕上的某一指定图标或位置等方式与系统互动），从而订立或者履行合同。在此情况下，虽然经营者与消费者都是同一自动信息系统的使用者，应为其使用行为承担法律后果，但是消费者是经营者提供的自动信息系统的“用户”，依据“电子商务法”第四十九条与第五十条规定应享有相应的权利与法律保障。

自动信息系统的使用者有可能与系统的实际开发者、技术支持者并非同一主体，如平台内经营者是平台提供的自动信息系统的使用者，但是除非有协议约定或者法律规定，平台内经营者销售商品或者提供服务的合同关系并不延及实际开发自动信息系统及提供技术支持的平台经营者。但是，如实际开发者、技术支持者造成自动信息系统技术故障、错误运行（如电子商务平台经营者违反“电子商务法”第三十条规定的网络安全保障义务），给缔约双方的交易安全造成损害，开发者、技术支持者应当依法承担法律责任。

（二）自动信息系统用户的法律保障

电子商务经营者使用自动信息系统订立或者履行合同，依据“电子商务法”规定，应当承担保障自动信息系统用户合法权益的义务。

在经营者双方均使用自动信息系统订立或者履行合同的情况下，双方系统各自按照预先设定的算法、指令、参数、条件，进行网络连接、信息交互，双方虽然均为对方系统的用户，但是双方基本上势均力敌，用户权益保障的问题并不突出。

然而，在使用自动信息系统的一方经营者控制、设置该系统的情况下，同样使用该系统的对方当事人（特别是消费者）不仅依赖自动信息系统获取有关商品或者服务的信息，而且依赖该系统订立或者履行合同。在此情况下，自动信息系统的用户不得不接受该系统中预先设定的订立合同的步骤、注意事项、下载方法等程序性安排。用户即便能够便利、完整地阅览和下载程序性信息，但是并不能修改、变更系统的算法、程序指令设计、参数与交易条件的设定；控制与设置自动信息系统的经营者则可以利用系统程序指令、算法、运行参数与条件决定订立合同的步骤等，直接影响用户订立与履行合同的过程与结果，从而在缔约或者履行中处于优势地位。为了保护自动信息系统用户的合法权益，法律对于电子商务经营者使用自动信息系统的行为特别加以规范，以确保经营者自动信息系统设置信息透明、公平合理。“电子商务法”保障自动信息系统用户的法律制度前所未有，是对传统合同法律规范的重要补充。

1. 自动信息系统设置必须信息透明

“电子商务法”第五十条第一款规定，电子商务经营者应当清晰、全面、明确地告知用户订立合同的步骤、注意事项、下载方法等事项，并保证用户能够便利、完整地阅览和下载。

从字面看，上述条款并未直接提到自动信息系统，但是使用了“下载方法”“下载”等表达方式，明显是指从互联网等信息网络下载有关信息，因此，实质上是指在经营者使用自动信息系统订立合同的情况下，对其用户所承担的法律义务。

根据该条款规定，电子商务经营者使用自动信息系统订立合同的，应当清晰、全面、明确告知用户与订立合同相关的技术性、应用性信息，包括订立合同的步骤、信息下载方法、软硬件要求、系统兼容、用户界面等注意事项，并保证用户能够便利、完整地阅览和下载这些信息。

电子商务经营者对于用户所承担的信息透明度义务在传统合同法律中是不存在的，不同于如实披露所提供的商品或者服务信息的义务。对于后者，“电子商务法”第十七条有明确的规定，即电子商务经营者应当全面、真实、准确、及时地披露商品或者服务信息，保障消费者的知情权和选择权；电子商务经营者不得以虚构交易、编造用户评价等方式进行虚假或者引人误解的商业宣传，欺骗、误导消费者。经营者因使用自动信息系统而对用户承担信息透明义务，是电子商务合同自动性特征的体现。

我国电子商务市场不断扩大，农村电子商务蓬勃发展，针对老年人、残障人士的细分电子商务市场方兴未艾，从而吸引原本对于互联网及电子形式交易不熟悉的群体逐步进入电子商务市场。这些新兴用户使用自动信息系统，尤其需要法律保障其便利、全面地了解缔约步骤、注意事项、下载方法等程序性与应用性信息的合法权益，作为缔约公平的基础。

2. 自动信息系统设置必须公平合理

（1）保证用户更正输入错误的权利

“电子商务法”第五十条第二款规定，电子商务经营者应当保证用户在提交订单前可以更正输入性错误。

上述条款是针对电子商务特点制定的。电子商务经营者使用自动信息系统订立合同的，用户在与自动信息系统互动通信中按错按键、误入数据的情况时有发生。相比传统缔约方式中出现的笔误，电子商务用户在与自动信息系统信息互动中误击“确认”键或误点“同意”按钮等情况更为常见。这里的输入性错误，不包括“电子商务法”第五十五条规定的电子支付中支付错误的情况。①为了避免用户发送错误信息，“电子商务法”规定了电子商务经营者公平设置自动信息系统的义务，即经营者应当在所使用的自动信息系统中设置有关的保障性措施与程序，给予用户及时纠正输入性错误的机会。

“电子商务法”第五十条第二款规定电子商务经营者应当保证用户在提交订单前可以更正输入性错误，与“民法总则”第一百四十一条规定一致，即行为人撤回意思表示的通知应当在意思表示到达相对人前或者与意思表示同时到达相对人。

在电子商务立法过程中，很多人提出订单提交前更正输入错误在实践中不存在问题，建议增加订单提交后用户可以撤回、修改的规定。经权衡考虑，“电子商务法”第五十条没有采纳上述建议。在实践中，经营者在用户提交订单之前设置更正输入性错误的程序与步骤很常见。例如，经营者在自动信息系统中设置“确认”或者“再次确认”的程序与步骤，提示用户核对其输入信息是否真实、准确，防止用户提交的订单中含有输入性错误的信息。但是，如果经营者设置的自动信息系统允许在用户提交订单之后仍然可以更正输入错误（如经营者要求用户确认其所提交的订单中有关信息是否真实、准确），应视为给予用户比“电子商务法”第五十条第二款更高水平的保障，与法不悖，未尝不可。

如果经营者违反“电子商务法”第五十条第二款规定的法定义务，所设置的自动信息系统不保证用户在提交订单前可以更正输入错误的，经营者应承担何种不利后果，“电子商务法”没有明确规定。《联合国国际合同使用电子通信公约》第十四条的规定可以作为参照。该公约规定，电子商务中所有的电子交易信息系统应当设置供与之交互信息的自然人纠正输入性错误的程序。如果该系统没有上述程序，与之交互信息的自然人发生输入性错误的，该自然人在符合以下两个条件的情况下可以撤回错误的部分，即自然人及时通知对方，且未从对方那里获得实质性的利益或者价值。该规定以比较公平合理的方式界定了在电子通信中

---

① “电子商务法”第五十五条规定，用户在发出支付指令前，应当核对支付指令所包含的金额、收款人等完整信息。支付指令发生错误的，电子支付服务提供者应当及时查找原因，并采取相关措施予以纠正。造成用户损失的，电子支付服务提供者应当承担赔偿责任，但能够证明支付错误非自身原因造成的除外。

发生输入性错误的风险。用户在使用自动信息系统的经营者未提供纠正错误机会的前提下，可以在符合条件的情况下撤回已经提交的电子通信中输入错误的部分。根据公约规定，不论接收该输入性错误信息的对方是否已经收到该信息均可撤回。撤回输入性错误的自然人不必证明因该错误遭受了损失。

以此推之，如果经营者所设置的自动信息系统未能给予用户在提交订单前更正输入错误的程序与机会的，用户有权在提交订单之后，及时通知经营者以撤回订单中输入错误的信息，但应避免因此从经营者处不当获利。

（2）禁止违法不当的系统设置

为了保护消费者的合法权益，“电子商务法”还禁止经营者对自动信息系统进行违法与不当的设置。“电子商务法”第十八条规定，经营者根据消费者的兴趣爱好、消费习惯等特征设置自动信息系统向其推销商品或者服务的，应同时向该消费者提供不针对其个人特征的选项，尊重和平等保护消费者的合法权益。该条规定防止经营者在利用自动信息系统大量收集与分析用户消费信息的基础上，依据消费者的消费能力与习惯，不合理地推销针对性的高价产品或者服务（即所谓的“大数据杀熟”），从而侵害消费者对于相关商品或者服务一般性的知情权与选择权。

“电子商务法”第十九条规定，经营者应当以显著方式提请消费者注意所搭售的商品或者服务，不得在自动信息系统中将搭售商品或服务设置为消费者默认同意的选项。该条规定禁止经营者利用控制与设置自动信息系统的便利，通过操纵订立合同的步骤与方法，误导消费者在订立合同时接受其所搭售的商品或者服务。

3. 违反用户保障义务的法律后果

“电子商务法”第五十条没有直接规定电子商务经营者违反自动信息系统信息透明与公平设置义务所应承担的法律后果。但是该条既然为强制性法律规范，如有违反，应负相应的法律责任。

用户得以与使用自动信息系统的经营者订立电子商务合同，前提条件是用户接受经营者的自动信息系统，接受该系统全部的程序指令、运行参数与条件设置。因此，用户与使用自动信息系统的经营者之间，存在类似于提供预先拟定格式条款的一方当事人与相对人之间的关系。根据“合同法”第三十九条的规定，格式条款是当事人为了重复使用而预先拟定，并在订立合同时未与对方协商的条款。

根据“电子商务法”第四十七条的规定，“合同法”中有关格式条款的规定亦应适用于电子商务合同。[①]电子商务经营者如果违反自动信息系统信息透明性义务或者公平设置义务，未能清晰、全面、明确地告知用户有关程序性或者应用性的信息，暗藏免除信息系统故障责任、默认搭售商品或者服务等指令或者规则，或者未能给予用户提交订单前更正输入错误的机会，造成用户合法权益损害的，应属于违反“合同法”第三十九条的情形，即提供格式条款的一方未能遵循公平原则确定当事人之间的权利和义务，未能采取合理的方式提请对方注意免除或者限制其责任的条款。

但是，“合同法”并未规定提供格式条款的一方当事人违反上述第三十九条的规定直接导致该格式条款无效。只有在提供格式条款的一方当事人行为严重到“合同法”第四十条规定的程度，特别是利用格式条款免除其责任、加重对方责任、排除对方主要权利的，该格式条款方才无效。[②]因此，电子商务经营者违反自动信息系统透明性义务或者公平设置义务的，有可能导致通过该自动信息系统订立或者履行合同的行为无效，进而危及经营者与用户通过该系统订立的实体性电子商务合同的效力。由于使用自动信息系统的经营者的过错导致实体性电子商务合同无效，给用户造成损失的，经营者应当依照“合同法”第五十八条的规定承担赔偿责任。

五、自动信息系统与合同成立

电子商务经营者使用自动信息系统发布商品或者服务信息，究竟应被视为要约还是要约邀请，能否通过格式条款予以限定，在实践中争议很大，需要“电子商务法”予以规范。正确理解与适用“电子商务法”中相关法律规范，对于电子商务健康发展具有重要意义。

---

① “电子商务法”在“合同法”的基础上，进一步规范了电子商务合同的格式条款。例如，“电子商务法”第四十九条第二款规定，电子商务经营者不得以格式条款等方式约定消费者支付价款后合同不成立；格式条款等含有该内容的，其内容无效。

② “合同法”第四十条规定，格式条款具有“合同法”第五十二条规定的违法情形，属于第五十三条规定的违法免责条款，或者提供格式条款一方免除其责任、加重对方责任、排除对方主要权利的，该条款无效。

（一）自动信息系统的互动性

在传统交易环境中，报纸、广播电视、商品目录、产品手册、价目表或其他媒体上的广告，商店橱窗中或者自选货架上陈列货物，只要面向公众（包括某一特定顾客群体）而非针对特定的人发布，一般都视为要约邀请，发布广告的人不受约束。同理，在网站公开发布有关商品或者服务的信息，访问该信息的互联网用户如仅可浏览该信息，则与传统广告一般无二，也应视为对访问网站的人提出的要约邀请，而不应被认定为有约束力的要约。

但是，在电子商务中，使用自动信息系统发布信息则与传统广告有很大的不同。自动信息系统具有互动性，可以与相对方互通信息，接收相对方的询问、报价、订单，可与之谈判并导致合同订立（直至在线交付合同标的），远非传统的单向信息发布所能比拟。从这个意义上看，电子商务中的自动信息系统亦类似于经营者设立的自动售货机，消费者按照经营者预先设定的条件投币付款，有可能导致相关消费合同的订立与履行。

针对电子商务的实际情况，“电子商务法”第四十九条第一款规定，电子商务经营者发布的商品或者服务信息符合要约条件的，当事人选择该商品或者服务并提交订单，合同成立。当事人另有约定的，从其约定。

上述条文虽然并未明示在网上使用互动性的自动信息系统发布信息，但是使用了“订单”一词。如果当事人既可以浏览、访问经营者网上发布的信息，又可以选择有关的商品或者服务“并提交订单”，就说明该条所指的是经营者使用自动信息系统发布互动性的商品或服务信息的情形，并且充分考虑了自动信息系统互动性对于合同成立的影响。

（二）自动信息系统发布信息的性质

“电子商务法”第四十九条第一款并非一概地承认电子商务经营者发布的商品或者服务信息属于要约，而是将问题聚焦于“是否符合要约条件”上面。[①]

根据“合同法”第十四条的规定，要约是希望和他人订立合同的意思表示，

① 《中华人民共和国民法典合同编》（草案）于2018年12月提交全国人大常务委员会审议，其中第二百八十三条规定，当事人采用信件、数据电文等形式订立合同要求签订确认书的，签订确认书时合同成立。当事人一方通过互联网等信息网络发布的商品或者服务信息符合要约条件的，对方选定商品或者服务并提交订单成功时合同成立，但是当事人另有约定或者另有交易习惯的除外。

该意思表示应当内容具体确定、并且要约人愿受该意思表示的约束。电子商务经营者发布的商品或者服务信息是否符合要约条件，是否足够明确，是否具体指明了商品或者服务的数量与价格，是否表明发布者受约束的意愿，“电子商务法”第四十九条第一款并没有提供具体的判断标准，而应该取决于个案的具体情况。随着司法实践的发展、裁判案件的增多，法院可以逐渐从中总结、归纳具体的判断标准。

从保护用户合理的信赖利益的角度看，用户访问电子商务经营者使用自动信息系统发布的商品或者服务信息，并与之互动、提交订单，有理由相信此种系统发布的信息是有约束力的要约；用户发出的订单应视为承诺，导致合同有效地订立。如果电子商务经营者不愿受到信息发布的约束，就需与用户“另行约定”。

“电子商务法”第四十九条第一款允许电子商务合同的当事人就经营者自动系统发布的信息是否符合要约条件另行约定。当事人之间明确约定，不失为避免争议、增加交易活动确定性的有效方法。但是，经营者与用户在缔结电子商务合同之前，基本上不可能就经营者发布信息是否符合要约条件专门进行协商与约定，因此所谓“另有约定”主要是指经营者将其所发布的信息是否具有约束力制定为格式条款、设置为用户通过自动信息系统提交订单的条件。用户与经营者的自动信息系统互动、提交订单，则视为同意经营者在自动信息系统中设定的格式条款的内容。如果经营者在自动信息系统中设置其有接受用户提交订单的自由，则表明经营者并不受其所发布信息的约束，用户提交的订单方为要约，经营者有权决定承诺与否。经营者将有关的格式条款设置在自动信息系统中，保障交易过程信息透明，使用户提交订单之前或者之时知晓经营者不受发布信息的约束、仅为要约邀请的意图，或者声明要约附有“先到先得，售完为止”的条件，都可以避免用户被误导或者经营者库存告罄的风险。如“合同法”第十五条所规定，商业广告的内容符合要约规定的，视为要约。①总之，如果没有另行约定，电子商务经营者发布的商品或者服务信息有可能被视为要约，对其产生约束力。

（三）消费者合同

为了保护消费者合法权益，“电子商务法”规定电子商务经营者使用自动信

---

① 例如，互联网拍卖中自动信息系统发布的信息具有约束力，视为要约，已经得到法院认可。Carrie Beam, Arie Segev, Martin Bichler, Ramayya Krishnan: On Negotiations and Deal Making in Electronic Markets, Information Systems Frontiers, October 1999, Volume 1, Issue 3, pp. 241－258.

息系统向消费者发布商品或者服务信息，允许消费者成功提交订单的，应承担额外的义务与风险。消费者识别与判断经营者发布信息性质的能力有限，使消费者承担证明经营者所发布的信息符合要约条件的举证责任，则无异于苛责消费者却纵容经营者。如经营者要否定消费者的订单，则应通过自动信息系统予以明示，使消费者提前知晓经营者不受所发布信息的约束：如无另行约定，电子商务经营者向消费者发布的商品或者服务信息应被推定为有约束力的要约，消费者选择商品或者服务并提交订单成功的，则合同成立。

经营者能否通过与消费者另行约定，避免受消费者提交订单的约束呢？对此，“电子商务法”第四十九条第二款进行了进一步的限制，即电子商务经营者不得以格式条款等方式约定消费者支付价款后合同不成立；格式条款等含有该内容的，其内容无效。

在面向消费者的电子商务活动中，消费者大多数情况下提交订单的同时就完成了电子支付。根据上述规定，经营者即便在自动信息系统中设置格式条款，约定消费者提交订单、支付价款后合同不成立，该条款也无效，合同仍然成立。上述条款虽然没有完全排除经营者与消费者另行约定、否定订单约束力的可能（如消费者虽然提交订单但是选择货到付款、另行支付，则经营者仍然可与消费者另行约定订单无约束力)，但是在很大程度上限制了经营者设置格式条款的自由，将合同成立的决定权赋予了消费者，是对消费者权益的有力保障。

在经营者发货时合同才成立的前提下，有些不良经营者在没有履约意愿也没有履约能力的情况下，在“双十一”等大型促销活动中故意接受消费者的大量订单，骗取消费者的流量与价款，用于装点营销业绩或者其他违法目的，然后再按合同不成立处理、将消费者的价款退回，无须承担其他责任。“电子商务法”生效之后，这些骗取消费者流量与价款的经营者将不得不面对合同的约束，如果不能履约，则必须承担相应的违约责任。同样，一些聪明过头的消费者为了享受促销折扣价格刻意拼凑大额订单并付款，但是赶在经营者发货或合同成立之前，撤销部分商品或者服务的订单，从而既以折扣价格买到心仪商品或者服务，又能获得“拼单”商品的退款。但是，随着“电子商务法”的实施，这些消费者恐怕将会聪明反被聪明误。消费者提交订单且支付价款后，无论经营者是否发货，合同均已成立，消费者不能再行撤销订单，而必须按照解除或者变更合同处理。

当前网络零售业非常发达，各种商业模式、促销手段花样翻新。例如，有些电子商务经营者采用所谓“预售”的方法，由消费者提前支付商品或者服务的

“订金”，以保证消费者能在“双十一”等抢购活动中购买到该商品或者服务。本书作者认为，订金系消费者为所购商品或者服务支付价款的一部分，消费者提交订单并支付订金的，属于“电子商务法”第四十九条第一款规定的情形，足以导致与经营者之间的合同成立。有些经营者挖空心思将订金区别于价款，以规避“电子商务法”第四十九条第二款的规定。与其如此，不如诚信经营，完善自动信息系统的功能，使接受的订单与库存情况、履约能力实时匹配，从而提高经营效率，减小相关风险。

（四）国际贸易

经营者使用互动性的自动信息系统发布商品或者服务信息，虽然原则上可以被视为要约，但是不宜一概而论，而应根据不同情况加以认定与判断。与面向消费者的电子商务不同，在国际货物贸易中，经营者发布的商品信息被视为要约，颇为不妥。《联合国国际货物销售合同公约》第十四条规定：（1）向一个或一个以上特定的人提出的订立合同的建议，如果十分确定并且表明发价人在得到接受时承受约束的意旨，即构成发价；一个建议如果写明货物并且明示或暗示地规定数量和价格或规定如何确定数量和价格，即为十分确定。（2）非向一个或一个以上特定的人提出的建议，仅应视为邀请做出发价，除非提出建议的人明确地表示相反的意向。

以此推及电子商务，则经营者在互联网上并非向特定人发布的其商品或服务的信息，不论是否具有互动性，均仅为向信息访问者发出的要约邀请，而非对经营者具有约束力的要约。我国是《联合国国际货物销售合同公约》的成员国，国内法应与之保持一致。

“电子通信公约”第十一条将《联合国国际货物销售合同公约》的有关规定延伸到电子商务领域，其第十一条规定：通过一项或多项电子通信提出的订立合同提议，凡不是向一个或多个特定当事人提出，而是可供使用信息系统的当事人一般查询的，包括使用互动式应用程序通过这类信息系统发出订单的提议，应当视作要约邀请，但明确指明提议的当事人打算在提议获承诺时受其约束的除外。

我国虽然尚未批准“电子通信公约”，但是为了顺应跨境电子商务发展的需要，有可能成为该公约成员国。为了保证国内法与国际贸易法律规则的统一，避免法律冲突，“电子商务法”第四十九条的规定采取了兼顾原则性与灵活性的做法，同时满足国内贸易与国际贸易、消费者合同与国际货物销售合同等多方面的需要。

总之，电子商务经营者使用自动信息系统公开发布商品或者服务信息，究竟是符合要约，还是仅仅为要约邀请，须视情况而定，切忌武断。

六、自动信息系统与合同履行的时间

电子商务合同以数据电文形式订立，并可以通过在线数据传输加以履行。自动信息系统在电子商务合同与履行中可以发挥重要作用。电子商务合同的交易标的为数字产品（包括著作权、专利、商标等知识产权、数据、网络虚拟财产等）的，合同的交付义务通常以在线传输的方式履行。①电子商务合同的标的为有形商品或者服务的，随着区块链、物联网等技术的普及应用，也可以通过传输有关商品或者服务的编码、密钥、电子权利凭证等方式在线履行。

在线履行电子商务合同的，标的交付时间的判断标准，直接关系到合同当事人权利、义务与责任的认定。除非合同当事人对此有明确的协议约定，否则当事人之间容易发生争议。因此，“电子商务法”第五十一条第二款、第三款规定了以在线传输形式交付合同标的之时间判断标准，即合同标的为采用在线传输方式交付的，合同标的进入对方当事人指定的特定系统并且能够检索识别的时间为交付时间；合同当事人对交付合同标的时间有约定的，从其约定。②

“电子商务法”上述规定与“合同法”“电子签名法”及“民法总则”对应条款含义是否相同，这是电子商务法适用中必须回答的问题。同时，现有法律规定的收件人未指定特定系统的情况，如何认定，也是必须斟酌确定的问题。

（一）指定特定系统

与“合同法”、“电子签名法”及“民法总则”关于数据电文接收、到达与

① “民法总则”第一百二十七条规定，法律对数据、网络虚拟财产的保护有规定的，依照其规定。

② 《中华人民共和国民法典合同编》（草案）于2018年12月提交全国人大常务委员会审议，其中第三百零三条规定，通过互联网等信息网络签订的电子合同的标的为交付商品并采用快递物流方式交付的，收货人的签收时间为交付时间。电子合同的标的为提供服务的，生成的电子凭证或者实物凭证中载明的时间为交付时间，但是前述凭证没有载明时间或者载明时间与实际提供服务时间不一致的，实际提供服务的时间为交付时间。电子合同的标的采用在线传输方式交付的，承担交付义务的当事人将合同标的发送至对方指定的特定系统并且能够检索识别的时间为交付时间。电子合同当事人对交付时间另有约定的，按照其约定。

生效时间的表述不同，“电子商务法”第五十一条第二款规定合同标的“进入对方当事人指定的特定系统”且“能够检索识别”的时间为交付时间。本书作者认为，虽然词语表达上有所不同，但是含义基本相同，可作同样的解释。数据电文“进入”收件人指定的特定信息系统，即能够在该信息系统内进行处理，为收件人所检索识别。因此，标的进入收件人指定的特定系统与为收件人所能够检索识别，属于同义语。只不过“标的进入收件人指定的特定系统”的表述比较抽象，“电子商务法”第五十一条增加的“为收件人所能够检索识别”的表述，则比较具体、便于判断。“电子商务法”的上述规定参考了“电子通信公约”的规定，即电子通信的收到时间是其能够由收件人在该收件人指定的电子地址检索的时间；当电子通信抵达收件人的电子地址时，即应推定收件人能够检索该电子通信。

在具体交易过程中，可能出现收件人未尽合理的注意义务，导致已经进入指定的特定系统的标的，因该系统所采用的安全防护技术措施（如垃圾邮件过滤、杀毒软件屏蔽等），而无法为收件人所检索识别的情况。在此情况下，数据电文无法检索识别是由于收件人自己的行为造成，不应因此使发件人暴露于无法预期的风险之中，收件人应当自负其责，不应因此否认或者延迟标的交付的时间。收件人信息系统的设置还可能导致进入其指定系统的标的，虽然能够被系统所访问与检索，但是因标的编码、加密、语言等原因无法为收件人识别的情况。在此情况下，如当事人之间无约定，应推定合同标的已经向收件人交付；但是，收件人要求发件人提供必要协助的，发件人应协助使收件人得以检索与识别所交付的标的。

但是，收件人如能举证证明进入其指定的特定系统的数据电文因发件人的原因（如数据格式、病毒感染等）导致无法检索识别，发件人则应承担相应的不履行或者不适当履行合同义务的后果。故，“电子商务法”第五十一条第二款在现有法律规范的基础上增加了为收件人所“能够检索识别”的判断标准，并非没有法律效果。

（二）未指定特定系统

“电子商务法”第五十一条没有规定在收件人未指定特定系统的情况下如何判断在线传输的标的交付时间。在电子商务活动中，绝大多数情况下，缔约当事人都会指定特定的系统用于接收以在线传输方式交付的标的。但是也不排除在极少数情况下，当事人没有指定收件的特定系统。在这种情况下，如何认定交付时间，就需要适用法律的规定。

“电子签名法”第十一条第二款规定，收件人未指定特定系统，数据电文进入收件人的任何系统的首次时间，视为该数据电文的接收时间。“民法总则”第一百三十七条第二款则规定，未指定特定系统的，相对人知道或者应当知道该数据电文进入其系统时生效。

“民法总则”规定的是采用数据电文形式的意思表示。“电子商务法”第五十一条规定的是采用在线传输方式交付数字产品等合同标的，法律性质上并不属于意思表示。从相关性上看，适用“电子签名法”的规定更加适宜。但是，就电子商务合同而言，“民法总则”属于新近颁布实施的关于意思表示的一般法规定，“电子签名法”则属于旧有的关于数据电文的特别法规定。根据“立法法”第九十四条的规定，如果法律之间对同一事项的新的一般规定与旧的特别规定不一致，不能确定如何适用时，由全国人民代表大会常务委员会裁决。在全国人民代表大会常务委员会对此予以正式解释或者裁决之前，本书作者认为，“民法总则”的相关规定更加符合电子商务在线履行的现实情况与需要，应优于“电子签名法”的相关规范予以适用。

随着网络应用的普及，电子商务主体拥有多个收件系统（如电子邮件、社交媒体账户、及时通讯工具等）的情况越来越普遍，简单推定只要数据电文进入了收件人的任何系统均视为数据电文到达，不利于保护收件人合法利益与交易安全。在电子商务中，虽然由于自动信息系统的广泛使用，收件人没有指定用于接收合同标的之特定系统的情况较为罕见，但是并非不可能发生。例如，消费者没有指定特定系统接收经营者在线传输交付的网络游戏登录密码、电子机票等合同标的。在此情况下，只有在收件人知道或者应当知道在线传输的标的进入其某个特定系统（如电子邮件、社交媒体账号）之时，标的才应被视为交付予收件人；而并非标的进入收件人任何系统均构成有效交付，否则可能因收件人不知情而对其造成不公平、不合理的后果。在此制度设计之下，发件人一方承担了更多的诚信义务（如通知、提醒收件人），收件人则获得了新的抗辩理由。总之，“民法总则”的规定反映了远程交易、云存储的电子商务的实际情况，可以更为科学合理地认定采用在线传输方式交付合同标的之时间，更好地保障交易安全，应当优于“电子签名法”的相关规定；而且其与“电子通信公约”规定的判断标准相一致，即电子通信在收件人的另一电子地址的收到时间是其能够由该收件人在该地址检索并且该收件人了解到该电子通信已发送到该地址的时间，反映了国际法律发展趋势，可作为“电子商务法”第五十一条第二款的补充。

总之，合同标的采用在线传输方式交付的，如无指定的特定收件系统，收件人知道或者应当知道该标的进入其系统的时间为交付时间。但是，当事人另有约定的，从其约定。

第二节　国际电子商务合同法律框架

2005 年 11 月 23 日联合国大会通过了“电子通信公约”，我国是十六个签字国之一。“电子通信公约”在三个成员国正式批准之后于 2013 年 3 月 1 日生效。截至 2018 年年底，“电子通信公约”已经有阿塞拜疆、喀麦隆、刚果、多米尼加共和国、斐济、洪都拉斯、黑山、巴拉圭、俄罗斯联邦、新加坡、斯里兰卡十一个成员国。“电子通信公约”在全球层面为电子商务立法提供了一个新的标准，为电子商务国际贸易提供了国际法律框架，全球主要经济体批准加入“电子通信公约”的步伐正在加快，澳大利亚、欧盟、美国都在加紧研究加入该公约的可能性。互联网经济瞬息万变，十年之间，沧海桑田。面世十几岁的“电子通信公约”，已经算是个老公约，但是它的潜力与潜能尚未得到充分开发，该公约的广义应用问题仍未得到应有的重视。公约的广义应用是指公约除自身适用范围外延伸适用于其他国际与国内法律的情形。随着“电子通信公约”在延伸适用、参照准用等方面的重要价值日益受到国际社会的重视，该公约在越来越广的领域得到应用，其潜力与潜能正在得到开发。

我国蓬勃发展的跨境电子商务正在对外贸易中发挥越来越重要的作用，并配合亚洲投资银行、“一带一路”等国际化经济发展战略的实施。与我国有自由贸易协定的贸易伙伴国（如新加坡、斯里兰卡等）加入了联合国“电子通信公约”，将对我国与该国的跨境电子商务产生辐射作用。[①]而且，我国虽然尚未正式

① “电子通信公约”在亚洲的第一个成员国新加坡与我国签署了自由贸易协定。该公约对我国对外贸易的辐射作用早已存在。2015 年 7 月，斯里兰卡批准加入了“电子通信公约”，成为该公约第七个成员国，也是亚洲第二个成员国。

批准“电子通信公约”，但是已经在该公约上签字，“电子通信公约”距离我国并不遥远。我国作为世界第二大经济体与主要的贸易大国，不论是发展双边、多边、区域化的贸易伙伴关系，实施国际化经济战略，还是推进电子商务国际贸易，均离不开“电子通信公约”的助益。我国很有必要深入发掘该公约的潜力与潜能，以期在电子商务国际化、全球化的发展中，充分发挥其效用。我国加入“电子通信公约”不仅顺应国际发展潮流，而且符合我国的经济贸易利益的需要。从形势的发展看，我国正式批准“电子通信公约”、成为成员国，应当只是时间的问题，而且为期不远。

一、适用范围

“电子通信公约”第一条明确界定了该公约的适用范围，即适用于与经营地在不同国家的当事人之间使用电子通信订立或履行合同。

（一）国际合同

“电子通信公约”适用于国际合同，合同的国际性取决于缔约当事人的经营地点，而非其国籍。该条文受到《联合国国际货物销售合同公约》的启发，国际性的标准与之相同。但是，与《联合国国际货物销售合同公约》不同的是，“电子通信公约”并不要求缔约各方的经营地点都必须在公约成员国之内。只要根据国际私法规则或者诉讼地法规定，“电子通信公约”成员国法律适用于合同，或者缔约方选择“电子通信公约”成员国的法律为适用于合同的法律，或者非“电子通信公约”的成员国允许并适用该公约的，该公约均可适用。①因此，我国虽然尚未批准加入“电子通信公约”，但是我国企业与新加坡、斯里兰卡、俄罗斯等“电子通信公约”成员国企业之间的国际贸易合同，也有适用该公约的可能；甚至，我国企业与其他非成员国企业之间的国际贸易合同，也可能因缔约方选择公约成员国的法律作为适用于合同的法律，或者将公约的实质条款吸收

① 但是，“电子通信公约”第十九条规定，成员国可以根据第二十一条的规定，声明本国仅在国际合同的当事人的营业地点均在成员国内，或者国际合同的当事人约定适用本公约的情形下，方才适用本公约；成员国还可以根据第二十一条提交声明，将特定事项排除于本公约的适用范围。成员国声明限制公约适用范围的方法首次出现在1964年《关于国际货物销售合同成立的统一法公约》和《关于国际货物销售统一法公约》中。然而，成员国不适当地限制公约的适用范围，有可能导致公约的效用与价值降低。

进合同之中，作为一个独立的条约加以适用，而适用该公约。

（二）国际电子商务合同

“电子通信公约”不仅适用于国际合同，而且适用于电子商务合同。在“电子通信公约”形成之前，国际贸易法以纸质媒介为基础，采用“书面形式”“原件”等概念界定与规范国际合同的形式与有效性。“电子通信公约”则消除了由于电子通信造成的国际贸易法律障碍，通过功能等同原则承认了电子通信在国际合同中的地位。[①]“电子通信公约”第四条（a）款规定，“通信”是指当事人在一项合同的订立或履行中被要求作出或选择作出的包括要约和对要约的承诺在内的任何陈述、声明、要求、通知或请求，涵盖合同缔约前、后的当事人意思表示；“电子”则指数据电文，包括基本上无纸的形式生成、存储或互发的各类现有技术，以保证技术的中立性。[②]根据该公约的规定，电子通信不需要覆盖全部的缔约过程，只要其中的部分过程或者构成因素系电子形式即可。如，一份复杂的商业合同中某一部分，如仲裁条款，采用了电子形式，“电子通信公约”即适用于该合同的仲裁条款，但不涉及合同适用的实体性法律。

（三）除外规定

“电子通信公约”第二条规定，1. 该本公约不适用于与下列情形有关的电子通信：（a）为个人、家人或家庭目的订立的合同；（b）受管制交易所的交易、外汇交易、银行间支付系统、银行间支付协议或者与证券或其他金融资产或票据有关的清算和结算系统，以及对中间人持有的证券或其他金融资产或票据的担保权的转让、出售、出借或持有或回购协议。2. 汇票、本票、运单、提单、仓单或任何可使持单人或受益人有权要求交付货物或支付一笔款额的可转让单证或票据。

上述除外规定均有历史的背景与现实的原因。国际贸易法律传统上不适用于

---

① 根据“电子通信公约”的解释，功能等同原则，以对传统纸质媒介要求的目的和功能所作的分析为基础，以便确定如何通过电子商务技术完成这些目的或功能。公约没有试图以任何特定类型的纸面文件限定基于计算机的同等文件，而是提炼出纸面形式要求的基本功能，从而提供标准，使达到这些标准的电子通信能够与相应的、履行相同功能的纸面文件享有同等的法律认可。

② 根据“电子通信公约”的规定，“数据电文”系指经由电子手段、电磁手段、光学手段或类似手段生成、发送、接收或存储的信息，这些手段包括但不限于电子数据交换、电子邮件、电报、电传或传真。

面向消费者的贸易，因此为个人、家人或家庭目的订立的合同被排除在外。有关国际支付、结算、外汇等问题，由《联合国国际贸易应收款转让公约》等其他国际公约调整，因此也被排除在外。联合国国际贸易法委员会虽然于 2017 年形成了有关电子可转让记录的示范法，但是至今尚无此领域的有约束力的国际法，因此“电子通信公约”不予涉及。

二、延伸适用

“电子通信公约”是由联合国国际贸易法委员会管理的一个独立的国际贸易法律文件，在此之前形成的其他国际贸易公约理论上并不受其影响。“电子通信公约”如果仅适用于有限的范围，其重要性及效用将大打折扣。因此，“电子通信公约”采用了延伸适用的方法，将其适用范围延及现行的国际贸易公约，为将《联合国国际货物销售合同公约》《承认及执行外国仲裁裁决公约》（“纽约公约”）等成员国众多、在国际贸易领域举足轻重的公约带入互联网时代打开了方便之门。如果没有“电子通信公约”的延伸适用，这些现行的国际贸易公约将不得不经历冗长、复杂的修订过程，而且每个公约各自修订关于电子通信的内容也可能造成法律规则之间冲突与矛盾，进而妨碍对于国际合同的解释及当事人的意思自治。因此，“电子通信公约”第二十条创造了延伸适用的机制，确立与“书面”“签字”“原件”等纸质媒介概念功能等同的电子通信的法律效力，补充了相关国际公约的规定，为现行国际贸易公约对电子商务构成法律障碍的问题提供了可行的解决办法，从而避免了逐一修订现行的国际公约所造成的问题。

“电子通信公约”规定的延伸适用分为明确列举的延伸适用、未明确列举的延伸适用与声明排除延伸适用三种情形。

（一）明确列举的延伸适用

根据“电子通信公约”第二十条第一款的规定，本公约适用于缔约国已加入或可能加入的下列任何国际公约所涉及的使用电子通信订立或履行的合同，即

—《承认及执行外国仲裁裁决公约》（1958 年 6 月 10 日，纽约，俗称“纽约公约”）；

—《国际货物销售时效期限公约》（1974 年 6 月 14 日，纽约）及其议定书（1980 年 4 月 11 日，维也纳）；

—《联合国国际货物销售合同公约》(1980 年 4 月 11 日，维也纳)；

—《联合国国际贸易运输港站经营人赔偿责任公约》(1991 年 4 月 19 日，维也纳)；

—《联合国独立担保和备用信用证公约》(1995 年 12 月 11 日，纽约)；

—《联合国国际贸易应收款转让公约》(2001 年 12 月 12 日，纽约)。①

“电子通信公约”明确规定延伸适用于上述列举的公约，但是并未列明哪些条文适用，也未说明如何适用。由于各个公约所涉及的合同具有复杂性与多样性，延伸适用的具体问题留给这些公约在适用中酌情解决。如果某类合同或者交易（如涉及国际支付中可转让单证）不适合适用“电子通信公约”，延伸适用可被排除。②

在上述列举的公约中，《联合国国际货物销售合同公约》与“纽约公约”最为重要。《联合国国际货物销售合同公约》为国际货物销售提供一个现代、统一、系统的法律制度，系国际贸易法的核心公约之一，迄今有八十三个成员国。《联合国国际货物销售合同公约》第十一条规定，销售合同无须以书面订立或书面证明，在形式方面也不受任何其他条件的限制。但是该公约第十二条、第二十九条及第九十六条规定了合同必须采用书面形式的情形。虽然成员国的国内法可以规定电子通信满足合同书面形式的要求，但是各个国家法律规范之间缺乏协调与统一，有可能造成法律适用的冲突与交易成本的增加。因此，直接将“电子通信公约”延伸适用于《联合国国际货物销售合同公约》将从根本上确保国际贸易中电子合同的有效性与可执行性。

“纽约公约”是适用最为广泛的国际贸易法公约，迄今在一百五十六个国家生效，规定了承认与执行外国仲裁协议和裁决的统一要件。“纽约公约”第二条要求成员国承认书面形式的仲裁协议，包括合同中的仲裁条款或由当事人各方签署的包含在往来信件或电报中的仲裁协议。“纽约公约”第四条规定，为了获得仲裁裁决的承认和执行，申请人应当在申请时提交第二条规定的仲裁协议的原件

---

① “电子通信公约”第二十条第一款列举了缔约国已经加入或“可能加入的公约”，这是因为《联合国国际贸易运输港站经营人赔偿责任公约》与《联合国国际贸易应收款转让公约》至今尚未生效，有待国家加入。我国是《联合国国际货物销售合同公约》与“纽约公约”的成员国，但是尚未加入《国际货物销售时效期限公约》与《联合国独立担保和备用信用证公约》。

② “电子通信公约”第二十条第一款没有列举 1978 年《联合国海上货物运输公约》和 1988 年《联合国国际汇票和国际本票公约》，原因在于这两个条约包含可转让单证条款，被排除在“电子通信公约”的适用范围之外。

或经过充分证明的复制件。在当今国际贸易中，商业文件大量采用无纸化形式，电子形式的仲裁协议日渐普及。如要保障“纽约公约”在电子商务国际贸易的环境下有效实施，需要确保成员国法律认可电子形式的仲裁协议等同于书面形式。虽然国内法可以对此作出规定，但是在国际贸易公约层面上作出统一的规定，则能保证成员国法律适用的一致性。

我国是《联合国国际货物销售合同公约》与“纽约公约”的成员国，实施这两个公约对于发展与保障可持续性的对外贸易有非常积极与重要的作用。我国将来加入“电子通信公约”，将实现对《联合国国际货物销售合同公约》与“纽约公约”的电子化升级，让电子商务国际贸易如虎添翼。

（二）未明确列举的延伸适用

“电子通信公约”第二十条第二款规定，本公约延伸适用于缔约国已加入或可能加入但未在本条第一款中具体提及的其他国际公约、条约或协定所适用的使用电子通信订立或者履行的合同，除非该国已根据第二十一条声明其将不受本款规定的约束。“电子通信公约”第二十条第二款极大地扩大了“电子通信公约”的延伸适用的范围，使适用于其他未被列举的国际贸易法律文件的合同当事人能够自动获益于“电子通信公约”，为使用电子通信的国际合同提供法律的确定性。例如，2008 年《联合国全程或部分海上货物运输合同公约》（“鹿特丹规则”）是在“电子通信公约”制定之后缔结的，因此不在第二十条第一款列举的公约之列，但是如果公约的成员国愿意将公约延伸适用于与“鹿特丹规则”有关的订立与履行国际合同的电子通信（涉及电子可转让单证的除外），则不必另行提交延伸适用的声明，可自动实现。[①]

“电子通信公约”第二十条第二款规定的延伸适用，由于未明确列举所指的国际公约、条约或者协定，而具有无限的延展性，任何国际公约、条约及准多

① 直到 2017 年 7 月，联合国国际贸易法委员会才出台了“电子可转让记录示范法”，是继“电子商务示范法”与“电子签名示范法”之后的第三部电子商务领域的示范法，确立了国内及跨境贸易中提单、汇票、本票、仓单等可转让记录电子形式的法律效力。未来国际贸易法中的可转让记录有可能不必被排除在延伸适用之外。

边[①]、区域性或者双边的贸易协定，只要涉及合同订立与履行所使用的电子通信，均可被包括在内。

“电子通信公约”与世界上不断增长的自由贸易协定有密切的关系。大多数自由贸易协定规定的是缔约国之间的市场准入及贸易促进等内容，并不对商业交易的规则进行专门的规范，而是根据国际私法规则适用相应的缔约国的本国法。但是由于缺乏统一的国际贸易法律，缔约国的企业有可能面对不同国家的交易法律，难以充分享受自由贸易协定带来的市场机会。事实上，自由贸易协定与“电子通信公约”等统一的国际贸易法律规则相配合，才能发挥最大的作用。因此，越来越多的自由贸易协定规定了促进使用电子通信的条款（如于2018年1月达成的“跨太平洋伙伴广泛与促进协议”中“电子商务”章节），并要求缔约国的相关国内法与“电子通信公约”保持一致，或者要求缔约国承诺加入该公约。

随着我国与贸易伙伴国的双边贸易协定不断增加，与“一带一路”六十多个国家或者地区的贸易交往不断扩展与深化，双边的自由贸易协定很有可能向多边协定的方向发展。我国已经提出亚太自由贸易协定（FTAAP）的建议，并在亚太经济合作组织（APEC）的互联网经济项目居领导位置。我国一旦加入“电子通信公约”，所有的多边、区域性或者双边协定，凡涉及使用电子通信订立与履行国际合同的问题，均可借助于“电子通信公约”的延伸适用而实现法律规范的协调统一。

（三）声明排除延伸适用

“电子通信公约”为了保证公约的各项规定与成员国现有的国际义务相一致，允许成员国根据第二十一条的规定在任何时候以书面声明的方式排除或者限制该公约的延伸适用。提交声明的成员国也可以随时修改或者撤销声明。“电子通信公约”规定，排除延伸适用的声明分为一般性排除声明、正面清单性声明及负面清单性声明三种。

1. 一般性排除声明

根据“电子通信公约”第二十条第二款的规定，成员国可以根据第二十一

---

① “准多边”（plurilateral）贸易协定是指美欧等发达国家主导的、仅邀请已被双边或者区域性自由贸易体制“同化”的发展中国家参与的半封闭性的国际贸易协定。于2018年1月日本等11个国家达成的“跨太平洋伙伴广泛与促进协议”（CPTPP）、曾经出现的《反假冒贸易协定》（ACTA）及谈判中的《跨大西洋贸易与投资伙伴协定》（TTIP）均属于此类准多边贸易协定。

条的规定提交声明，全部排除第二十条第二款的延伸适用，即为一般性排除声明。如果某个成员国提交了一般性排除声明，则“电子通信公约”的延伸适用的范围仅限于第二十条第一款明确列举的公约。

2. 正面清单性声明

根据“电子通信公约”第二十条第三款的规定，提交了一般性排除声明的成员国还可以提交声明，允许公约延伸适用于该成员国已经加入或者可能加入的特定的公约、条约或者协定。上述正面清单性声明必须与一般性排除声明结合才能使用，其结果是成员国在总体上排除了第二十条第二款的延伸适用，但是在局部上允许在特定的、未列于第二十条第一款的公约、条约或者协定上延伸适用。

3. 负面清单性声明

根据“电子通信公约”第二十条第四款的规定，成员国不论是否提交了第二十条第二款规定的一般性排除声明，均可以提交声明，排除公约延伸适用于某个特定公约、条约或者协定，即便该公约、条约或者协定被明确列举于第二十条第一款。上述声明即为负面清单性声明。

“电子通信公约”的成员国甚至可以根据自身利益的需要，既提交一般性排除声明，也提负面清单性声明，完全排除公约延伸适用的可能。但是，国际贸易公约的价值在于其应用的深度与广度，极度限制公约的适用通常并不符合成员国的国际贸易利益。因此，即便某个成员国声明排除或者限制“电子通信公约”的延伸适用，鉴于该公约对于电子商务国际贸易法律体制的重要作用，也往往需要在相应的国际贸易法律文件中参照准用该公约的相关实体性条款。另外，不论“电子通信公约”的成员国提交何种声明，均不能选择性延伸适用或者排除适用公约中任何特定的条款，以免公约适用中出现不统一与不确定的问题；但是非成员国参照准用公约时则可以如此灵活处理。

三、参照准用

由于“电子通信公约”在国际贸易中的地位与作用日益重要，一些国家虽然尚未加入该公约，但是在国内立法、双边、多边、区域性条约或者协定中直接引入了公约的全部或者部分实体性内容，或者在公约本不适用的场合参照准用公约的内容，这些情形均属于对公约的参照准用。在参照准用的情形下，通常是公约特定的实体性条文，而非公约的全部，得到应用。

（一）示范法的作用

联合国国际贸易法委员会分别于1996年、2001年、2017年公布的“电子商务示范法”“电子签字示范法”“电子可转让记录示范法”虽然不具有国际法律约束力，属于供各国国内立法参照适用的柔性法，但是为各国的电子商务立法铺平了道路并取得了巨大成功，极大地促进了全球电子商务法律规范的协调与统一。根据联合国国际贸易法委员会的统计，迄今有一百三十九个国家或者地区在其电子商务立法中不同程度地采纳了“电子商务示范法”，有三十一个国家在国内立法中采纳了“电子签名示范法”。①

随着电子商务国际贸易的发展，仅有关于电子商务的国内立法已经不能满足需要。“电子通信公约”不仅为跨境电子商务提供了规范与保障，而且根据经济技术的发展，更新及改进了“电子商务示范法”和“电子签字示范法”的部分内容。因此，危地马拉、越南等数十国虽然尚未加入“电子通信公约”，但是将公约视为新的“示范法”，在国内电子商务立法或者修法中直接参照准用公约的有关条款。还有多部区域性的贸易协定参考或者直接采纳了“电子通信公约”的重要条款。②

我国的“电子签名法”主要参考“电子商务示范法”和“电子签字示范法”的内容，部分内容经实践检验已经不能满足现实发展的需要。中国“电子商务法”立法的指导思想之一是充分借鉴国际先进经验，减少今后法律执行中与其他国家、国际法律的摩擦，在电子商务的定义、原则、规范等方面与国际规则接轨。中国“电子商务法”充分借鉴了“电子通信公约”先进的立法经验，改进了“电子签名法”，并增加了关于订立与履行合同的自动信息系统③、以在线传输方式交付合同标的的时间④、输入错误的更正等新的法律规范⑤。

（二）新型领域的应用

在“电子通信公约”本来不适用的领域，成员国或者非成员国均可以在国

① 联邦国家中的州、国家的海外领地、特别行政区等可以依据联合国国际贸易法委员会的“电子商务示范法”制定本地的法律。

② 依据“电子通信公约”第十七条的规定，区域经济一体化组织（如欧盟）可以正式加入该公约。

③ 参照“电子通信公约”第四条、第十二条。

④ 参照“电子通信公约”第四条、第十条。

⑤ 参照“电子通信公约”第四条、第十四条。

内或者国际法律中参照准用公约的内容，以利新兴领域的立法发展。例如，我国“电子商务法”中的电子商务合同，并无消费者合同与商业性合同的区别，面向消费者电子通信形式的合同亦可参照准用“电子通信公约”的有关内容；又如，跨境电子商务网上争议解决机制，涉及电子通信的，亦可参照准用“电子通信公约”的规定。

“电子通信公约”适用于企业之间的电子通信，企业与政府之间及政府之间的电子通信并不在其适用范围之内。但是，面对电子商务国际贸易的无纸化贸易便利措施及“单一窗口”机制的发展，有必要参照准用“电子通信公约”的有关条款。①

在电子商务国际贸易的整个过程中，企业之间的国际合同仅是其中一个环节，货物的进出口、过境均要向有关国家的海关、检疫、外汇、税收等监管机关申报，并经其审批。如果没有电子商务便利无纸化贸易的发展，电子形式的合同及其他交易文件均必须重回纸质媒介，才能符合各类监管的要求。因此，消除企业与本国及外国的监管机关之间以及政府监管机关之间电子通信的法律障碍与不确定性，以国际法律的形式认可企业与监管机关之间、监管机关相互之间电子通信的合法性与有效性，非常必要。联合国亚太经社委员会于2017年颁布的“亚洲及太平洋跨境无纸贸易便利化框架协定”，旨在为无纸化贸易便利化措施创设区域性协调的国际法律框架。②该协定在起草与谈判过程中，充分考虑了“电子通信公约”为电子商务、跨境无纸化贸易提供法律框架的全球性标准的重要作用，并将其有关的法律定义、原则与规范参照准用于企业与政府监管机关之间及政府监管机关之间的电子通信。随着越来越多的国家批准或者加入“亚太地区跨境无纸化贸易便利化协定”“电子通信公约”参照准用的作用愈加明显，切实促进跨境电子商务降低成本、提高效率。

---

① 根据联合国贸易便利化与电子商务中心的定义，单一窗口是指贸易与交通过程中的有关各方当事人向单一的接收机构提交标准化的数据与文件，以满足关于进出口、过境等监管要求的设施；如果数据是电子形式的，则每份数据只应提交一次。我国正在建立国家级的单一窗口，目前已经在多个口岸试点，并且建立了“中国（杭州）跨境电子商务综合试验区单一窗口”机制。

② 在2012年5月联合国亚太经社委员会第68届大会通过了“为区域内包容性与可持续性的贸易便利化促进无纸化贸易与跨境承认电子文件与数据”的决议，其中包括起草亚太地区跨境无纸化贸易便利化协定的决定。本书作者作为联合国无纸化贸易专家网络咨询委员会委员，是该协定的起草与谈判的主要法律专家。

第三章

跨境电子商务法律问题

第一节　中国跨境电子商务法律制度

我国跨境电子商务快速发展，已经形成了一定的产业集群和交易规模，有利于完善我国对外开放战略布局、促进对外贸易优化升级，有利于推进“一带一路”建设和实施自由贸易区战略，有利于形成新的经济增长点、对外开放新体制与全面开放新格局。我国“电子商务法”对跨境电子商务进行专门规定，建立了适应行业发展、制度创新、跨境特性、国际发展趋势的跨境电子商务综合性法律制度，并为进一步的法律发展奠定了基础。一方面，我国“电子商务法”明确了跨境电子商务经营者合法经营、遵守有关进出口监管的法律与行政法规的义务；另一方面，推动建立适应跨境电子商务的监督管理体系，实施相关贸易便利化措施，构建有关国际合作交流机制。①

一、进出口监管制度下的跨境电子商务

跨境电子商务在交易活动的本质上与国内电子商务并无不同，其特殊性在于必须接受国家进出口监管。我国“电子商务法”第二十六条规定，电子商务经营者从事跨境电子商务，应当遵守有关进出口监督管理的法律、行政法规和国家有关规定。

（一）我国进出口监管制度

依据我国“电子商务法”的规定，跨境电子商务活动应当遵守我国“电子商务法”与《中华人民共和国对外贸易法》（简称“对外贸易法”）、《中华人民共和国海关法》（简称“海关法”）、《中华人民共和国进出境动植物检疫法》（简称“动植物检疫法”）、《中华人民共和国进出口商品检验法》（简称“进出

① 在《中华人民共和国电子商务法条文释义》（以及条文研析与适用指引、条文解读等书）中，本书作者为我国“电子商务法”第二十六条、第七十一条至第七十三条详解的唯一作者。

口商品检验法”)、《技术进出口管理条例》等相关法律与行政法规关于进出口监管的规定。

我国不断探索建立适应和引领跨境电子商务发展的政策体系和监管模式，出台一系列政策文件，推动完善制度设计、监管和服务创新。2015 年以来，国务院、国务院办公厅相继出台《关于大力发展电子商务加快培育经济新动力的意见》(国发〔2015〕24 号)、《关于积极推进“互联网 +”行动的指导意见》(国发〔2015〕40 号)、《关于促进外贸回稳向好的若干意见》(国发〔2016〕27 号)、《关于促进跨境电子商务健康快速发展的指导意见》(国办发〔2015〕46 号)、《商务部、发展改革委、财政部、海关总署、税务总局、市场监管总局关于完善跨境电子商务零售进口监管有关工作的通知》(商财发〔2018〕486 号)、海关总署《关于跨境电子商务零售进出口商品有关监管事宜的公告》(海关总署公告 2018 年第 194 号）等国家有关跨境电子商务进出口相关政策规定，部分地方政府发布支持跨境电子商务发展的政策性文件和行业标准，也是相关监管体系的组成部分。

跨境电子商务经营者在企业经营、通关管理、税收征管、检验查验等各个方面应当接受有关部门的监管，依法办理有关的进出境手续。

（二）跨境电子商务进出口监管制度的改革

跨境电子商务是指通过互联网等信息网络从事商品或者服务进出口的经营活动。跨境电子商务主要是货物进出口和国际服务贸易。未来视情况发展还可以延伸到技术进出口、数字产品的进出口等。[①] 跨境电子商务不仅具有电子商务的特征，而且具有跨境化、国际化的特点，与政府进出口管理法律制度联系紧密。进出口监管制度是否适应跨境电子商务的特点、是否提高了进出口贸易的便利化水平，对于跨境电子商务具有极大的影响。为此，我国“电子商务法”第七十一条规定，国家促进跨境电子商务发展，建立健全适应跨境电子商务特点的海关、税收、进出境检验检疫、支付结算等管理制度。

我国“电子商务法”第七十一条虽然并未规定具体的法律规范与法律制度，但是指出了关于跨境电子商务法律制度发展的方向，确立了改革跨境电子商务监

---

① “对外贸易法”第二条规定，本法适用于对外贸易以及与对外贸易有关的知识产权保护；本法所称对外贸易，是指货物进出口、技术进出口和国际服务贸易。

管体制基本原则，即建立健全适应跨境电子商务特点的监管制度。

1. 适应性监管

“电子商务法”第七十一条规定的建立健全适应跨境电子商务特点的监管与第七条规定的国家建立符合电子商务特点的协同管理体系的原则相呼应。国家适应跨境电子商务特点，整合海关、税收、进出境检验检疫、支付结算等监管机制与措施，建立健全多部门、多领域、多机制协同配合的监管体制，以切实提高监管效率、降低企业成本，是监管制度改革的重要原则与方向。

此项改革势必涉及多个主管部门的改革及相关法律、法规及制度的修订与调整，难度很大。跨境电子商务综合试验区与自贸试验区的实践经验可以为“电子商务法”规定的适应性监管探索经验。

2. 自由贸易试验区与跨境电子商务综合试验区

我国先后建立了多个自由贸易试验区（自贸试验区）与跨境电子商务综合试验区（跨境电子商务综试区），创新监管体制，探索建立健全协同监管的改革路径。①

（1）自贸试验区

我国建立的自贸试验区是指在我国境内指定的特殊区域，对进入该区域的任何货物，实施进口关税的免税或者保税。2013 年国家批准建立中国（上海）自由贸易试验区（自贸试验区），允许自贸试验区暂时调整《中华人民共和国外资企业法》、《中华人民共和国中外合资经营企业法》和《中华人民共和国中外合作经营企业法》规定的行政审批。2013 年至 2018 年，我国还先后在天津、福建、辽宁、浙江、河南、湖北、重庆、四川、陕西建立自贸试验区，并在海南全岛建立自贸试验区。自贸试验区正在探索、实施政府各部门监管信息共享、相互协同的机制。例如，《中国（上海）自由贸易试验区管理办法》规定：管理委员会组织建立自贸试验区监管信息共享机制和平台，实现海关、检验检疫、海事、金融、发展改革、商务、工商、质监、财政、税务、环境保护、安全生产监管、港口航运等部门监管信息的互通、交换和共享，为优化管理流程、提供高效便捷服务、加强事中事后监管提供支撑。

虽然我国“电子商务法”有关行政监管的规定适用于自由贸易区，但是为

① 国外“监管沙箱”，是以实验方式创造一个安全区域，适当放松参与实验的创新产品和服务的监管约束，激发创新活力。该模式与我国试验区的定位与手段并不相同。

了推进制度创新、管理创新和服务创新，推动贸易转型升级，深化金融领域开放，自贸区着力在跨境电子商务交易、支付、物流、通关、退税、结汇等各环节的技术标准、业务流程、监管模式和信息化建设等方面先行先试，用新模式为外贸发展提供新支撑。

根据《中国（上海）自由贸易试验区管理办法》第三条、第二十六条等规定，自贸试验区创新监管服务模式，探索建立与国际投资和贸易规则体系相适应的行政管理体系，按照国际化、法治化的要求，建立高效便捷的管理和服务模式，促进投资和贸易便利化。因此，我国“电子商务法”中有关行政监管的规定在适用于自贸试验区时可加以必要的调整，以满足扩大开放与创新监管的实际需要。我国“电子商务法”第七十一条、第七十二条为促进跨境电子商务发展创设的一系列法律制度（如单证电子化、单一窗口制度等贸易便利化措施），也与自贸试验区先试先行的各种举措完全契合，为自贸试验区的跨境电子商务活动提供了有力的法律支持与保障。

（2）跨境电子商务综试区

国家为了探索有关的制度改革与管理经验，于 2016 年 3 月批复设立中国（杭州）跨境电子商务综合试验区。至 2018 年 6 月底，全国已有 53 个国家电子商务示范城市，重点支持电子商务国际化发展，结合“网上丝绸之路”建设，支持有关省区市与“一带一路”重要节点城市开展对点合作，探索共建跨境电子商务平台、跨境支付服务及智能物流服务平台。跨境电子商务综合试验区在实践中逐步建立了信息共享、金融服务、智能物流、电商信用、统计监测和风险防控六个体系，以及线上单一窗口和线下综合园区两个平台的框架，初步实现了制度体系的再造、商业模式的创新、贸易体系的重塑、产业水平的提升。六个体系与两个平台框架已作为综合试验区的先行试点经验在全国范围内复制推广。

二、跨境电子商务经营者

跨境电子商务经营者属于我国“电子商务法”规定的电子商务经营者，但是由于跨境电子商务的特点，这些经营者营业资质与法律义务具有特殊性。

依据“电子商务法”第九条的规定，自然人、法人或者非法人组织都可以成为电子商务经营者，电子商务平台经营者则必须是法人或者非法人组织。由于跨境电子商务的复杂性与风险性，我国主管机关将跨境电子商务经营者限定于企业法人，排除了自然人与非法人组织。

（一）跨境电子商务经营者主要类型

参考有关主管部门的政策性文件，跨境电子商务经营者可以分为跨境电子商务企业、跨境电子商务企业境内代理人、跨境电子商务平台企业、支付企业、物流企业。[①]所有跨境电子商务经营者均应当遵守海关注册登记管理的相关规定，进行相关的注册登记，纳入海关信用管理。海关根据信用等级实施差异化的通关管理措施。

1. 跨境电子商务企业

跨境电子商务企业是指自境外向境内销售跨境电子商务进口商品的境外注册企业（不包括在海关特殊监管区域或保税物流中心内注册的企业），或者境内向境外销售跨境电子商务出口商品的企业。

跨境电子商务企业参与跨境电子商务出口业务，应当向所在地海关办理信息登记；如需办理报关业务，向所在地海关办理注册登记。

我国“电子商务法”第七十一条专门规定，国家支持小微企业从事跨境电子商务。此规定为国家未来制定与实施关于扶植小微企业从事跨境电子商务的具体产业发展政策及有关优惠措施（包括有条件的税收优惠等）提供了法律依据。

2. 跨境电子商务平台企业与境内代理人

我国外贸代理制度已经有很长的历史，并且受到相关法律、行政法规的规范。“对外贸易法”第十二条规定，对外贸易经营者可以接受他人的委托，在经营范围内代为办理对外贸易业务。“海关法”第九条规定，进出口货物，除另有规定的外，可以由进出口货物收发货人自行办理报关纳税手续，也可以由进出口货物收发货人委托海关准予注册登记的报关企业办理报关纳税手续。

（1）委托报关的法定要求

依据“海关法”的规定，接受进出口货物收发货人的委托办理报关手续的企业，必须依法经海关注册登记；报关人员必须依法取得报关从业资格。未依法

① 主要参考海关总署于2018年12月10日发布《关于跨境电子商务零售进出口商品有关监管事宜的公告》（海关总署公告2018年第194号）。该政策性文件于2019年1月1日起实施，明显强化了对跨境电子商务的监管，对于自然人从事海外代购等零售进口业务予以比较严厉的限制。例如，该文件规定，消费者（订购人）对于已购买的跨境电子商务零售进口商品不得再次销售；从事跨境电子商务的企业为二次销售提供便利，导致出现违规二次销售等情况的，应依法受到处罚。

经海关注册登记的企业和未依法取得报关从业资格的人员，不得从事报关业务。报关企业和报关人员不得非法代理他人报关，或者超出其业务范围进行报关活动。[①]报关企业应当向海关提交由委托人签署的授权委托书，遵守进出口监管的各项规定。委托人委托报关企业办理报关手续的，应当向报关企业提供所委托报关事项的真实情况；报关企业接受委托人的委托办理报关手续的，应当对委托人所提供情况的真实性进行合理审查。[②]

（2）跨境电子商务企业境内代理人

跨境电子商务企业境内代理人是指开展跨境电子商务进口业务的境外注册企业所委托的境内代理企业。境外跨境电子商务企业应委托境内代理人向该代理人所在地海关办理注册登记。代理人应当如实申报，依法接受相关部门监管，并承担民事责任。

（3）跨境电子商务平台企业

跨境电子商务平台企业是指在境内办理工商登记，为交易双方提供网页空间、虚拟经营场所、交易规则、信息发布等服务，设立供交易双方独立开展交易活动的信息网络系统的经营者。跨境电子商务平台企业参与跨境电子商务进口业务，应当依据海关报关单位注册登记管理相关规定，向所在地海关办理注册登记。

我国“电子商务法”第七十一条规定，支持跨境电子商务平台经营者等为跨境电子商务提供仓储物流、报关、报检等服务。在跨境电子商务中，很多中小微企业缺乏独立报关、报检及申报进出口数据的资质与能力，跨境电子商务平台经营者则可以为其提供相应的服务，弥补其不足。我国“电子商务法”的上述规定正式认可跨境电子商务平台接受平台内企业的委托，为其提供报关、报检服务的法律地位与作用，具有重大的法律意义。

在以往实践中，某些跨境电子商务平台经营者以自己的名义为未办理进出口备案的中小微企业办理报关、报检等手续（即所谓“假自营、真代理”），自身被认定为进出口商，如未缴纳足额税款，将受到严厉的行政处罚，甚至被追究刑事责任。这是因为依据“海关法”的相关规定，报关企业接受进出口货物收发货人的委托，以自己的名义办理报关手续的，应当承担与收发货人相同的法律责

① “海关法”第十条、第十一条。
② “海关法”第十条、第十一条。

任。[①]随着我国跨境电子商务监管体制的完善，所有从事跨境电子商务进出口的企业（包括小微企业）都应当向所在地海关办理信息登记；如需办理报关业务，向所在地海关办理注册登记。因此，跨境电子商务平台经营者为平台内企业提供报关、报检等服务，应当遵守法律规定，符合法定要求，不得非法代理他人报关，或者超出其业务范围进行报关活动；如以自己名义报关、报检，则应当承担收发货人的法律责任。

跨境电子商务平台企业提供的服务不仅包括办理报关、报检等传统外贸代理服务，而且包括为跨境电子商务提供仓储物流、信用融资、品牌管理、市场营销、供应链管理等综合性新型服务。跨境电子商务平台经营者从事综合服务得天独厚、优势明显，能够实现平台与经营者的双赢。[②]我国“电子商务法”第七十条第一款的规定则明确了跨境电子商务平台经营者提供服务的法律地位，使之获得了合法发展的空间。

3. 支付、物流企业

支付企业是指在境内办理工商登记，接受跨境电子商务平台企业或跨境电子商务企业境内代理人委托为其提供跨境电子商务进口支付服务的银行、非银行支付机构以及银联等。支付企业为银行机构的，应具备银保监会或者原银监会颁发的《金融许可证》；支付企业为非银行支付机构的，应具备中国人民银行颁发的《支付业务许可证》，支付业务范围应当包括“互联网支付”。

物流企业是指在境内办理工商登记，接受跨境电子商务平台企业、跨境电子商务企业或其代理人委托为其提供跨境电子商务进出口物流服务的企业。物流企业应获得国家邮政管理部门颁发的《快递业务经营许可证》。直购进口模式下，物流企业应为邮政企业或者已向海关办理代理报关登记手续的进出境快件运营人。

物流企业、支付企业参与跨境电子商务进口业务，应当依据海关报关单位注册登记管理相关规定，向所在地海关办理注册登记；

（二）跨境电子商务经营者的义务与责任

根据“对外贸易法”“海关法”等法律的规定，经营主体都必须履行如实申

---

① “海关法”第十条。

② 我国“电子商务法”第七十一条第一款规定，跨境电子商务平台经营者等为跨境电子商务提供仓储物流、报关、报检等服务，说明除平台外的其他经营者也可以依法提供此类跨境电子商务的增值服务。

报并提供数据信息的义务。[1]这些法律规定均适用于跨境电子商务的经营者。跨境电子商务经营者不论进出境的是货物还是物品，不论采用传统进出口还是自贸区保税、直购进口等形式，均应当如实向海关、检验检疫、支付结算、关税等进出口监督管理部门提供订单、物流、支付以及其他交易数据信息；否则，有关部门有权依照相关法律追究其法律责任。

依据我国“电子商务法”第二十五条的规定，有关主管部门依照法律、行政法规的规定要求电子商务经营者提供有关电子商务数据信息的，电子商务经营者应当提供。因此，海关等主管部门要求从事跨境电子商务进出口业务的企业实时传输真实的与其业务相关的电子数据和电子信息，并开放物流实时跟踪等信息共享接口，加强对海关风险防控方面的信息和数据支持，配合海关进行有效管理。跨境电子商务平台企业还应当依据我国“电子商务法”第三十一条的规定，记录、保存平台上发布的商品和服务信息、交易信息，并确保信息的完整性、保密性、可用性。商品和服务信息、交易信息保存时间自交易完成之日起不少于三年。“海关法”等法律或者行政法规另有规定的，依照其规定。从事跨境电子商务的企业未能如实向海关、检验检疫、支付结算、关税等进出口监督管理部门提供订单、物流、支付以及其他交易数据信息的，有关部门有权依照相关法律追究其法律责任。海关对参与制造或传输虚假交易、支付、物流等信息的企业，依法进行处罚。

我国“电子商务法”第十三条规定，电子商务经营者销售的商品或者提供的服务应当符合保障人身、财产安全的要求和环境保护要求，不得销售或者提供法律、行政法规禁止交易的商品或者服务。因此，跨境电子商务企业不得进出口涉及危害口岸公共卫生安全、生物安全、进出口食品和商品安全、侵犯知识产权的商品以及其他禁限商品，同时应当建立健全商品溯源机制并承担质量安全主体责任。鼓励跨境电子商务平台企业建立并完善进出口商品安全自律监管体系。跨

① “海关法”第二十四条规定，进口货物的收货人、出口货物的发货人应当向海关如实申报，交验进出口许可证件和有关单证。国家限制进出口的货物，没有进出口许可证件的，不予放行。进口货物的收货人应当自运输工具申报进境之日起十四日内，出口货物的发货人除海关特准的外应当在货物运抵海关监管区后、装货的二十四小时以前，向海关申报。进口货物的收货人超过前款规定期限向海关申报的，由海关征收滞报金。第三十五条规定，经电缆、管道或者其他特殊方式输送进出境的货物，经营单位应当定期向指定的海关申报和办理海关手续。第三十六条规定，过境、转运和通运货物，运输工具负责人应当向进境地海关如实申报，并应当在规定期限内运输出境。第八十六条规定，进出口货物、物品或者过境、转运、通运货物向海关申报不实的，可以处以罚款，有违法所得的，没收违法所得。

境电子商务企业及其代理人、跨境电子商务平台企业应建立商品质量安全风险防控机制，加强对商品质量安全以及虚假交易、二次销售等非正常交易行为的监控，并采取相应处置措施。[①]经海关注册登记的跨境电子商务企业及其境内代理人、跨境电子商务平台企业、支付企业、物流企业等应当接受海关稽核查。海关对跨境电子商务零售进口商品实施质量安全风险监测，责令相关企业对不合格或存在质量安全问题的商品采取风险消减措施，对尚未销售的按货物实施监管，并依法追究相关经营主体的责任；对监测发现的质量安全高风险商品发布风险警示并采取相应管控措施。海关对跨境电子商务零售进口商品在商品销售前按照法律法规实施必要的检疫，并视情发布风险警示。

我国“电子商务法”第二十九条规定，电子商务平台经营者发现平台内经营者未取得相应行政许可或者平台内出现法律、行政法规禁止交易的商品或者服务的情形，应当依法采取必要的处置措施，并向有关主管部门报告。因此，跨境电子商务平台企业、跨境电子商务企业或其代理人等发现涉嫌违规或走私行为的，应当及时主动告知海关。涉嫌走私或违反海关监管规定的参与跨境电子商务业务的企业，应配合海关调查，开放交易生产数据或原始记录数据。对涉嫌走私或违规的，由海关依法处理；构成犯罪的，依法追究刑事责任。

我国“电子商务法”第二十三条规定，电子商务经营者收集、使用其用户的个人信息，应当遵守法律、行政法规有关个人信息保护的规定。因此，从事跨境电子商务进口业务的企业，不得非法利用其他公民身份信息，否则海关按走私违规处理，并按违法利用公民信息的有关法律规定移交相关部门予以处罚。

三、跨境电子商务便利化措施

我国“电子商务法”第七十一条规定，国家促进跨境电子商务发展，不仅要建立健全适应跨境电子商务特点的管理制度，而且要提高跨境电子商务各环节便利化水平；第七十二条则规定了“单一窗口”、单证电子化等提高跨境电子商务便利化的具体措施。

---

① 我国“电子商务法”第五十八条规定，国家鼓励电子商务平台经营者建立有利于电子商务发展和消费者权益保护的商品、服务质量担保机制。

（一）单一窗口

依据我国“电子商务法”第七十二条的规定，国家进出口管理部门应当推进跨境电子商务海关申报、纳税、检验检疫等环节的综合服务和监管体系建设，优化监管流程，推动实现信息共享、监管互认、执法互助，提高跨境电子商务服务和监管效率。

上述条文使用了“应当”一词，表明国家进出口管理部门承担建设跨境电子商务综合服务与监管体系的法律义务，具体的措施是跨境电子商务海关申报、纳税、检验检疫等部门实现信息共享、监管互认、执法互助，以提高跨境电子商务监管效率与服务水平。这一措施是我国“电子商务法”第七十一条规定的适应跨境电子商务特点的海关等多部门协同监管原则的具体体现。对于从事跨境电子商务的经营者，意味着经营者不再为报关、报检、纳税向不同主管部门分别提交数据信息与单证，而是在各主管部门信息共享的综合服务与监管体系中，通过单一入口一次性提交有关的数据信息，就可以满足进出口监管的全面法律要求。如此制度设计与国际有关法律、标准与实践完全一致，顺应国际发展潮流，并符合我国的外贸需求。

1. 国际法律与实践

根据联合国贸易便利化与电子业务中心（UN/CEFACT）2005 年第 33 号建议书的定义，“单一窗口”是指国际贸易和运输相关各方在单一登记点一次性以电子形式提交满足全部进口、出口和转口相关监管要求的标准资料、单证与数据的措施。上述定义与实施框架得到了国际社会的广泛认可。世界上五十多个国家和地区已经实施单一窗口机制，其中包括美国、澳大利亚、日本、韩国、新加坡、哥伦比亚、危地马拉、秘鲁、毛里求斯、加纳等国，东盟十国还在谋求建立东盟区域性单一窗口机制。

单一窗口机制通过对进出口贸易信息的集约化和自动化处理，达到数据共享，大大提高国际贸易的效率和效益，促进贸易商和政府机构之间、政府机构相互之间国际贸易信息交换，方便许可证和授权证书的颁发及必需的审批手续的完成。单一窗口机制的实施对于促进与保障跨境电子商务的发展尤其重要。

世界贸易组织“贸易便利化协定”首次在国际法律中将单一窗口机制规定为成员国一般性义务，即成员国应当致力于建立单一窗口机制，使外贸商以进出口、转运货物为目的向有关国家单一的管理机构提交有关的文件与数据；成员国应当在可能及可行的范围内采用信息技术支持单一窗口机制的实施。①我国是该协定的成员国，完善与加强包括“单一窗口”在内的对外贸易便利化措施是我国承担的国际法律义务。我国“电子商务法”第七十二条明确了建设单一窗口机制的法律依据。

2. 我国实践

杭州等跨境电子商务综合试验区先行先试跨境电子商务进出口商品集中申报、集中查验、集中放行等通关便利化措施。综合试验区的线上综合服务平台实行一点接入原则，商务、海关、税务、工商、检验检疫、邮政、外汇等政府部门进行数据交换和互联互通，实现政府管理部门之间信息互换、监管互认、执法互助。因此，我国推进贸易便利化措施，全面实施单一窗口建设，已经有了充分的基础与实力。我国“电子商务法”第七十二条提供的法律支持，将为单一窗口建设提供新的推动力。

我国单一窗口是指由国务院口岸工作部际联席会议统筹推进，依托电子口岸公共平台建设的一站式对外贸易服务平台。参与跨境电子商务的企业通过单一窗口向海关等口岸管理相关部门一次性申报，口岸管理相关部门通过电子口岸平台共享信息数据、实施职能管理，将执法结果通过单一窗口反馈给申报人。我国电子口岸还搭建了实现企业、海关以及相关管理部门之间数据交换与信息共享的跨境电子商务通关服务平台。

我国的单一窗口机制整合商务、海关、检验检疫、结汇、关税等进出口监管部门，简化与完善跨境电子商务货物通关流程，提高通关效率。跨境电子商务进口商品申报前，跨境电子商务平台企业或跨境电子商务企业境内代理人等应当分别通过国际贸易单一窗口或跨境电子商务通关服务平台向海关传输交易、支付、物流等电子信息，应对交易真实性和消费者（订购人）身份信息真实性进行审核，并承担相应责任。②

① 世界贸易组织“贸易便利化协定”第 10.4.1 条、第 10.4.4 条。

② 直购进口模式下，邮政企业、进出境快件运营人可以接受跨境电子商务平台企业或跨境电子商务企业境内代理人、支付企业的委托，在承诺承担相应法律责任的前提下，向海关传输交易、支付等电子信息。

（二）单证电子化

“合同法”“电子签名法”允许在经贸活动中使用电子形式的合同等法律文件[①]，但是没有明确规定为了满足政府监管需要向有关机关提交的报关单、税单等文件可以采用电子形式。[②]

我国“电子商务法”第十四条规定，电子商务经营者销售商品或者提供服务应当依法出具纸质发票或者电子发票等购货凭证或者服务单据。电子发票与纸质发票具有同等法律效力。该条规定仅认可了电子发票的法律效力。

我国“电子商务法”第七十二条规定，跨境电子商务经营者可以凭电子单证向国家进出口管理部门办理有关手续。“海关法”第二十五条规定，办理进出口货物的海关申报手续，应当采用纸质报关单和电子数据报关单的形式。我国“电子商务法”第七十二条的规定进一步明确了进出口监管中实施电子化、无纸化的便利性措施。跨境电子商务商品进出口时，跨境电子商务企业境内代理人或其委托的报关企业应提交“海关跨境电子商务进出口商品申报清单”，该清单与海关进出口货物报关单具有同等法律效力；申报人所传输、提交的电子信息应添加电子签名。

依据我国“电子商务法”的规定，电子形式的交易凭证、可转让票据、原产地证书、检验检疫报告和证书、报关清单、税单等跨境电子商务的各类电子单证均获得与纸质单证同等的法律效力，可以作为向国家进出口管理部门办理有关手续的凭证。申报、纳税、检验检疫等环节的电子化，将极大提高我国贸易便利化水平与行政管理的效率，对于跨境电子商务的发展具有更为重大的意义。

四、电子商务国际交流与合作

相比于普通的电子商务，跨境电子商务所适用的法律更为复杂，涉及国际贸易法律体系和规则、进出口国家的海关、检验检疫、关税、外汇等诸多方面的政策和法律。为了减少国际贸易摩擦与障碍，保障跨境电子商务进出口的通畅，我

① “电子签名法”第三条规定，民事活动中的合同或者其他文件、单证等文书，当事人可以约定使用或者不使用电子签名、数据电文。当事人约定使用电子签名、数据电文的文书，不得仅因为其采用电子签名、数据电文的形式而否定其法律效力。

② “电子签名法”规定，法律、行政法规规定的不适用电子文书的，从其规定。

国跨境电子商务法律制度需要适当地与国际体系协调，加强与贸易伙伴国的交流与合作，建立健全有关的国际发展战略、国际体制与运行机制。为此，我国“电子商务法”提出了发展电子商务国际交流与合作的宏观框架，即国家推动建立与不同国家、地区间跨境电子商务的交流合作，参与电子商务国际规则的制定，促进电子签名、电子身份等国际互认；国家推动建立与不同国家、地区之间的跨境电子商务争议解决机制。①

（一）建立国际发展战略

我国在2016年G20峰会上发出数字经济倡议，期待加强电子商务国际交流合作，完善网络空间对话协商机制，制定全球互联网治理规则。2017年1月国家主席习近平在达沃斯世界经济论坛上强调，要坚定不移地推进经济全球化，共同担当，同舟共济，共促全球发展。中国在全球化的数字经济中扮演越来越重要的角色，发挥越来越重要的作用。电子商务国际发展战略构成我国国际战略的重要组成部分，在全面实施“一带一路”、自由贸易区等对外开放战略中，熠熠生辉，担当重任，将在引领全球电子商务发展、参与主导国际规则制定中发挥积极重要的作用。我国电子商务国际发展战略主要包括：开展国际交流合作、参与制定国际规则、建立国际机制三个并行的方面。

（二）开展国际交流合作

我国“电子商务法”规定，国家推动建立关于跨境电子商务的国际交流与合作。国际交流合作可以构建有关的国际共识，奠定电子商务国际规则与国际机制的发展基础，符合我国经济利益与跨境电子商务发展的需要。为此，不仅我国政府有关部门，而且企业、行业协会、社会组织、学术机构等有关各方，都应加强与深化与其他国家、地区进行的跨境电子商务交流合作，进行信息沟通与对话，推动电子商务走出去，鼓励发展面向“一带一路”沿线国家的电子商务业务，提升合作水平，共同打造畅通安全高效的电子商务大通道。

（三）参与制定国际规则

我国“电子商务法”规定，国家参与电子商务国际规则的制定。我国在积

① 我国“电子商务法”第七十三条。

极参与关于跨境电子商务的国际谈判，并签订了有关的国际条约与协定，还将在更多的国际双边、多边、区域性法律规范体系内发挥更积极的作用。作为电子商务大国，我国参与并在有条件的情况下主导相关的国际规则的制定，构建跨境电子商务国际秩序，是我国电子商务国际法律发展战略的重要组成部分。

我国已经积极发起或参与关于电子商务法律规则的国际多边、双边或区域性谈判（如我国与东盟十国、日本、韩国、澳大利亚、新西兰和印度正在谈判的“区域性全面经济伙伴关系协定”中包括电子商务章），积极参与世界贸易组织及联合国关于网络安全、数字经济、电子商务的国际规则的制定。我国已经在联合国“电子通信公约”“亚洲及太平洋跨境无纸贸易便利化框架协定”等新的国际法律上签字。①我国“电子商务法”的规定为我国力争国际电子商务法律规则制定的主动权和跨境电子商务发展的话语权，积极主导和参与制定电子商务国际规则，提供更加明确的法律依据。

（四）建立国际机制

在我国电子商务国际发展战略中，不仅要积极参与电子商务国际规则的制定，更要保障有关的国际规则的实施与落地。在必要的情况下，我国需要与相关国家、地区建立新的国际机制。我国“电子商务法”专门提到三个方面的国际机制，即促进电子签名、电子身份等国际互认，推动建立与不同国家、地区之间的跨境电子商务争议解决机制。

电子签名的国际互认，在一定程度上，已经在联合国“电子通信公约”“亚洲及太平洋跨境无纸贸易便利化框架协定”等国际法律中得到承认与解决。随着我国批准、加入，成为这些国际法律体系的成员国，电子签名国际互认将能够实现。但是，在电子身份的国际互认与跨境电子商务争议解决方面，尚无成熟的国际法律体系与普通认可的机制②，我国需要在双边、多边贸易协定谈判中，不断探索跨境互认的标准与争议解决的方式，再行有关的国际机制予以实施。总之，我国“电子商务法”为我国构建跨境电子商务国际机制提供了法律保障与支持。

除了我国“电子商务法”明确提及的国际机制，我国电子商务国际发展战

---

① 我国是联合国亚太经社委员会通过的“亚洲及太平洋跨境无纸贸易便利化框架协定”2018 年首批三个签字国之一，将在该协定生效后成为创始成员国之一。

② 欧盟于2014 年7 月23 日颁布的“关于在统一市场中为电子交易的电子身份与可信服务条例”。联合国国际贸易法委员会自2016 年起进行关于电子身份管理与可信服务的国际研究与磋商。

略还涉及其他国际机制。跨境电子商务的监管是其中重要内容。我国监管跨境电子商务，需要考虑到有关国际法律规则与我国依据国际条约、协议所承担的国际义务等因素。我国已经在“亚洲及太平洋跨境无纸贸易便利化框架协定”上签字，该协定建立了电子形式贸易数据和文件的跨境互认的国际法律制度，可以为我国与其他国家签订有关的双边或多边协定提供参照。另外，我国“电子商务法”虽然规定电子商务经营者应当依照法律、行政法规的规定要求向有关主管部门提供有关电子商务数据信息①，但是我国有关主管部门要求跨境电子商务经营者（特别是境外企业）提供电子商务数据信息的，应当考虑到相关国际法律规则的规定，并通过适当的国际机制予以实现。②

第二节 跨境电子商务国际法律制度

贸易是亚太地区增长与发展的重要引擎。不受阻碍的贸易在促进经济发展与提高竞争力方面发挥着关键作用。在国际市场中，所有参与者已经普通使用电子形式的数据和文件。实施跨境无纸贸易便利化会使亚太地区的出口额每年增加360亿美元，达到2570亿美元，出口所需时间将减少24%至44%，直接降低的成本将在17%至31%。③

贸易便利化是促进国际贸易顺利进行的重要手段。在今天的国际贸易背景下，推行贸易便利化改革比以往任何时候都更加重要。贸易的标准化、协调化和简便化可以提高贸易的竞争力。将贸易便利化纳入世界贸易组织的议程是对国际贸易及物流新需求和发展的反映。世界贸易组织在2004年将贸易便利化议题列入谈判议程。经过十年的谈判，世界贸易组织“贸易便利化协定”于2013年12月达成，经三分之二成员国批准后于2017年2月22日生效。“贸易便利化协定”

① 我国“电子商务法”第二十五条。

② 为跨大西洋商务往来提供了便利，欧盟与美国于2016年签署隐私盾协议。依据该协议，美国企业可以向美国商务部申请加入隐私盾，即承诺遵守隐私盾规定的高水平数据保护标准，从而按照欧盟数据保护要求获得来自欧盟的个人数据。欧盟企业可以随时查询隐私盾清单，以确认他们传送数据的美方合作企业获得了隐私盾批准。美国商务部批准的企业中有三分之一选择了欧盟数据保护机构作为争端解决机构，保障个人获得简单方便的救济渠道。

③ 参见“2015年亚太地区贸易便利化和无纸贸易的实施报告”。

规定了加快货物进出口的海关放行和清关的要求，海关与其他有关当局在贸易便利化和海关合规问题上进行有效合作的机制，以及在有关技术援助和能力建设方面的措施。①

尽管跨境电子商务的全球化发展势不可当，但是许多国家对货物及服务的进出口监管尚未无纸化。没有跨境无纸贸易便利化措施的支持，在网络上完成的国际交易就不得不采用传统的纸质文件方式以达合规的目的，这将严重阻碍国际数字贸易的效率、透明度和合规性。无纸贸易是重要的贸易便利化措施，保障以电子通信方式使货物进出口、过境和相关服务满足全部或者至少部分的监管要求，如允许进出口企业向监管部门提交电子形式的贸易数据和文件。

电子通信不受物理边界限制，为实施贸易便利化措施提供了方便。当今海关自动化、电子数据和文件以及单一窗口等措施比起十多年前世界贸易组织开始“贸易便利化协定”谈判时更加容易实施。随着电子通信在国际贸易中普及，海关等政府机构需要在监管过程与便利化措施中利用这些技术。发达国家和发展中国家越来越多地使用信息技术来促进贸易商和监管当局之间的信息交流，并投资单一窗口和其他无纸化贸易系统。但是，无纸化贸易系统除了通过信息通信技术及相关的物理基础设施加以实现，还必须有相应的法律制度予以支撑；否则，电子形式的国际贸易数据和文件，为了满足监管合规的要求，将不得不重新依赖于纸质文件。

2012 年 5 月，联合国亚太经社委员会的成员国开始就跨境无纸贸易解决方案开展合作，并通过了“促进无纸贸易和跨境承认电子数据和文件以促进区域内包容性与可持续贸易便利化决议”。联合国亚太经社委员会的成员国建立了跨境无纸贸易便利化临时性政府间指导组，通过法律和技术工作组进行了为期四年的磋商和谈判，终于在 2016 年 5 月通过了“亚洲及太平洋跨境无纸贸易便利化框架协定”（以下简称“框架协定”）。②该“框架协定”将在五个成员国批准或加入之后生效。③截至 2019 年 1 月，亚美尼亚、孟加拉、柬埔寨、中国与伊朗 5 个国家在协议上签字，阿塞拜疆于 2018 年 3 月正式加入，成为第一个成员国。根据

① 世界贸易组织成员国于 2014 年 11 月 27 日通过了一项修正议定书，作为“贸易便利化协定”附件 1A，规定“贸易便利化协定”在三分之二的成员完成国内批准程序后生效。

② 本书作者作为联合国亚太无纸贸易专家网络的专家委员与法律工作者的负责人，参与了“框架协定”论证、起草、谈判与实施的全过程。

③ “框架协定”第十八条规定，自 2016 年 10 月 1 日至 2017 年 9 月 30 日，联合国亚太经委员会成员国可于纽约联合国总部在协定上签字，并在正式批准、接受或加入后成为“框架协定”的成员国。

“框架协定”，联合国亚太经社委员会将设立一个由常设委员会支持的无纸贸易理事会，作为协议监督和协调执行的制度安排。①

“框架协定”在国际贸易中的重要性与潜力将逐渐显现出来。随着我国“电子商务法”的实施及我国成为“框架协定”的成员国，跨境无纸贸易便利化的国际法律制度将对我国跨境电子商务的发展发挥重大作用。

一、法律地位与适用范围

“框架协定”是联合国体系中新的国际贸易条约法律。联合国亚太经社委员会在其发布的新闻稿中称，“框架协定”是“前所未有”和“独一无二”的。“框架协定”是世界上第一部专门处理跨境无纸贸易前沿问题的多边条约法，是对世界贸易组织“贸易便利化协定”的重要补充，为亚洲及太平洋地区的贸易便利化注入新的动力，并支持区域间数字贸易和跨境电子商务的快速发展。

虽然许多国家已经采取了无纸贸易便利化措施，但是不同国家的措施水平参差不齐、缺乏互操作性和互连性，仍然不能满足跨境电子商务发展的需要。②国际无纸贸易便利化机制的连接与合作需要相应的国际法律框架的支持。“框架协定”就是应运而生的首个国际多边条约。

“框架协定”旨在提高国际贸易的效率化和透明度，提升进出口监管的合规性，并克服跨境电子商务的发展障碍，实现电子形式的贸易数据与文件的跨境交换和相互承认，并促进不同国家与地区之间的单一窗口及其他无纸化贸易系统之间的互操作性。③“框架协定”适用于以电子通信为基础进行的跨境无纸贸易（包括进口、出口、过境和相关服务），以及以电子形式交换的与贸易有关的数

① “框架协定”第十一条。

② 如东南亚国家联盟一直在发展东盟单一窗口，东盟单一窗口是连接和整合十个东盟成员国单一窗口的区域性举措，东盟单一窗口的目标是加快货物清关速度，通过在东盟成员国之中实现边界文件的电子交换以促进东盟经济一体化。印度尼西亚、马来西亚、新加坡和泰国现正使用东盟单一窗口交换电子原产地证书。其他东盟成员国正处于不同的准备阶段，准备就绪之后就会加入。东盟成员国正在努力扩大东盟单一窗口的实施，通过东盟海关申报文件数据来支持其他类型的进出口申报信息的交换，如交换电子形式的检疫证书、货物文件、航运清单和其他港口或运输文件。

③ “框架协定”第一条。

据和文件。[①]电子通信是指参与贸易各方以数据电文的方式进行的任何通信。[②]

"框架协定"中建立的前所未有的跨境无纸贸易便利化，提高国际贸易的效率和透明度，改善监管合规，为亚太地区带来长期利好。"框架协定"建立的政府间国际条约法平台，为成员国提供了更多的机会，协调法律制度并交流最佳实施案例，提供能力建设，并建立电子形式与贸易有关的数据和文件跨境互认的法律制度。"框架协定"首次为无纸贸易便利化开辟了新的模式和可能性。"框架协定"虽然尚未成熟，但已成为国际贸易法的一个新的重要补充，将影响到全球贸易便利化的发展。

虽然"框架协定"有其局限性和缺陷[③]，但它以空前的方式在多边国际法中建立了电子形式的与贸易有关的数据文件的跨境互认、成员国无纸化贸易体系的法律协调以及向发展中国家提供能力建设和技术援助的综合系统，将切实有益于亚洲及太平洋区域的贸易和社会经济发展。作为世界贸易组织"贸易便利化协定"的重要补充和发展，"框架协定"不仅将成为亚太地区成员国的共同财富，而且在全球贸易中产生影响。

（一）与世界贸易组织"贸易便利化协定"的关系

世界贸易组织"贸易便利化协定"是该组织成立后达成的第一个多边贸易协议，是全球贸易法律体系的重要里程碑，但它在无纸贸易便利化方面只取得了有限的进展。例如，该协定仅要求成员国在适当和可能的情况下接受电子支付以及某些文件的电子版本。[④]而且，虽然该协定为跨境无纸贸易便利化奠定了法律基础，但并未建立跨境无纸贸易便利化的国际法律框架。

"框架协定"弥补了这方面的不足，不仅是对世界贸易组织"贸易便利化协

① 世界贸易组织于1998年9月份通过"电子商务工作方案"，其中，电子商务被定义为生产、分销、营销、销售或交付以电子方式提供货物和服务。该定义足够广泛，涵盖了任何数字化交易，反映了互联网上的各种经济模式，覆盖从货物销售到共享经济等各种模式。"框架协定"第三条第一款将跨境无纸贸易定义为在电子通信、包括以电子形式交换贸易数据和文件的基础上进行的货物贸易，包括货物的进口、出口、过境及相关服务，与电子商务的定义基本一致。

② 根据"框架协定"第三条第三款的规定，数据电文是指以电、磁、光或类似手段生成、发送、接收或存储的信息，包括但不限于电子数据互换。

③ 在"框架协议"的紧张谈判过程中，只能就最基本的问题达成共识。有很多条款（如无纸贸易提供者的责任和执法互助等）被排除在最终法律文本之外，因为参与国家认为这些条款存在较多争议。

④ 世界贸易组织"贸易便利化协定"的有关条款包括第7.2条、第10.2条、第10.4条、第12.4条、第12.4条、第12.10条。

定”的补充，而且为跨境无纸贸易便利化提供了国际法律依据。尽管在双边或东盟等区域协议中有许多关于跨境无纸贸易的法律规定,[①]但“框架协定”是世界上第一个适用于亚洲太平洋地区的多边联合国条约法。因此，“框架协定”确实是独一无二、前所未有的。

（二）“框架协定”的构成

除序言外，“框架协定”共有二十五个条文，分为四个部分，即目标、范围、定义和解释等一般性规定（第1－4条）；基本原则、国家政策框架、单一窗口制度、跨国互认、国际标准的适用、国际法律文件通过实体性条款（第5—10条）；制度安排、行动计划、试点项目、能力建设和成员国的实施等程序性条款（第11—15条）；以及成员国争议解决、加入程序、生效、程序修改、撤回、中止、有效期、申请、保留等最终条款（第16—25条）。

“框架协定”主要建立了三个法律机制来实现其目标，即协调国家间无纸贸易便利化，建立电子数据和文件的跨境相互承认，以及向发展中国家提供能力建设和技术援助。这些机制仍在建设中，法律和技术工作组支持的政府间指导小组负责起草“框架协定”的路线图和行动计划。[②]

二、协调成员国无纸贸易便利化的法律制度

跨境电子商务如果与国内电子商务分别适用不同的法律要求和应用环境，会给贸易活动带来法律上的不确定性和高昂的成本。统一国内和国际交易的相关法律非常必要。无纸贸易便利化措施，特别是以电子形式跨境交换与贸易有关的数据和文件，在改善监管合乎规范的同时，本质上能够提高国际贸易的效率和透明度，但前提条件是国内和国际制度必须遵循共同的原则，并适用共同的国际法律、技术标准和规范。

亚太地区许多国家已经建立国家级电子系统和无纸贸易便利化机制，以加快

---

① 双边自由贸易协定，如中韩自由贸易协定，通常含有无纸贸易便利化条款。“建立和实施东盟单一窗口协定”等区域协定也为跨境无纸贸易奠定法律基础。

② 临时政府间指导组在其工作组的支持下起草了实施“框架协定”实质性条款（即第6条至第14条）的路线图，目的是指导成员国就实施“框架协定”达成初步共识。“框架协定”生效后，常设委员会可以将路线图作为参考文件，规划并便利其工作。

处理与贸易有关的数据和文件。但这些国家的体系和机制在形式、范围、技术解决方案和法律要求上各不相同。各国之间的法律协调将最大限度地发挥国家级无纸贸易便利化机制的优势，并为跨境相互承认无纸化贸易数据和文件奠定基础。“框架协定”通过制定成员国实施无纸贸易便利化的基本原则，鼓励成员国共同遵守相关的国际法律与标准，达到协调整个亚太地区的国家无纸贸易便利化的目的。

（一）无纸贸易便利化的基本原则

依据“框架协定”，各成员国一致认为，实施国家立法和法规，将这些原则运用于电子形式的贸易数据和文件交换，将建立同等程度的信任并提高兼容性。因此，各成员国应当努力遵守“框架协定”建立的统一国内与跨境贸易无纸化的原则。①基本原则对于确保“框架协定”条款解释与适用的统一性非常重要。②

“框架协定”规定了无纸贸易便利化的七项总体性的基本原则，即功能等同、非歧视性使用电子通信、技术中立、促进兼容、提升贸易便利化和营造有利于遵守法律规制的环境、公私营部门合作、改善跨界信任环境。③

1. 国际贸易电子通信三原则

“框架协定”规定的前三项原则直接来自联合国国际贸易法委员会的“电子商务示范法”“电子签名示范法”和与之一脉相承的“电子通信公约”。④根据“框架协定解释性说明”，“框架协定”完整保留了此三原则的原有含义与解释。

功能等同原则是指凡符合纸质文件相关功能的电子通信与相应纸质文件具有同等程度的法律效力。非歧视性使用电子通信的原则是指电子通信和纸质文件之间在法律上差别对待，不应仅仅因为电子通信而拒绝电子形式数据或文件的有效性或可执行性。技术中立的原则是指法律规范既不支持也不歧视使用任何特定类型的技术来实现其目标。

根据“框架协定”，上述电子通信的基本原则适用于企业间的电子交易、企业与政府监管机构之间的电子通信以及政府不同监管机构之间的电子通信。“框

① “框架协定”第五条第二款。

② 根据“框架协定”第四条的规定，对协定的任何解释都必须充分考虑到它所依据的总则、其国际特征和促进其统一适用的必要性。

③ “框架协定”第五条第一款。

④ “电子通信公约”是一个包含一般原则和实体条文的最现代的电子交易法条约。该公约序言的第五段确立了技术中立原则和功能等同原则，第八条则规定了非歧视原则。

架协定”将“电子通信公约”确立的国际贸易中电子通信三原则的适用范围扩展到企业与政府监管机构之间及政府不同监管机构之间的无纸贸易便利化领域，这是国际贸易法律一项重大的发展。

2. 促进兼容的原则

促进兼容的原则是国际贸易法中的一个新原则，是指两个或多个无纸贸易系统或机制具有相互交换信息以及使用已交换信息的能力。①根据这一原则，成员国应努力确保其单一窗口等无纸贸易便利化系统能够在跨境贸易中实现相关数据和文件的相互操作。因此，一个成员国的无纸贸易便利化系统应能够以电子形式提供或者接收源自另一成员国系统的有关贸易的数据和文件。电子商务交易活动面向市场，采取的技术以效率与效益为核心，但是跨境电子商务的监管机构开发与应用无纸贸易便利化机制，应优先考虑所采取技术、系统和标准的互操作性需求，以便最大限度地以电子形式顺利和不受限制地交换数据和文件。为此，各成员国应努力适用国际技术标准和指南以确保无纸贸易中的兼容性，并在适用情况下采用联合国机构及其他国际组织达成的相关国际法律文书。②

3. 提升贸易便利化和营造有利于遵守法律规制环境的原则

该原则旨在最大限度地发挥无纸贸易的价值，确保成员国努力制定安全、保险和可靠的数据交换通信方式，发展具有更高抗风险能力和安全性的无纸化贸易机制，促进在国际货物贸易和监管合规性方面达到更高水平的透明度、可预测性与效率。

4. 公私营部门合作的原则

公共部门和私营部门之间合作的原则，要求成员国确保公共当局和私营部门在发展无纸化贸易制度方面进行合作，以便在贸易便利化和合规性的需要之间取得平衡。这一原则与联合国信息社会世界峰会制定的多利益相关方互联网治理的概念是一致的。③根据“框架协定”，各成员国可根据各自的国内环境设立由政府和私营部门相关方代表组成的国家委员会；委员会将为电子形式贸易数据和文件的交换营造有利的国内法律环境，并推动跨境无纸贸易的兼容性。④

---

① 互操作性的定义来自 IEEE 标准计算机词典：IEEE 标准计算机词汇汇编。

② “框架协议”第九条、第十条。

③ 联合国信息社会世界峰2005年突尼斯会议成果之一是提供了互联网治理的一个工作定义，即政府、私营部门和民间社会在其各自的角色中发展和应用共同的原则、规范、决策程序以及影响互联网发展和使用的计划。

④ “框架协议”第六条第三款。

5. 改善跨界信任环境的原则

改善跨界信任环境的原则解决了跨境无纸贸易便利化中最具挑战性的问题。该原则提出的目标是，通过“框架协定”所建立的整合法律、组织和技术的综合机制，确保成员国在电子交互国际贸易相关数据和文件方面相互信任。在协定谈判过程中，这个原则引发了争论。[①]谈判最终商定，这是一项宏观的原则，其具体内容有待通过进一步的实施过程（如“框架协定”的行动计划与路线图）来明确。

（二）有关国际法律

跨境无纸贸易涉及复杂的法律问题，因此“框架协定”旨在能够于复杂的法律环境中运作，并与其他国际法律形成互动和互补。“框架协定”明确规定，各成员国可在适用情况下采用联合国机构及其他国际组织达成的相关国际法律文件[②]；并应努力确保电子形式贸易数据和文件的跨境交换符合由在本协定之下设立的机构安排所确定的国际法以及区域和国际规范及最佳实践案例。[③]“框架协定”所指的机构安排是协定的无纸贸易理事会和支持理事会的常设委员会。[④]

根据“框架协定”的规定，常设委员会须在无纸贸易理事会的监督下制定一项全面的行动计划，其中须提出为执行本框架协定而营造连贯、透明和可预见的环境所必需的、带有明确目标和执行时间表的所有具体行动和措施。[⑤]成员国所应遵守的国际法、区域和国际规范，可以参考的最佳实践案例，均在行动计划的内容之中。“框架协定”的法律和技术工作组已经起草了“与跨境无纸贸易有关的国际法律框架和最佳实施案例”，供常设委员会通过。该文件草案提供了以下国际法、区域和国际规范以及最佳实施案例的说明性清单，其中国际法律在促进跨境无纸贸易方面相互支持并相辅相成。说明性清单包括：

— 2005 年“电子通信公约”；

— 2013 年世界贸易组织“贸易便利化协定”；

---

① 俄罗斯专家提交了关于“跨界信任环境的形成方法及其创造、运作和发展的要求”提案，供法律和技术工作组和政府工作组讨论。但是这个提案尚未得到参与谈判的其他国家普遍支持和赞同。

② 依据“框架协定”第十条第一款，成员国既可以正式批准、接受、认可或加入条约法，又可以将条约直接适用于国内法。

③ “框架协定”第十条。

④ “框架协定”第十一条。

⑤ “框架协定”第十二条第一款。

— 2006 年世界海关组织“关于简化和协调海关程序的国际公约”（京都议定书修订版）；①

— 2005 年国际海事组织对“国际海上交通便利化公约”（1965）附件的修正；

— 1996 年“电子商务示范法”；

— 2001 年“电子签名示范法”；

— 2017 年“电子可转让记录示范法”；

— 2016 年国际海事组织“电子证书使用准则”；

— 2004 年联合国贸易便利化与电子业务中心“关于建立单一窗口的建议和指南”（第 33 号建议）；

— 2013 年联合国贸易便利化与电子业务中心“关于建立国际贸易单一窗口法律框架的建议”（第 35 号建议）；

— 2017 年联合国贸易便利化与电子业务中心“关于单一窗口互操作性的建议：支持贸易管制单一窗口系统的跨境互操作性”（第 36 号建议）；

— 联合国贸易便利化与电子业务中心“关于单一窗口和其他电子平台术语的技术说明”；

— 2005 年东盟“关于建立和执行东盟单一窗口的协定”及相关议定书；

— 2010 年“亚太经济合作组织隐私权保护框架”和“亚太经合组织跨境隐私执法合作安排”。②

在上述说明性清单中，既有具有约束力的国际法（如“贸易便利化协定”）或区域性法律（如东盟协定），又有示范法、准则和建议等柔性法。所有国际法律、规范、建议等都有助于协调成员国之间以电子形式进行的与贸易相关数据和文件的跨境交流。

① 修订后的“京都议定书”由世界海关组织制定并于 2006 年 2 月 3 日生效，是对 1973—1974 年通过的“关于简化和统一海关程序的国际公约”（京都公约）的更新和修订。“公约”旨在通过协调和简化海关程序和做法来促进国际贸易的发展。为此，“公约”为现代海关程序和技术提供了标准和建议措施。全文见 http：//www. wcoomd. org/en/topics/fcilittion instrument – and – tools / conventions。

② “框架协定”要求成员国考虑并在其国内法中适用的国际法律，主要是指 2005 年“电子通信公约”、2013 年世界贸易组织“贸易便利化协定”以及 2006 年世界海关组织“关于简化和协调海关程序的国际公约”（京都议定书修订版）。

（三）有关国际标准

除了成员国法律的兼容性之外，“框架协定”还规定成员国应努力实现无纸贸易技术上的兼容性，通过适用国际标准和指南以确保无纸贸易中的兼容性，并制定安全、保险和可靠的数据交换通信方式。①

“框架协定”中的国际标准是指国际组织或机构制定并在各自的法律、技术和业务领域广泛采用或接受为最佳实施案例的标准。②这些标准在协定不同的层次和阶段起作用。在实施“框架协定”的过程中，成员国需要讨论和共同商定适用于电子数据和文件交换的国际标准。法律与技术工作组已经起草了“国际标准和准则执行框架”，以支持“框架协定”的实施。③

由于国际标准的重要性，“框架协定”鼓励其成员国努力参与制定与跨境无纸贸易有关的国际标准和最佳实施案例。联合国亚太经社委员会、国际贸易法委员会、欧洲经济委员会、国际电信联盟等联合国相关组织、国际标准化组织、国际电工委员会、世界海关组织、互联网工程任务组、高级结构化信息标准组织、泛亚电子商务联盟、国际航空运输协会等很多国际机构在制定与无纸贸易相关的标准和规范时允许其成员公开参与标准的制定进程。④

（四）成员国的国内法律环境

“框架协定”通过促使成员国适用相关国际法律、规范与标准，协调彼此国内无纸贸易便利化的法律制度。为了协调成员国的法律，“框架协定”鼓励成员国建立相应的国家政策、法律框架与管理机构，具体包括：

1. 在适用情况下应借鉴国际标准和最佳实践，努力营造有利于无纸贸易的国家立法，特别是针对跨境无纸贸易国家运营主体职能的立法；⑤

2. 设立无纸贸易国家政策框架，在该政策框架下界定目标、实施战略并配

---

① “框架协定”第九条。

② 这类国际技术标准包括：国际标准化组织国家标准（ISO 3166）、联合国贸易和运输地点法规（UN / LOCODE）、联合国贸易数据元素（UNTDED）、国际贸易中使用的措施（UNECE 第 20 号建议）、联合国行政、商业和运输电子数据交换（UN / EDIFACT）等。

③ “国际标准和准则实施框架”提供了成员国在实施过程中可以考虑采用或使用的相关国际标准和准则的清单。

④ 依据“国际标准和准则实施框架”，成员国可以通过“框架协议”的制度安排，单独或集体参与有关国际标准机构的标准制定活动。

⑤ “框架协定”第六条第二款。

置资源，同时建立立法框架；[1]

3. 根据各自的国内环境设立由政府和私营部门相关方代表组成的国家委员会。委员会将为电子形式贸易数据和文件的交换营造有利的国内法律环境，并推动跨境无纸贸易的兼容性。[2]

三、电子数据与文件的跨境相互承认

"框架协定"规定，成员国应在可靠程度基本等同的基础上对来自其他成员国的电子形式贸易数据和文件提供互认。[3]跨境相互承认是"框架协定"创立的最重要、核心的法律制度，该制度使其在多边国际贸易法中独树一帜。

世界贸易组织"贸易便利化协定"虽然在其成员国之间建立了海关合作机制，并允许政府监管机构之间有限地以电子方式交换数据和文件，但没有规定任何关于无纸贸易数据和文件跨境相互承认的法律规则。"框架协定"为各国无纸贸易系统相互连接提供了国际法律支持，保障企业之间、企业与政府机构之间、政府机构之间均能采用电子形式进行国际贸易数据和文件的电子交换与跨境传输。"框架协定"创立的电子数据与文件的跨境互认有法定义务、共同标准与实施安排三个相互联系的组成部分。

（一）成员国的法律义务

"框架协定"中大多数实体性条文均为鼓励性规范，并不强制成员国达到或者实施某项要求，成员国只要尽力为之、努力做到即可。[4]"框架协定"第八条关于跨境互认的规定是实体条文中唯一的例外，对于所有成员国提供了强制性的义务要求，成员国必须予以实施。这是由跨境互认制度在协定中的重要性与核心地位所决定的。

国际法中的柔性协调机制虽然具有重大的价值和意义，但是难以真正建立跨境互认机制，无法保证成员国制定、采用、实施具体技术、法律规范上的一致

① "框架协定"第六条第一款。

② 根据"框架协定"第六条第三款，各成员国也可不必设立单独的委员会，而是依靠国内已有的类似机构，并可指定该机构或该机构内的合适组织单位或工作组，作为执行本框架协定的国家委员会。

③ "框架协定"第八条第一款。

④ "框架协定"第六条、第七条、第九条、第十条均是此类规定。

性。“框架协定”则既保证跨境互认适用共同标准的一致性，又兼顾处于不同发展水平和不同法律制度的成员国所需要的灵活性和实用性。“框架协定”不仅要求跨境相互承认应以成员国相互商定的共同标准为基础，而且允许成员国通过有关双边或多边协议加以实施。

（二）跨境互认的共同标准

“框架协定”规定了跨境相互承认的共同标准，即成员国通过协定建立的机构安排共同商定的“基本等同的可靠程度”。①

1. 标准的来源

“基本等同的可靠程度”这一标准源自“电子签名示范法”第十二条。该条文规定承认外国电子签名与证书的法律效力的标准，即境外制作或使用的电子签名或签发的证书，如具有基本等同的可靠性，则在境内具有与在境内制作或使用的电子签名或签发的证书同样的法律效力。②该条文本身并未具体定义或者描述何为“基本等同的可靠性”，仅规定在确定某一电子签字或者证书具有基本等同的可靠性时，应当考虑到公认的国际标准或其他任何有关的因素。③

“电子签名示范法”创立的跨境互认标准有几个突出特点。其一，采用非歧视性原则。电子签名或者证书的来源地本身不应成为确定外国证书或电子签字在本国是否具有法律效力或能够具有多大法律效力的一个因素。外国的电子签名或者证书既不应比国内电子签名或者证书更优越，也不应被歧视。确定某一证书或某一电子签字是否能够具有法律效力或能够具有多大法律效力，不应当取决于签发该证书或制作、使用该电子签字的地点，而应取决于其技术上的可靠性。

其二，综合判断技术上基本等同的可靠性。所谓“基本等同”意味着外国证书的可靠程度与国内证书的可靠程度可能不完全一致；视各自的可靠程度、证书和电子签字可能会在本国和国外产生不同的法律效力。电子签名制作、使用于不同用途或者领域，所需的可靠性程度也可能不同。等同性是指功能上可作比较的电子签名或证书之间的等同性。实际上，法院或仲裁庭在需要就外国电子签名或证书的法律效力作出决定时，通常将根据具体情况加以考虑，并尽量将该电子

---

① “框架协定”第八条第一款、第二款。

② “电子签名示范法”第十二条第二款、第三款。所谓“证书”系指确认签字人与签字制作数据之间关系的某一数据电文或其他记录。

③ “电子签名示范法”第十二条第四款。

签名或证书与本国可对应的电子签名或者证书进行等同。

其三，采取灵活的方法检验外国证书或电子签字的可靠性。依据非歧视性原则，外国电子签名或证书不应仅仅因其来源地而被否定法律效力；但是，本国认可的签字或证书的来源地法域的法律提供了充分的可靠性标准，确信没有必要对具体的签字或证书进行可靠性验证，也无不可。本国可以采取任何适当的法律手段或方式（如单方声明或双边条约）对符合外国法律的证书和签字的可靠性予以事先承认，使之无须本国检验即获得法律效力。

其四，允许当事人自治。如当事各方之间议定使用某些类别的电子签名或证书，则应当承认该协议足以成为跨国境承认的依据。①

“电子签名示范法”创立的跨境互认标准，虽然不能照搬于“框架协定”，但是具有很高的参考价值。

2. 标准的形成

“框架协定”不同于“电子签名示范法”，是具有约束力的国际法律，成员国跨境相互承认电子形式的贸易数据与文件是其法律义务。因此，“框架协定”中跨境互认的标准必须通过制度安排、由成员国共同商议确定。一旦在无纸贸易理事会确立、通过了有关的标准，所有成员国都必须在跨境相互承认中予以遵守、实施，成员国国内法与之不一致的，必须予以修改。“框架协定”所确立的跨境互认制度既是重大的法律发展，也是重大的挑战。

鉴于跨境互认的标准制度的重要作用，“框架协定”在制度安排上确保成员国在标准的形成过程中充分参与以达成合意。根据“框架协定”的规定，无纸贸易理事会和常设委员会可根据议事规则所规定的权限，通过关于特定的法律、技术和组织事项的议定书。②跨境相互承认的标准体系应当采取以议定书的形式，经成员国审议，由无纸贸易理事会通过，并由成员国正式认可。由于基本等同可靠性标准体系应根据社会、经济和技术发展情况不断升级和更新，议定书亦应通过制度安排进行定期审查和修改。③

---

① “电子签名示范法”第十二条第五款；第五条规定，本法的规定可经由协议而加以删减或改变其效力，除非根据适用法律，该协议无效或不产生效力。

② “框架协定”第十一条第六款，任何议定书生效的条件须在该议定书中予以确定。

③ “无纸贸易理事会议事规则”没有规定无纸贸易理事会和常设委员会通过议定书的各自权限。鉴于由每个成员国的高级代表组成的无纸贸易理事会是“框架协定”的最高执行机构，而常设委员会只是一个支持性组织，关于跨境互认标准的议定书应由理事会而不是由常设委员会通过。

3. 标准的内容

“框架协定”规定，基本等同的可靠性标准由各成员国通过在本框架协定下建立的机构安排共同商定。①在无纸贸易理事会通过有关的议定书之前，跨境互认的标准尚未具体化。法律和技术工作组正在就如何界定该标准进行论证，收集有关的参考资料，以起草实施“框架协定”的路线图。

“电子签名示范法”规定，在确定某一电子签字或者证书是否具有基本等同的可靠性时，应当考虑到公认的国际标准或其他任何有关的因素。②如以之为参照，构建“框架协定”的跨境互认标准可以从适用国际标准与考虑相关因素两方面入手。

“框架协定”强调适用国际标准的重要性。适用国际标准不仅能够协调成员国的国内法律制度，而且服务于建立成员国之间的跨境互认。③公认的国际标准应作广义的解释，是对公认的技术、法律或商业惯例的阐述④，既包括国际技术和商业标准，也包括政府机构或政府间机构采用的标准和规范，还包括企业自愿标准。无论是由政府间国际组织（如世界海关组织）还是由非政府技术组织（如互联网工程任务组）拟定而成，属于规范性质或解释性质，只要被公认在国际上适用的标准，均在此列。

除了适用公认的国际标准，跨境互认还需要考虑影响基本等同的可靠性的相关因素。可靠性依赖于信任。“电子签名示范法”提出了可依赖的系统、程序和人力资源的概念，并列举了在确定可信赖性时应考虑的因素，具体包括：（a）财力和人力资源，包括是否存在资产；（b）硬件和软件系统的质量；（c）证书及其申请书的处理程序和记录的保留；（d）是否可向证书中指明的签字人和潜在的依赖方提供信息；（e）由独立机构进行审计的经常性和审计的范围；（f）国家、鉴定机构或验证服务商是否有关于上述条件遵守情况或上述条件是否存在的声明；（g）其他任何有关因素。⑤这些因素虽然不能直接适用于“框架协定”，但是可以在确定可靠性水平时予以参考。如成员国认为来自其他成员国的电子形式贸易数

---

① “框架协定”第八条第二款。

② “电子签名示范法”第十二条第四款。

③ “框架协定”第九条第一款，成员国应努力适用有关的国际标准和指南以确保无纸贸易中的兼容性并制定安全、保险和可靠的数据交换通信方式。

④ 国际标准可以采取要求、建议、准则、行为守则或对最佳做法或规范的阐述等各种形式。

⑤ “电子签名示范法”第十条；此外，第六条关于评估电子签名可靠性的规定、第九条关于验证服务商的行为可靠性的规定，也可以作为参照。

据和文件系通过可依赖的系统、程序和人力资源生成或者传输，则可以承认其法律效力。

“电子签名示范法”确立的非歧视性原则与综合判断可靠性的方法，也可在“框架协定”中参考适用。因此，在跨境互认中，电子形式贸易数据和文件的可靠性，不取决于其来源地，而应取决于其技术上的可靠性；跨境互认的数据与文件的类别、用途或者领域不同，所需的可靠性程度也可能不同，应视具体情况综合判断。

“框架协定”的跨境互认涉及企业之间、企业与政府机构之间以及政府机构之间的电子通信，所产生的文件中所包含的各种商业和监管文件及数据。[①]这些数据和文件，如商业发票、装箱单、产地证明和提单等，在性质、形式、法律效力上都有很大差异，进行跨境互认时需要运用不同程度的可靠性标准予以判断。因此，在实践中，整齐划一适用于所有贸易文件或者数据的可靠性标准可能是不存在的，“框架协定”的成员国需要通过制度安排商定一系列的可靠性标准，分别适用于不同类别的与贸易有关的电子数据和文件，以确定跨境相互承认的基本等同的可靠性水平。毫无疑问，这将是“框架协定”实施中一项非常艰巨的任务。

为了积累制定标准的经验，“框架协定”规定，成员国应努力开始和启动电子形式贸易数据和文件跨境交换的试点项目，特别是在海关和其他监管机构之间开展工作；无纸贸易理事会与常设委员会负责协作开展此类试点项目。[②]在试点项目中，参与的成员国可在特定情况下（如两国海关之间的电子交换）试验对某一特定类别的文件（如原产地证书）进行跨境相互承认，探索如何相互商定、确立与适用基本等同的可靠性标准。试点项目可逐步扩大，以涵盖其他文件和情况。在总结试点项目经验教训的基础上，成员国可以逐步收集与研究电子贸易数据和文件跨境互认的最佳实施案例与标准体系。

（三）实施安排

“框架协定”规定，各成员国可根据跨界信任环境原则及其他各项总体原则，缔结用于实施电子形式贸易数据和文件跨境互认的双边和多边安排，条件是

---

① 与“电子签名示范法”仅适用于商业活动领域不同，“框架协定”的适用范围兼及商业交易与政府监管，交易各方当事人的意思自治不能适用于有关政府监管文件与数据的跨境互认。

② “框架协定”第十三条第一款。

这些双边和多边安排中的条文不与本框架协定相矛盾。[①]

1. 无纸贸易便利化系统

为实施“框架协定”，每一成员国均应努力营造有利的法律环境并开发必要的技术基础设施，以便利电子形式贸易数据和文件的跨境交换。[②] “框架协定”规定，成员国应努力通过利用现有运行系统或创建新系统，实现电子形式贸易数据和文件的交换，从而便利跨境无纸贸易；鼓励各成员国发展单一窗口系统并将其运用于跨境无纸贸易。[③]

单一窗口系统是促进跨境电子商务最重要的无纸贸易便利化系统。“框架协定”将“单一窗口”定义为允许参与贸易交易各方以电子方式在单一接入点为履行所有进口、出口和过境相关法规要求而提交数据和文件的机制安排。[④]与联合国贸易便利化与电子业务中心2005年第33号建议书的定义相比，略有不同。后者将“单一窗口”定义为国际贸易和运输相关各方在单一登记点一次性以电子形式提交满足全部进口、出口和转口相关监管要求的标准资料、单证与数据的措施。[⑤]“框架协定”修改后的定义虽然包含了原定义的核心含义，即数据或文件通过“单一切入点”提交，并且比原定义更强调以电子方式提交[⑥]，但是忽略了电子数据或文件“只应提交一次”的重要性。在实践中，电子数据的一次性提交和一站式提交是单一窗口设计最基本的价值与特点。世界贸易组织“贸易便利化协定”就此作出明确规定，即如果有关主管部门已经通过单一窗口收到了文件或数据，除非在紧急以及其他有限的例外情况下，主管部门不能再要求提供相同的文件或数据。[⑦]“框架协定”过分强调单一窗口为单一入口点，可能被误解为单一窗口系指单一的运行机构，但并不保证数据一次性提交。因此，“框架协定”关于单一窗口的定义应作与第33号建议完全一致的解释。

---

① “框架协定”第八条第三款。

② “框架协定”第十五条。

③ “框架协定”第七条规定。

④ “框架协定”第三条第八款。

⑤ 联合国贸易便利化与电子业务中心2004年通过的第33号建议旨在为成员国建立单一窗口提供指导。它是在对美国、毛里求斯和瑞典现有的单一窗口系统进行调查研究的基础上制定的。该文件首先介绍并讨论了单一窗口的不同技术和组织模式，列出了对交易者和公共管理的有益之处，并提供了单一窗口可能提供的服务。

⑥ 第33号建议的原文是：单一窗口是一种设施，允许参与贸易和运输的缔约方向单一入境点提交标准化信息和文件，以满足所有与进出口和过境有关的监管要求；信息如是电子的，那么单独的数据元素只能提交一次。

⑦ “贸易便利化协定”第10.4.2条。

为了协调各成员国的无纸贸易便利化系统、建立跨境互认的标准体系，“框架协定”鼓励各成员国在发展单一窗口系统或升级现有系统的过程中遵守协定确定的基本原则①，将这些原则运用于电子形式贸易数据和文件交换，将建立同等程度的信任并提高兼容性；②为执行本框架协定条款，每一成员国应努力营造有利的法律环境并开发必要的技术基础设施，以便利电子形式贸易数据和文件的跨境交换。③

2. 实施协定的双边或多边安排

即便“框架协定”关于跨境互认的标准体系建立之后，成员国之间在适用标准判断与认定电子形式的贸易文件与数据的可靠性时，仍然需要在实施与操作层面就有关的细节进行沟通、协商并达成共识。例如，成员国之间的单一窗口等无纸贸易系统如何实现物理上的连接，如何建立接口与操作界面，如何定义软硬件技术参数以及有关各方的责任，等等。因此，“框架协定”规定，各成员国可根据跨界信任环境原则及其他各项总体原则，在不与本框架协定相矛盾的前提下，缔结用于实施电子形式贸易数据和文件跨境互认的双边和多边安排。④

“框架协定”参考了“电子签名示范法”采取的灵活检验外国证书或电子签名可靠性的方法。成员国可以根据具体情况与需要，达成双边或者多边安排，以任何适当的方式实现电子数据与文件的跨境互认。某个成员国如果确信其他成员国的可靠性标准，甚至可以在双方或者多边安排中约定，对于来自该国电子数据或文件的可靠性予以事先承认，使之获得法律效力。但是，更为普通的做法是成员国之间达成双边或者多边协定，约定跨境互认的可靠性具体检验方式与方法。在“框架协定”的谈判过程中，俄罗斯专家曾提交了一份关于“跨界信任环境的形成方法及其创建、运作和发展的要求”的提案，供法律和技术工作组讨论，但是这个充满法律和技术细节的提案并没有得到普通支持与认可。

“框架协定”要求成员国应努力开始和启动电子形式贸易数据和文件跨境交

① “框架协定”第七条第二款。

② “框架协议”第五条第二款。

③ “框架协定”第十五条。

④ “框架协定”第八条第三款。本条规定的成员国之间的双边或者多边安排，不同于已经生效的其他国际协议，如中国—韩国自由贸易协定、建立和执行东盟单一窗口的协定。根据“框架协定”第十六条的规定，本框架协定或在本协定下采取的任何行动，均不得影响各成员国在其同为成员国的任何其他现有协定或国际公约下的权利和义务。

换的试点项目，特别是在海关和其他监管机构之间开展工作。①无纸贸易理事会将安排协作开展此类试点项目，成员国可通过试点项目进行合作。成员国应向常设委员会报告试点项目的进展情况，以便推动交流经验教训，汇集最佳实践，从而促进电子形式贸易数据和文件跨境交换方面的相互兼容，以推动在全区域乃至更大范围实施无纸贸易。②从长远来看，“框架协定”可能需要建立一个集中的信息系统，记录所有实施协定的双边和多边安排，供成员国参考，并逐渐形成最佳实施案例。

3. 保证协定实施一致性的机制

“框架协定”虽然允许成员国缔结用于实施电子形式贸易数据和文件跨境互认的双边和多边安排，但是这些安排中的条文不得与协定相矛盾，特别是不能违反跨界信任环境原则及其他各项基本原则。③因此，“框架协定”需要建立某种机制以保障成员国双边或多边安排与协定保持一致。

保证协定实施一致性的机制，是为了防止在实施“框架协定”时出现杂乱无章的问题，导致双边和多边协议破坏跨境互认基本统一的标准与制度设计。一致性保证机制有两个组成部分。其一，所有双边或多边的安排必须符合“框架协定”的基本原则。“框架协定”总共规定了七项基本原则，对于在电子形式贸易数据和文件交换中建立同等程度的信任并提高兼容性，这些原则同等重要。④其二，成员国的实施性安排不得与“框架协定”关于基本原则、国家政策框架、发展单一窗口制度、跨境相互承认、适用国际标准和通过国际法律等所有的实质性条文相抵触。

保证协定实施一致性的机制需要通过“框架协定”的无纸贸易理事会以议定书或者其他形式加以建立。如果无纸贸易理事会未来制定关于电子数据与文件跨境互认的议定书，保证协定实施一致性的机制应当是其中的重要内容。

四、促进包容性发展的能力建设和技术援助

许多发展中国家面临着数字经济的机遇，也面临数字鸿沟的诸多挑战和障

---

① “框架协定”第十三条第一款。

② “框架协定”第十三条第二款。

③ “框架协定”第八条第三款。

④ 虽然“框架协定”第八条第三款单独提到跨界信任环境的原则，但并非其他原则就不重要。实际上，技术中立性、兼容性等原则在实践中非常重要。

碍。基础设施不足、缺乏可靠的在线支付机制、烦琐的海关程序、限制性贸易做法和其他监管措施、以及缺乏数字技能和专业知识，都在妨碍发展中国家参与跨境电子商务。无纸化贸易便利化是数字贸易发展的一个重要因素。世界贸易组织“贸易便利化协定”已经为发展中国家和最不发达国家提供了特殊差别待遇，并承诺给予发展中国家和最不发达国家更多的援助。①

大多数亚太国家是发展中国家，其中包括内陆国与最不发达国家。新的技术和贸易是帮助它们实现可持续发展的重要手段。以电子方式跨境互相承认贸易数据和文件将大大减少进出口货物过境时间与费用，并增加这些国家的贸易和发展机会。

为此，“框架协定”规定，各成员国可开展合作，互相提供技术支持和援助，以推进本框架协定的执行；协定下建立的机构安排负责协作开展能力建设。②最不发达国家和内陆发展中国家获得技术和财政援助，以建设技术基础设施和营造有利的法律环境，是实施电子形式贸易数据和文件跨境交换便利化的必要条件。③因此，“框架协定”专门规定了对最不发达国家和内陆发展中国家的能力建设及技术援助，即对最不发达国家和内陆发展中国家提出的为开发无纸贸易能力并充分利用本框架协定的潜在利益而获得技术援助及合作安排的请求，成员国应给予特别考虑。④为执行本协定条款，各成员国可邀请发展伙伴提供更有效的技术和财政援助。⑤

“框架协定”要求各成员国努力开始和启动海关和其他监管机构之间电子形式贸易数据和文件跨境交换的试点项目，通过向常设委员会报告试点项目的进展情况，推动交流经验教训，汇集最佳实践，从而促进电子形式贸易数据和文件跨境交换方面的相互兼容。⑥成员国可邀请最不发达国家和内陆发展中国家的发展伙伴参加试点项目，以推动在亚太全区域乃至更大范围实施无纸贸易。

---

① 根据世界贸易组织“贸易便利化协定”，协定有 A、B、C 三类规范。A 类指将在协定生效时执行的规定（或在最不发达国家成员生效后一年内）；B 类是指在协定生效后一段过渡时期后将执行的规定；C 类是指将在协定生效后一段过渡时期之后的某一天执行的规定，并要求为能力建设获得援助和支持。这种支持将通过与世界贸易组织合作的一系列合作伙伴提供。

② “框架协定”第十四条第一款、第二款。

③ “框架协定”第十五条。

④ “框架协定”第十四条第三款。

⑤ “框架协定”第十四条第四款。

⑥ “框架协议”第十三条。试点项目可以包括关于跨境互认的双边或多边实施模式或方案、相互承认协议、认证程序和使用的技术标准清单等。

第四章

电子商务平台知识产权保护制度

随着电子商务的发展，不仅有形商品与服务而且网络游戏、音视频、网络出版物等数字产品也日益进入网络经营活动的范围，有关知识产权的纠纷不断增多，已经占据知识产权纠纷相当大的比重。

我国“电子商务法”在总则中要求电子商务经营者均应履行保护知识产权的义务。①“著作权法”、《中华人民共和国专利法》（简称“专利法”）、《中华人民共和国商标法》（简称“商标法”）等知识产权法律、行政法规的规定适用于所有电子商务经营者。与此同时，我国“电子商务法”专门规定了电子商务平台经营者保护知识产权的义务与责任②，丰富与发展了我国知识产权法律制度，使权利人、经营者等有关各方的合法权益都能在电子商务平台系统中获得更加均衡与有效的法律保障。③

电子商务平台经营者虽然属于广义上的网络服务提供者，但是其服务对于平台内经营者具有综合性、关键性与支配性的特点，对平台内交易环境拥有治理的权力与义务，在知识产权保护上能够发挥重要作用。④因此，我国“电子商务法”创造性地构建了平台知识产权法律制度。该法律制度虽然建立在“侵权责任法”等现有法律法规的基础之上，但是针对电子商务的特点，对有关法律规范予以修改与更新，澄清了实践中一些模糊问题⑤，而且结合平台治理发展出新的法律规范。

电子商务平台知识产权保护制度的突出特点在于通过平台经营者与知识产权人等有关各方加强合作，制定与实施知识产权保护规则、采取有关的治理措施，以避免、预防、及时制止平台内知识产权侵权行为。该制度的重点与核心并非在平台内发生知识产权侵权之后如何追责、制裁，而是促进与规范平台的知识产权

---

① 我国“电子商务法”第五条规定，电子商务经营者从事经营活动，应当履行消费者权益保护、环境保护、知识产权保护、网络安全与个人信息保护等方面的义务；第八十五条规定，电子商务经营者违反本法规定，实施侵犯知识产权、侵害消费者权益等行为的，依照有关法律的规定处罚。

② 根据我国“电子商务法”第九条的规定，电子商务经营者除电子商务平台经营者之外，还有平台内经营者、自建网站的经营者、通过其他网络服务销售商品或者提供服务的电子商务经营者。

③ 在《中华人民共和国电子商务法条文释义》（以及条文研析与适用指引、条文解读等书）中，本书作者为我国“电子商务法”第四十一条至第四十五条详解的唯一作者。

④ 我国“电子商务法”第三十七条规定，电子商务平台经营者在其平台上开展自营业务的，应当以显著方式区分标记自营业务和平台内经营者开展的业务；平台经营者对其标记为自营的业务依法承担商品销售者或者服务提供者的民事责任。因此，电子商务平台经营者就其从事的自营义务，不适用我国“电子商务法”规定的平台知识产权保护制度，而是适用知识产权保护的一般性法律规定。

⑤ 例如，平台经营者收到知识产权人通知后是否需要进行法律上的判断、平台是否采取删除等必要措施与其侵权责任之间的关系，等等。

治理，将知识产权保护从单纯的事后责任制度，发展到事前、事中的治理与事后的责任并重的制度，是对我国知识产权法律制度予以重要的发展与变革。平台治理与平台责任相互作用、紧密相关：一方面，知识产权侵权责任制度的威慑作用始终存在，督促平台经营者在进行有效的平台内知识产权治理；另一方面，平台经营者加强平台知识产权治理，就能降低甚至消除本身的知识产权侵权责任的风险。从节约社会成本、提高执法效率的目的看，我国“电子商务法”建立的知识产权保护制度具有明显的先进性与合理性。①

电子商务平台知识产权法律制度分为建立知识产权保护规则、实施知识产权治理措施、承担知识产权侵权责任三方面。

第一节　电子商务平台知识产权保护规则

电子商务平台经营者主要通过制定与执行交易规则及其衍生的服务协议，实现对平台的治理。交易规则是电子商务平台经营者制定与实施的规章制度，通过服务协议成为对平台内所有经营者与消费者具有约束力的合同条款。我国“电子商务法”不仅认可了电子商务平台经营者的治理权力，而且明确了平台经营者进行治理的法定义务。根据我国“电子商务法”的规定，电子商务平台经营者应当建立知识产权保护规则。②建立知识产权保护规则成为平台经营者的法定义务，足见规则在平台知识产权制度中的地位与重要性。

一、知识产权保护规则的特征

知识产权保护规则属于我国“电子商务法”规定的交易规则的一种。交易规则是电子商务平台经营者制定与实施的规范平台内经营者与消费者的规则体系，通过服务协议成为对所有使用平台服务的经营者与消费者具有约束力的合同

① 我国“电子商务法”关于平台知识产权法律制度的规定，被完整吸收进入《民法典侵权责任编》之中（草案二次审议稿第九百七十条至第九百七十二条），将成为关于网络服务提供者的一般性法律制度。

② 我国“电子商务法”第四十一条。

条款，明确有关各方的权利与义务关系。交易规则及其衍生的服务协议是平台经营者实现治理的基本手段。交易规则的种类很多，包括平台用户进入与退出平台的条件、商品和服务质量保障、消费者权益保护、个人信息保护与知识产权保护等诸多方面。我国“电子商务法”已经将交易规则纳入法律规范的体系，对于平台制定与实施的交易规则提出一系列要求，包括：交易规则的制定应当遵循公开、公平、公正的原则（第三十二条），交易规则的修改应当公开征求意见并不得强行适用于用户（第三十四条），交易规则应当充分有效地公开透明（第三十三条），交易规则应具有合法性（第三十五条），交易规则一旦实施对于平台用户具有强制性（第三十六条）。平台经营者违反有关的法定义务，将依法受到行政处罚。①

知识产权保护规则作为交易规则的组成部分，既有交易规则的合法性、公开性、公共性与强制性的特征，又有自身特殊的属性。

（一）合法性

我国“电子商务法”规定，电子商务平台经营者应依法保护知识产权。②因此，电子商务平台的知识产权保护规则应当符合相关知识产权法律、行政法规的规定，不得降低法定的知识产权保护水平或者为知识产权保护设置不合理的条件或者障碍。电子商务平台规则可否提高法定的知识产权保护水平呢？理论上，平台经营者自愿提高知识产权保护水平，并不违反法律规定。但是，知识产权法律制度在权利保护的同时设置了有关的权利限制与例外，作为社会公共利益的保障。平台经营者如果利用规则自行扩大知识产权权利的范围、缩小相应的权利限制与例外，则可能妨碍公众获取知识与信息的自由，损害他人技术进步与创新的权利，并妨害平台内经营者的正常经营活动。因此，平台知识产权保护水平过高，亦不可取。

（二）公开性

电子商务平台知识产权保护规则的公开性表现在制定中、形成后、修改过程

---

① 我国“电子商务法”第八十一条规定，电子商务平台经营者未在首页显著位置持续公示平台服务协议、交易规则信息或者上述信息的链接标识的；或者修改交易规则未在首页显著位置公开征求意见，未按照规定的时间提前公示修改内容；或者阻止平台内经营者退出的，由市场监督管理部门责令限期改正，可以处二万元以上十万元以下的罚款；情节严重的，处十万元以上五十万元以下的罚款。

② 我国“电子商务法”第四十一条。

与实施处罚四个环节。根据我国“电子商务法”的规定，电子商务平台经营者应当遵循公开、公平、公正的原则，制定平台服务协议和交易规则，明确平台与其用户（经营者与消费者）的权利和义务。[①] 制定后付诸于实施的交易规则、服务协议的信息或者上述信息的链接标识，应在平台的首页显著位置持续公示，并保证经营者和消费者能够便利、完整地阅览和下载。[②]电子商务平台经营者修改平台服务协议和交易规则，应当在其首页显著位置公开征求意见，采取合理措施确保有关各方能够及时充分表达意见；修改内容应当至少在实施前七日予以公示。[③]电子商务平台经营者依据平台服务协议和交易规则对平台内经营者违反法律、法规的行为实施警示、暂停或者终止服务等措施的，应当及时公示。[④]

（三）公共性

电子商务平台的知识产权保护规则，适用于所有同类用户的一般性与共通性的问题。平台经营者与其用户依据规则订立服务协议之时，会根据每个用户的具体情况将规则转换为有约束力的合同条款。平台经营者基于相应的合同关系对用户加以约束。

（四）强制性

电子商务平台内经营者违反知识产权保护规则，等于违反了相关法律、行政法规的规定，平台经营者虽然没有执法权力，但是有权依照服务协议与交易规则的约定，对违约用户实施警示、暂停或者终止服务等措施。平台知识产权保护规则因服务协议的约束力，对于平台内经营者具有强制性。

（五）开放性

交易规则中的商品和服务质量保障规则、消费者权益保护规则、个人信息保护规则等仅适用于平台内的用户，但是知识产权保护规则不仅影响平台内用户的权益，而且影响到平台外有关各方的利益。因此，电子商务平台知识产权保护规则需要对平台外的知识产权人等利益相关方予以开放。

---

① 我国“电子商务法”第三十二条。
② 我国“电子商务法”第三十三条。
③ 我国“电子商务法”第三十四条。
④ 我国“电子商务法”第三十六条。

我国“电子商务法”实质上肯定平台交易规则的开放性，允许平台之外的社会公众在一定程度上参与平台的治理。例如，我国“电子商务法”第三十四条规定，电子商务平台经营者修改交易规则应公开征求意见，采取合理措施确保有关各方能够及时充分表达意见。其中，“有关各方”应不限于平台内的用户，而且包括平台外的公众。电子商务平台知识产权规则的开放性尤其明显，并且被上升到法定义务的高度。

1. 平台经营者与知识产权人加强合作

我国“电子商务法”第四十一条规定，电子商务平台经营者应当建立知识产权保护规则，与知识产权权利人加强合作。平台经营者的此项法定义务是与知识产权保护规则的特殊性相对应的。

知识产权保护规则的特殊性在于，不仅平台内的知识产权人，而且平台外的知识产权人，对于规则的制定、修改与实施都有切身利益及参与的迫切需求。因此，平台经营者应当保障所有相关知识产权人（包括平台之外的知识产权人）参与知识产权保护规则的制定、修改与实施的途径与机会。即便是平台外的知识产权人，也不同于平台的普通公众，应对平台治理与平台规则有更大的话语权。对于平台外的知识产权人，平台经营者尤其应当创造条件使之在知识产权保护规则的制定中能够参与、修改中能够充分表达意见与实施中能够监督与反馈。平台经营者应当依法给予平台内外的知识产权人同等的待遇，不应歧视平台外的知识产权人或者为其权利保护设置障碍。

电子商务平台外的知识产权人如果与平台经营者没有直接的合同关系，在具体的联系方式与参与渠道方面，不可避免地面临实际的困难。因此，许多知识产权人虽然没有成为平台内的经营者，但是与平台经营者签订了专门的知识产权保护协议，提供权利信息给平台，平台经营者则依据规则预防、避免或者及时制止与处罚平台内知识产权侵权行为。[①] 当然，平台外知识产权人不论是否与平台经营者签订合作协议，平台经营者都应依法与之合作，构建知识产权保护规则系统，否则平台经营者就涉嫌违反我国“电子商务法”规定的法定义务。

总之，根据我国“电子商务法”的规定，平台经营者与知识产权人加强合作，就应当保障平台内外的知识产权人平等参与规则的制定与修改，并保证规则实施中平台内外的知识产权人都能得到同等保护。平台内经营者无论侵犯的是平

---

① 例如，阿里巴巴集团的多个电子商务平台已经与200多家品牌企业订立品牌合作协议。

台内或外的知识产权，平台经营者均应及时采取制止或者处罚的措施，不得偏私。

2. 平台经营者与其他有关各方的合作

电子商务平台经营者在构建与实施知识产权保护规则之时，不仅应与知识产权人加强合作，而且应与平台内经营者、消费者等其他利益相关方合作。利益有关各方共同参与、制定、实施有关的规则是互联网平台治理的本质特征。平台内经营者如能在知识产权保护规则的制定、修改和实施中参与发声，可以增强其对规则的认同感，从而提高规则实施的效率。平台的消费者参与规则的制定、修改和实施，可以使之更有效地免受假冒商品的损害。

此外，平台经营者还应在规则的构建中与相关执法机构加强合作，积极配合有关的执法活动。例如，根据我国“电子商务法”第二十五条的规定，有关主管部门依照法律、行政法规的规定要求电子商务经营者提供与知识产权执法有关的电子商务数据信息的，电子商务经营者应当提供。

总之，以知识产权保护规则为核心的平台知识产权治理系统需要知识产权人、平台内经营者与消费者等有关各方共同参与、共同构建，从而形成共管、共治与共赢的局面。

二、平台知识产权保护规则的主要内容

知识产权保护规则是电子商务平台经营者必须建立的专门性平台规则，根本目的是履行知识产权保护的法定义务。电子商务平台知识产权保护规则并非简单重复有关法律规定或者要求，而是将法律规范应用于平台的环境，并使之具体化与细致化，界定平台内经营者保护知识产权的义务、违反规则的后果、平台经营者实施知识产权治理措施的条件与程序，以及相关争议解决方式等。

电子商务平台知识产权保护规则是电子商务平台知识产权治理措施实施的前提与依据。知识产权人发出通知的内容与程序、电子商务平台经营者实施措施的内容与程序、平台内经营者提交声明的内容与程序、各方法律责任与相关争议解决机制等大量的规则（包括实施细则）均应事先确定，构成知识产权保护规则的内容，并在电子商务平台上予以公示。知识产权保护规则应当特别表明，平台经营者采取有关的删除、屏蔽等知识产权治理措施的，平台内经营者不得追究平台经营者的违约责任。电子商务平台经营者还应当建立有关的自动信息系统，接

收、转递、处理来自知识产权人的通知与平台内经营者的声明，并且明示有关自动信息系统的使用步骤、注意事项、下载方法等，保证知识产权人、平台内经营者等用户能够方便地了解与使用有关系统。

实际上，知识产权人一旦使用平台的信息系统提交知识产权通知，就等于与平台经营者之间建立了合同关系，平台经营者可以在知识产权保护规则中规定知识产权人恶意通知，损害平台内经营者的合法权益、扰乱正常经营活动的，承担加倍赔偿责任的具体方式。

第二节　电子商务平台知识产权治理措施

我国“电子商务法”第四十二条至第四十四条具体规定了关于电子商务平台经营者所应当采取的知识产权治理措施的法律制度。我国“电子商务法”规定的平台知识产权治理措施与“侵权责任法”第三十六条第二款关于网络服务提供者的法律制度基本一致①，没有降低原有的法律要求与标准，保证了我国法律制度的和谐统一。

我国“电子商务法”规定的平台知识产权治理措施形式上与网络服务提供者的“通知—删除”的避风港制度几近相同，但是性质上有很大的差异。避风港制度主要是网络服务提供者寻求自保，规避、减轻侵权责任风险的抗辩理由。在我国“电子商务法”中，平台经营者采取的“通知—删除”措施是对电子商务平台的营商环境积极治理的行为，平台经营者的侵权责任限制或者抗辩理由则退居次位。我国将电子商务的平台治理纳入法律管辖的范围，确为法律制度的重要创新与发展。

我国“电子商务法”的平台知识产权治理措施参考了《信息网络传播权保护条例》关于著作权、邻接权的“通知—删除”法律制度，由知识产权人的通知、平台内经营者的声明、电子商务平台经营者采取的措施、信息公示及各方法

① “侵权责任法”第三十六条第二款规定，网络用户利用网络服务实施侵权行为的，被侵权人有权通知网络服务提供者采取删除、屏蔽、断开链接等必要措施。网络服务提供者接到通知后未及时采取必要措施的，对损害的扩大部分与该网络用户承担连带责任。

律责任几部分构成，但是增加了新的法律内容。

一、知识产权人的通知

“电子商务法”第四十二条第一款规定，知识产权权利人认为其知识产权受到侵害的，有权向电子商务平台经营者发出通知，要求电子商务平台经营者采取删除、屏蔽、断开链接、终止交易和服务等必要措施。通知应当包括构成侵权的初步证据。

（一）知识产权人通知的内容

知识产权人发出通知是平台治理措施的第一步。根据最高人民法院有关的司法解释[①]，我国“电子商务法”第四十二条第一款规定的知识产权人通知至少应当包括身份证明、知识产权权属证明、侵权初步证据、要求平台实施的措施、通知真实性的保证等内容。知识产权保护规则应对每项内容的要求加以明确与细化，并在自动信息系统的指令与程序之中予以体现，如如何证明知识产权人身份、何为侵权初步证据，等等。

（二）电子商务平台经营者的作用

知识产权人发出通知，应当对其通知内容的真实性负责。电子商务平台经营者接到知识产权人通知后，依据表面证据的认定方法，能够初步认定通知的真实性与主张的合法性的，应当依照通知要求对平台内相关经营者采取删除、屏蔽、断开链接、终止交易和服务等必要措施，并将该通知转送平台内经营者。有人主张因著作权、商标权、专利权等知识产权类型的不同，而对其通知区别对待。此种观点显然是对平台经营者的地位与作用的误解。平台经营者不能以缺乏实质审查的资源或者侵权判断的能力为借口，拒绝依照通知及时采取措施。

电子商务平台经营者收到知识产权通知后，仅需通过信息系统进行初步审

---

① 《最高人民法院关于修改〈最高人民法院关于审理涉及计算机网络著作权纠纷案件适用法律若干问题的解释〉的决定（二）》，2006 年 11 月 20 日由最高人民法院审判委员会第 1406 次会议通过，自 2006 年 12 月 8 日起施行；其中规定，著作权人发现侵权信息向网络服务提供者提出警告或者索要侵权行为人网络注册资料时，不能出示身份证明、著作权权属证明及侵权情况证明的，视为未提出警告或者未提出索要请求。

查，无须对通知内容进行实质性的调查或者法律上的判断，就应当及时根据通知要求，对平台内经营者采取措施。电子商务平台经营者虽然与平台内经营者存在服务协议等利益关系，但是不能借口无力对通知真实性加以判断，虚与委蛇，拒绝或者逃避采取必要的治理措施。

如果发出通知的知识产权人虚假通知、错误通知或者滥用知识产权，自当依法承担相应的责任。但是，平台经营者不应以此担忧为借口拒绝采取措施。

根据我国“电子商务法”的规定，平台经营者依据知识产权人的通知对平台内经营者采取删除、屏蔽、断开链接、终止交易和服务等必要措施，不应向被通知的平台内经营者承担违反服务协议的责任。①

（三）电子商务平台经营者采取的措施

我国“电子商务法”第四十二条第二款规定，电子商务平台经营者接到通知后，应当及时根据通知要求，对平台内经营者采取删除、屏蔽、断开链接、终止交易和服务等必要措施，并将该通知转送平台内经营者。该规定是电子商务平台知识产权规则强制性的体现。我国“电子商务法”第三十六条规定，电子商务平台经营者可以依据平台服务协议和交易规则对平台内经营者违反法律、法规的行为实施警示、暂停或者终止服务等措施。该条文也是平台规则强制性的体现。我国“电子商务法”第四十二条仅限于平台经营者依据知识产权人的通知而采取的措施；第三十六条则适用于更广泛的领域（不限于知识产权保护）。电子商务平台经营者自行发现的平台内经营者违反法律、法规（包括知识产权法律、法规）而采取的处罚措施，应依照第三十六条处理。

除了删除、屏蔽、断开链接、终止交易和服务等措施之外，平台经营者能否采取其他措施呢？这是值得斟酌的问题。平台经营者如果允许被通知的平台内经营者提交担保金后继续经营，应当保证担保金额、方式充分与有效，保障知识产权人的权益能够得以实现；而且，平台经营者也应被视为对于该平台内经营者提供保证。一旦平台内经营者的知识产权侵权责任成立，平台经营者将为不采取删除、终止服务等措施而造成知识产权人损害扩大的后果，与平台内经营者承担连带责任。

---

① 《最高人民法院关于修改〈最高人民法院关于审理涉及计算机网络著作权纠纷案件适用法律若干问题的解释〉的决定（二）》规定，网络服务提供者经著作权人提出确有证据的警告而采取移除被控侵权内容等措施，被控侵权人要求网络服务提供者承担违约责任的，人民法院不予支持。

有的电子商务平台经营者收到知识产权人的通知后，先行将通知转送平台内经营者；视平台内经营者是否提交不侵权声明，平台经营者方才决定是否采取删除、终止服务等措施。本书作者认为，平台经营者的此种做法属于我国“电子商务法”第六十三条规定的电子商务平台建立在线争议解决机制的范围。[①]如果知识产权人在发出通知时明示同意或者通过平台接收通知的自动信息系统点击同意采用平台在线机制，解决与平台内经营者之间的知识产权争议，并无不可。但是，我国“电子商务法”第六十三条规定的平台在线争议解决机制是以当事人自愿为前提条件的，平台经营者不能将其强加于发出通知的知识产权人。凡是知识产权人不同意采用该机制的，平台经营者不能规避或者歪曲依法应当采取的删除、终止服务等措施。

（四）错误通知与恶意通知

我国“电子商务法”第四十二条第三款明确规定，知识产权人发出错误通知，给平台内经营者造成损害的，依法承担民事责任；如果知识产权人恶意发出错误通知，造成平台内经营者损失的，应加倍承担赔偿责任。加重责任的规定能够防止知识产权人滥用权利或者扰乱市场竞争秩序，强化知识产权人发出通知的责任感，有利于减少恶意通知、不实通知。[②]

在我国“电子商务法”实施之前，因知识产权人恶意通知引发的纠纷案件已经出现。例如，B 公司因其儿童防晒霜产品在淘宝平台上的品牌经销商、分销商及其他卖家不断收到李某关于商标侵权的投诉，导致产品被下架，向法院起诉要求确认其产品不侵犯李某的注册商标权。审理法院判决，被通知的 B 公司在儿童防晒霜产品上使用享有在先著作权的图案不侵权李某在后获得的注册商标权。本案一个重要情节是李某利用淘宝平台向 B 公司的经销商发出大量的商标侵权警告，并导致经销商销售的 B 商品被淘宝平台经营者下架。本案判决之时，我国

① 我国“电子商务法”第六十三条规定，电子商务平台经营者可以建立争议在线解决机制，制定并公示争议解决规则，根据自愿原则，公平、公正地解决当事人的争议。

② 《最高人民法院关于修改〈最高人民法院关于审理涉及计算机网络著作权纠纷案件适用法律若干问题的解释〉的决定（二）》规定，著作权人指控侵权不实，被控侵权人因网络服务提供者采取措施遭受损失而请求赔偿的，人民法院应当判令由提出警告的人承担赔偿责任。

“电子商务法”尚未施行。受理法院按照知识产权不侵权之诉对本案进行审理。[①]法院认为，提起不侵权诉讼的条件为：知识产权人向利害关系人发出侵权警告后，未在合理期限内依法启动纠纷解决程序，被警告的利害关系人为了明确与发出警告的知识产权之间的关系、澄清未侵犯知识产权的事实，可以提起确认不侵权诉讼。在本案中，虽然李某系向B公司的销售商发出警告，但是B作为生产商的生产经营活动受到影响，与本案有直接利害关系，亦可提起确认不侵权诉讼。确认不侵权诉讼有助于制止知识产权人滥用权利的行为。在本案中，法院依据“商标法”第九条的规定，认定B公司在先取得的图案著作权不侵犯李某在后注册的商标权利。通过确认不侵权诉讼，李某的注册商标虽然仍然存在，但是B公司所享有的在先权利得到了认可与维护。[②]

与确认不侵权诉讼相比，我国“电子商务法”实质上给予利害关系人更加便利、充分与有效的法律救济。2019年1月1日起，随着我国“电子商务法”正式实施，恶意通知的知识产权人必须承担更为严厉的法律后果。知识产权人通过电子商务平台经营者向平台内经营者发出的侵权通知，如被证实为错误且造成平台内经营者损害的，应当依法承担民事责任；知识产权人恶意发出错误通知，造成平台内经营者损失的，更应加倍承担赔偿责任。依据上述法律规定，B公司在证据充分的情况下，不仅能够洗脱李某的侵权指控，而且能够依法制止李某恶意发出侵权通知的行为，并就所遭受的损失获得加倍赔偿。[③]

本案中，B公司还主张淘宝平台经营者未尽审查义务、放任李某进行侵权投诉，应与李某共同采取措施消除影响。对此请求，法院未予支持。依据我国“电子商务法”的规定，电子商务平台经营者接到知识产权人通知后，依据表面证据的认定方法，能够初步认定通知的真实性与主张的合法性的，应当依照通知要求对平台内相关经营者采取必要措施，并将该通知转送平台内经营者。本案李某在通知中提供了其商标注册信息等B公司产品涉嫌侵权的初步证据，淘宝平台经营者据此采取将B公司产品下架等必要措施符合法律规定，并无不当。B公司关于淘宝平台经营者的诉讼请求，即便依据我国“电子商务法”，也不能成立。总

① 根据最高人民法院于2008年4月1日施行的《民事案件案由规定》，确认不侵权纠纷为案由之一，具体是指利益受到特定知识产权影响的行为人，以该知识产权权利人为被告提起的，请求确认其行为不侵犯该知识产权的诉讼。

② “商标法”第九条规定，申请注册的商标，应当有显著特征，便于识别，并不得与他人在先取得的合法权利相冲突。

③ 薛虹：“电商平台知识产权通知遭滥用案评析”，互联网法律大会2018。

之，我国“电子商务法”中平台知识产权保护制度的实施，进一步厘清知识产权的边界，加强知识产权保护的同时，将保障电子商务的健康有序发展。

二、电子商务平台内经营者的声明

“侵权责任法”第三十六条第二款的规定，网络用户利用网络服务实施侵权行为的，被侵权人有权通知网络服务提供者采取删除、屏蔽、断开链接等必要措施。网络服务提供者接到通知后未及时采取必要措施的，对损害的扩大部分与该网络用户承担连带责任。“侵权责任法”并未规定平台经营者在按照知识产权人的通知采取必要措施之后，平台内经营者是否还有机会进行申辩、请求平台经营者终止所采取的措施。我国“电子商务法”则弥补了这方面的不足，进一步平衡了知识产权人与平台内经营者双方的利益，参考了《信息网络传播权条例》的有关制度设计，丰富与扩展了平台知识产权治理措施的范围与手段。

（一）平台内经营者声明的内容

我国“电子商务法”第四十三条第一款规定，平台内经营者接到电子商务平台经营者转送的知识产权的通知后，可以向电子商务平台经营者提交保证不存在侵权行为的声明。声明应当包括不存在侵权行为的初步证据。

参考最高人民法院有关的司法解释，本条款中平台内经营者提交的保证不存在侵权行为的声明至少应当包括其身份证明、不存在侵权行为的初步证据、要求平台终止的措施、声明真实性的保证等内容。知识产权保护规则应对每项内容加以明确与细化，并体现在自动信息系统的指令与程序之中，如不存在侵权行为的初步证据的类型与形式等。

（二）平台经营者所采取措施的终止

我国“电子商务法”第四十三条第二款规定，平台经营者接到平台内经营者的不侵权声明后，应当将该声明转送发出通知的知识产权权利人，并告知其可以向有关主管部门投诉或者向人民法院起诉。电子商务平台经营者在转送声明到达知识产权权利人后十五日内，未收到权利人已经投诉或者起诉通知的，应当及时终止所采取的措施。

电子商务平台经营者通过自动信息系统收到平台内经营者的声明后，仅需通过系统进行形式审查，无须对平台内经营者声明内容进行法律上的判断或者进行调查。电子商务平台经营者并非执法机构，既不对知识产权通知进行实质审查，也不对平台内经营者的不侵权声明进行实质审查，所采取的知识产权治理措施也具有临时性与自治性的特征。在被通知的平台内经营者提出异议与抗辩的情况下，知识产权人应当及时寻求正式的法律救济，向主管部门投诉或者向法院起诉相关平台内经营者。为了使平台治理措施与有关的诉讼、投诉机制相衔接，我国“电子商务法”规定了十五日的缓冲期。在此期间内，如果平台经营者得知知识产权人已经投诉或者起诉，为了避免终止治理措施造成有关证据灭失或者给知识产权人造成新的损害，删除、终止服务等治理措施将得以持续。如果缓冲期经过，平台经营者没有收到知识产权人投诉或者起诉通知的，治理措施终止，知识产权人不能再依赖于平台经营者所采用的措施。

电子商务平台经营者在收到平台内经营者提交的不存在侵权行为的声明后在一定条件下终止所采取的措施，是为了平衡知识产权人与平台内经营者双方的合法权益，一方面强化了平台知识产权治理措施的效力，另一方面督促知识产权人及时寻求法律救济，将有关纠纷从电子商务平台转移到司法或者行政途径加以解决。

如果知识产权人滥用权利，操纵十五日的缓冲期，恶意通知投诉或者起诉，阻碍平台经营者及时终止所采取的知识产权治理措施，故意损害平台内经营者合法的竞争利益的，应当承担不正当竞争的法律责任，加倍赔偿平台内经营者遭受的损失。

声明不侵权的平台内经营者如果认为知识产权人恶意向有关部门投诉或者向法院起诉以阻挠平台治理措施终止的，可以参照我国“电子商务法”第四十二条第三款的规定，追究知识产权人恶意投诉或者起诉的责任。

平台经营者应当为知识产权人寻求法律救济提供必要的支持与方便。我国“电子商务法”第六十二条的规定，电子商务经营者应当在电子商务争议处理中提供原始合同和交易记录。虽然平台经营者自动信息系统中记录的知识产权通知、不侵权声明、处理结果等不属于原始合同与交易记录，但是知识产权人如需有关记录作投诉或者起诉的证据，平台经营者也应当予以提供。

根据我国“电子商务法”第六十三条的规定，平台经营者可以建立争议在线解决机制，制定并公示争议解决规则，根据自愿原则，公平、公正地解决当事人的争议。因此，如果知识产权人与平台内经营者均同意，也可以使用平台在线解决机制解决双方的争议。

三、信息公示义务

平台知识产权保护规则的公开性，与平台所有交易规则一样，不仅表现在制定与修改的过程中，而且必须在规则实施环节予以体现。“电子商务法”第三十六条规定，平台经营者依据平台服务协议与交易规则对平台内经营者实施警示、暂停或者终止服务等措施的，应当及时公示。因此，平台经营者依据知识产权保护规则，对平台内经营者采取必要的知识产权治理措施的，也必须及时公示。

我国“电子商务法”第四十四条规定，电子商务平台经营者应当及时公示收到的知识产权人通知、平台内经营者的声明及处理结果。电子商务平台经营者公示有关的通知、声明及处理结果，是平台治理措施的重要组成部分，目的是保证平台治理的公开透明性，接受有关各方的监督，避免出现平台经营者收到通知、声明后予以隐匿、采取的措施不符合法律规定或者知识产权保护规则等情况。当然，如果涉及个人信息、秘密信息等内容，平台公示时可用适当方式加以保护，采取公示节略信息或者统计性信息等方式。

四、有关各方在治理措施中的法律责任

我国“电子商务法”第四十二条至第四十三条所规定的平台知识产权治理措施，涉及平台经营者、平台内经营者、知识产权人等各方权利与义务。任何一方违反相关义务的，应承担相应的法律责任。此种责任不同于我国“电子商务法”第四十五条规定的平台经营者的知识产权侵权责任。

（一）知识产权人

“电子商务法”第四十二条第三款规定，知识产权人因通知错误造成平台内经营者损害的，依法承担民事责任。恶意发出错误通知，造成平台内经营者损失的，加倍承担赔偿责任。

该条规定的知识产权人“通知错误”，应当以客观后果而非知识产权人主观心理状态判断，只要通知内容被证明为与事实不符，给平台内经营者造成损失，知识产权人就应当承担民事责任。知识产权人故意发出虚假通知或者滥用知识产

权损害竞争者利益的，我国“电子商务法”明确规定了惩罚性赔偿责任，知识产权人应加倍赔偿因恶意通知给平台内经营者所造成的损失。电子商务平台经营者也可以在法律允许的范围内，在知识产权保护规则中规定知识产权人因恶意通知造成损害，承担加倍赔偿责任的具体方式。[①]

知识产权人在收到平台经营者提交的不侵权声明后，恶意向有关部门投诉或者向法院起诉以阻挠平台终止删除、终止服务等治理措施，造成平台内经营者损失的，平台内经营者可以参照我国“电子商务法”第四十二条第三款的规定，追究知识产权人恶意投诉或者起诉的责任。

（二）平台内经营者

平台内经营者如提交错误声明，给知识产权人造成损失的，是否承担民事责任，我国“电子商务法”未予规定。平台内经营者如提交与事实不符的声明，导致知识产权保护措施被终止、侵权行为被恢复及知识产权人损失的扩大，应为通知前后的知识产权侵权行为承担责任；如恶意声明，更应对知识产权人的损失承担加倍赔偿责任。

（三）电子商务平台经营者

根据我国“电子商务法”的规定，平台经营者承担制定知识产权保护规则、及时实施知识产权治理措施、通过有关自动信息系统及时转送与公示信息等一系列职责，对知识产权人与平台内经营者双方均负有义务。

平台经营者违反信息转送与公示义务、未能及时采取或者终止有关治理措施的，均须承担相应的责任。我国“电子商务法”第四十二条第二款规定，电子商务平台经营者接到通知后，未及时采取必要措施制止平台内经营者知识产权侵权行为，导致知识产权人遭受的损失扩大的，应当对损害的扩大部分与平台内经营者承担连带责任。平台经营者依据通知而对平台内经营者采取必要措施的，平台内经营者不得要求平台经营者承担违反服务协议的违约责任。

电子商务平台经营者收到平台内经营者提交的保证不侵权的声明后，应依法定期限与条件及时终止有关的治理措施；否则，给平台内经营者造成损失的，平

---

① 知识产权人使用平台的自动信息系统提交通知，应视为同意平台的知识产权保护规则；规则中关于恶意通知承担赔偿责任的内容，应对知识产权人有约束力。

台经营者应按照平台规则及服务协议承担相应的责任。

除民事责任外，我国“电子商务法”还规定，平台经营者违反本法第四十二条的规定，对平台内经营者实施侵犯知识产权行为未采取必要措施的，由有关知识产权行政部门责令限期改正；逾期不改正的，处五万元以上五十万元以下的罚款；情节严重的，处五十万元以上二百万元以下的罚款。①上述规定的行政罚款的上限远高于现行知识产权法的规定，足见平台经营者比其他经营者承担更重大的知识产权保护义务。

第三节　电子商务平台经营者知识产权侵权责任

电子商务平台经营者属于“侵权责任法”规定的网络服务提供者。“侵权责任法”第三十六条第一款与第三款规定的责任适用于平台经营者，即平台经营者利用网络侵害他人民事权益的，应当承担侵权责任；平台经营者知道网络用户利用其网络服务侵害他人民事权益，未采取必要措施的，与该网络用户承担连带责任。我国“电子商务法”第四十五条的规定与“侵权责任法”第三十六条第三款字面上完全一致，但是应在电子商务平台知识产权治理的框架内重新认识。

一、平台经营者的过错责任

我国“电子商务法”第四十五条规定了平台经营者知识产权侵权责任的标准，即平台经营者为平台内经营者的知识产权侵权行为承担过错责任（仅在“知道或者应当知道”的情况下方才承担责任），而非严格责任（即只要平台内经营者有侵犯行为就承担责任）。过错是该项责任制度的核心内容，起着安全阀的作用，保证该负责的负责、该免责的免责，直接决定平台经营者责任的成立和范围。

① 我国“电子商务法”第八十四条。

（一）过错责任的场合

我国“电子商务法”第四十五条规定的平台经营者的责任属于“侵权责任法”第三十六条第三款规定的责任。网络服务提供者的侵权责任可以被分为独立责任和中介责任两类。独立责任是因网络服务提供者自身独立的行为产生的责任。中介责任则是因网络服务提供者的中介地位或者作用产生的责任。

网络服务提供者直接、独立实施的知识产权侵权行为，不论有无过错，都应当按照有关的侵权规则承担严格责任。各国法律在追究网络服务提供者独立责任方面的差异并不大。“侵权责任法”第三十六条第一款规定“网络服务提供者利用网络侵害他人民事权益的，应当承担侵权责任”就是关于网络服务提供者独立责任的规定。这与其他国家的做法没有本质区别。以往认为，我国的侵权责任体系中，没有明确的关于严格责任的规定。对此“侵权责任法”已经作出明确的回答。

关于中介责任，在普通法体系中，以英国法为代表的体系（包括澳大利亚、新加坡、中国香港特别行政区等）采用“次级责任”的概念和“授权性侵权”的判断原则。简单地说，如果网络服务提供者知道用户的侵权行为，有能力控制侵权行为的发生，却没有采用行动防止侵权行为的发生，就构成了“授权性的侵权”。以美国法为代表的普通法体系则采用了帮助性侵权和替代责任的概念。前者的突出特征是知道用户的侵权行为仍然参与其中；后者的突出特征是对用户的侵权行为有控制能力，而且从中获利。随着网络文件共享系统的普及应用，又出现了一种针对共享系统软件、平台提供者的所谓“引诱性侵权”责任，即因用积极的语言或者行动促进用户的侵权行为而导致的责任。在大陆法中，比较典型的中介责任是由于帮助、教唆他人侵权而产生的责任。①

我国也采用帮助、教唆性侵权模式追究网络服务提供者的中介责任。“侵权责任法”第八条、第九条、第十条分别规定了共同侵权、帮助教唆性侵权和共同危险行为的侵权。虽然上述三种侵权行为均采取了连带责任的形式，但是已经各自具有了相当独立性，不必混为一谈了。以往司法实践中，网络服务提供者通过网络参与他人侵犯著作权行为，或者通过网络教唆、帮助他人实施侵犯著作权行

---

① 例如，在韩国轰动一时的Soribada案件中，开发和发行计算机程序、供用户分享MP3音乐文档的网络服务提供者，由于直接或者间接地辅助侵犯版权的行为，有过失地协助、帮助和教唆侵权行为，而被判决承担侵犯版权的责任。

为的，人民法院根据《中华人民共和国民法通则》（以下简称“民法通则”）第一百三十条的规定，追究其与其他行为人或者直接实施侵权行为人的共同侵权责任。①随着“侵权责任法”的实施，网络服务提供者因帮助教唆性侵权而承担责任，已经无须准用“民法通则”关于共同侵权的规定。

电子商务平台经营者的过错责任仅适用于中介责任的场合，平台经营者的独立责任，仍以严格责任为准。

（二）平台经营者过错的标准

我国“电子商务法”第四十五条规定的平台经营者的过错，分为两种情形。②第一种是平台经营者有意为之、明知故犯的情形，即平台经营者确切地“知道”平台内经营者的侵权行为，但不采取必要措施予以制止，平台经营者应与侵权人承担连带责任。③

第二种是平台经营者应当注意到平台内经营者侵权行为的情形，即平台经营者“应当知道”平台内经营者的侵权行为，却视而不见、听之任之，不采取必要措施予以制止，属于有重大过失的情形，平台经营者也应与侵权人承担连带责任。④电子商务平台内经营者销售盗版或者假冒商品的，就属于明显的侵权行为，平台经营者应当注意到。⑤

此外，“电子商务法”第四十五条虽然没有明确规定，但是还可能隐含第三种情形，即平台内经营者的侵权行为不容易发现、不够明显（如未经专利权人许

---

① 《最高人民法院关于审理涉及计算机网络著作权纠纷案件适用法律若干问题的解释》于2006年11月第二次修正，自2006年12月8日起施行。

② 我国“电子商务法”第三十八条第一款规定，电子商务平台经营者知道或者应当知道平台内经营者销售的商品或者提供的服务不符合保障人身、财产安全的要求，或者有其他侵害消费者合法权益行为，未采取必要措施的，依法与该平台内经营者承担连带责任。该条中的“知道或者应当知道”与第四十五条应作同样的解释。

③ 例如，欧盟的“电子商务指令”在前序的说明中指出，如果一个服务提供者故意与其服务对象配合从事非法活动，则超出了单纯传输管道或者系统缓存的范围，因此不能受惠于有关的责任豁免；美国判例法也认定，网络服务提供者构成故意引诱性侵权的，不适用避风港。

④ 例如，欧盟“电子商务指令”规定，主机服务提供者对违法活动或者信息不明确知道，而且不属于因违法活动或者信息明显而注意到这些事实或者情形，是免除其赔偿责任的条件之一；美国“数字化千年版权法”规定，减免主机存储和搜索定位服务的提供者责任的条件之一是，对侵权行为不明确知道，而且不属于因侵权行为明显而注意到这些事实或者情形。

⑤ 根据世界贸易组织“与贸易有关的知识产权协定”第五十一条注释的规定，假冒商标商品是指侵权地使用与他人注册商标相同或者几近相同的标志的商品；盗版版权商品则是指未经版权人许可复制的版权商品或者侵权性地直接或者间接翻版的版权商品。

可在所经营的商品中实施有关的专利技术或者销售未经版权人许可擅自改编的有关作品)，平台经营者仅有一般过失，则不应与侵权人承担连带责任。但是，即便在此情况下，平台经营者如果收到知识产权人的通知，则“知道”了平台内经营者的侵权行为，仍不采取必要措施的，根据第四十二条第二款的规定，仍应对知识产权人就损害的扩大部分与侵权人承担连带责任。

二、平台经营者的侵权责任与治理措施的关系

我国“电子商务法”规定的平台经营者知识产权侵权责任制度与知识产权治理措施是两种并行的法律制度，各自有其构成要素与标准。过错是平台经营者侵权责任的核心要素。治理措施则有其自身的逻辑结构与程序安排。两者相对比，平台经营者的侵权责任制度是更根本的制度，也是知识产权治理措施的外在压力与法律制约。平台经营者的治理措施则可以根据电子商务的发展不断调整与完善。两种法律制度存在着微妙的共存和交叉的关系，但是既不能相互取代，也不应相互混淆。厘清两者关系，对于本法的正确适用有重大意义。

我国“电子商务法”对于平台经营者违反第四十二条与第四十五条分别予以行政处罚，也从侧面证明平台经营者违反知识产权治理措施义务所应承担的责任与其侵犯知识产权的责任，并不相同。[①]

三、平台经营者的过错与知识产权人的通知

我国“电子商务法”第四十五条规定的过错责任，其基础在于平台经营者是平台的治理者，负有制止平台内知识产权侵权的一般性注意义务，违反此义务，则有过错（包括故意与重大过失），均应承担连带法律责任。

平台经营者的一般性注意义务是依法始终存在的，独立于我国“电子商务法”第四十二条至第四十三条规定的知识产权治理措施的义务。[②]平台经营者拥

---

① 我国“电子商务法”第八十四条规定，电子商务平台经营者违反本法第四十二条、第四十五条规定，对平台内经营者实施侵犯知识产权行为未依法采取必要措施的，由有关知识产权行政部门责令限期改正；逾期不改正的，处五万元以上五十万元以下的罚款；情节严重的，处五十万元以上二百万元以下的罚款。

② “侵权责任法”第三十六条也是分两款分别规定被侵权人的通知与删除机制（第三十六条第二款）与网络服务提供者“知道”而不采取必要措施的（不论有无通知）的责任（第三十六条第三款）。

有平台的治理权，有权依据平台服务协议与交易规则对平台内经营者违反知识产权保护的法律、法规的行为予以制止与处罚。平台经营者不论是否收到知识产权人的通知，均应尽一般性注意义务，否则就有过错。知识产权人的“通知”固然可以让平台经营者“知道”平台内经营者侵权行为的存在，但是没有“通知”并不等于平台经营者就可以逃避一般性注意义务，对平台内的侵权行为视而不见、置之不理。

因此，根据我国“电子商务法”第四十五条的规定，知识产权人没有发出通知或者平台经营者收到通知之前，知识产权人如能证明平台经营者未尽一般性注意义务，知道或者应当知道平台内的侵权行为而不采取必要措施予以制止，则知识产权人仍然可以追究平台经营者与平台内实施侵权行为的经营者的连带责任。但是，如果平台经营者在收到知识产权人通知之后，采取了必要措施制止平台内经营者的侵权行为，则属于有所悔过，其连带侵权责任截止到采取必要措施时为止。反之，本来就有过错的平台经营者，收到知识产权人的通知后仍不及时采取必要措施，则还要为知识产权人由此扩大的损害与平台内经营者承担连带责任。

总之，如果将我国“电子商务法”第四十五条规定的平台经营者知识产权侵权责任与第四十二条、第四十三条规定的平台知识产权治理措施结合起来，有如下几种情形：

（一）平台经营者不知道、不应当知道平台内经营者侵权行为的，收到知识产权人的通知后，应当及时采取必要措施；否则，就知识产权人扩大部分的损害，与侵权人承担连带责任；

（二）平台经营者一旦知道或者应当知道平台内经营者的侵权行为，即便没有知识产权人通知，也应依法采取必要措施；否则，与侵权人承担连带责任；

（三）平台经营者知道或者应当知道平台内经营者的侵权行为，未采取必要措施，但是在收到知识产权人的通知后，及时采取了必要措施的，应为采取必要措施之前的知识产权人的损害，与侵权人承担连带责任；

（四）平台经营者知道或者应当知道平台内侵权行为，未采取必要措施，但是在收到知识产权人的通知后，仍未及时采取必要措施的，应就知识产权人遭受的全部损害，与侵权人承担连带责任。

第五章

电子商务争议解决

电子商务活动涉及的法律关系复杂、参与主体多样，发生争议是不可避免的。争议解决制度是保障电子商务健康发展的重要法律制度。电子商务争议包括经营者之间的争议、经营者与消费者之间的争议、经营者与其他主体（如知识产权人）之间的争议，还包括平台经营者与平台内经营者或其他主体之间的争议。在线争议解决是最有前途的电子商务争议解决方式，虽然目前仍处于初级阶段，但在提高争议解决效率等方面已经显示了突出的优势。电子商务争议解决的创新与发展需要法律制度的保障与规范。

第一节　中国电子商务争议解决制度

我国“电子商务法”兼容传统与新型的争议解决方式，确立了形式多样、运行规范的多元争议解决制度，充分发挥电子商务经营者（特别是平台经营者）在争议解决中的作用，保障电子商务争议得以有效解决。[①]

一、电子商务解决制度的特征

我国“电子商务法”规定了协商和解、调解、行政投诉、仲裁与诉讼等解决电子商务争议的方式。[②]这些争议解决方式与现行法律规定完全一致[③]，但是我国“电子商务法”建立的争议解决制度有其独到之处。

（一）多元争议解决制度

我国“电子商务法”特别强调非诉讼争议解决方式的重要性，支持与鼓励

① 在《中华人民共和国电子商务法条文释义》（以及条文研析与适用指引、条文解读等书）中，本书作者为我国“电子商务法”第五十九条、第六十条、第六十二条、第六十三条详解的唯一作者。

② 我国“电子商务法”第六十条规定，电子商务争议可以通过协商和解，请求消费者组织、行业协会或者其他依法成立的调解组织调解，向有关部门投诉，提请仲裁，或者提起诉讼等方式解决。

③ 例如，“消费者权益保护法”第三十九条规定，消费者和经营者发生消费者权益争议的，可以通过下列途径解决：（一）与经营者协商和解；（二）请求消费者协会或者依法成立的其他调解组织调解；（三）向有关行政部门投诉；（四）根据与经营者达成的仲裁协议提请仲裁机构仲裁；（五）向人民法院提起诉讼。

多元争议解决机制的发展，体现了我国争议解决制度发展的趋势。

最高人民法院在政策性文件中提出，要引导当事人选择适当的纠纷解决方式，合理配置纠纷解决的社会资源，建立与完善和解、调解、仲裁、行政投诉与诉讼有机衔接、相互协调的多元化纠纷解决机制。[①] 我国正在大力宣传多元化纠纷解决机制的优势，鼓励和引导当事人优先选择成本较低、对抗性较弱、利于修复关系的非诉讼方式解决纠纷。树立“国家主导、司法推动、社会参与、多元并举、法治保障”现代纠纷解决理念，营造诚信友善、理性平和、文明和谐、创新发展的社会氛围。

电子商务争议不仅限于经营者与消费者之间的争议，还包括经营者之间的甚至国际贸易（跨境电子商务）中的争议。正由于电子商务争议的多样性，我国“电子商务法”中规定的每一种争议解决方式都具有重要的应用价值。在消费者贸易中较少采用的仲裁等方式，在电子商务争议解决中获得了新的发展空间。经营者之间的跨境电子商务争议由于涉及复杂的法律适用与司法管辖冲突，更加适宜采用由当事人自主选择仲裁地点、机构、规则与适用法律的仲裁方式解决。

最高人民法院也提出，推动多元化纠纷解决机制的国际化发展，充分尊重中外当事人法律文化的多元性，支持其自愿选择调解、仲裁等非诉讼方式解决纠纷。进一步加强我国与其他国家和地区司法机构、仲裁机构、调解组织的交流和合作，提升我国纠纷解决机制的国际竞争力和公信力。发挥各种纠纷解决方式的优势，不断满足中外当事人纠纷解决的多元化需求，为国家“一带一路”等重大战略的实施提供争议解决服务与保障。

（二）在线争议解决

我国“电子商务法”列举的协商、调解、仲裁、诉讼等传统争议解决方式均包括线上、线下两种情况，在法律允许的范围内，传统的争议解决方式在线运行，能够更好地服务于电子商务的争议解决。同时，我国“电子商务法”还允许平台经营者建立争议在线解决机制，创设新型的完全基于电子商务的特殊争议解决方式。[②]

---

① 最高人民法院于2016年6月发布的“进一步深化多元化纠纷解决机制改革的意见”【法发〔2016〕14号】。”

② 我国“电子商务法”第六十三条规定，电子商务平台经营者可以建立争议在线解决机制，制定并公示争议解决规则，根据自愿原则，公平、公正地解决当事人的争议。

在线解决电子商务争议符合最高人民法院提出的创新纠纷解决方式、推广现代信息技术在多元化纠纷解决机制中运用的要求。推动建立在线调解、在线立案、在线司法确认、在线审判、电子督促程序、电子送达等为一体的信息平台，实现纠纷解决的案件预判、信息共享、资源整合、数据分析等功能，是促进多元化纠纷解决机制发展的重要手段。

二、电子商务争议解决方式

我国“电子商务法”规定的各种争议解决方式性质不同，法律机制各异，相互关系复杂，在电子商务中发挥不同的作用。

（一）协商和解

我国“电子商务法”规定电子商务争议可以通过协商和解。[①]电子商务争议的当事人通过协商和解、达成和解协议，解决纠纷，应当得到鼓励与认可。当事人双方均有律师代理的，应鼓励律师引导当事人先行和解。特邀调解员或者其他人员根据当事人的申请或委托参与协商，可以为当事人之间的谈判提供辅助性的协调和帮助。以金钱或者有价证券给付为内容的和解协议，债权人依据《中华人民共和国民事诉讼法》（简称“民事诉讼法”）及其司法解释的规定，向有管辖权的基层人民法院申请支付令的，人民法院应当依法发出支付令。债务人未在法定期限内提出书面异议且逾期不履行支付令的，人民法院可以强制执行。

我国“电子商务法”第五十九条规定，电子商务经营者应当建立用户（消费者）投诉机制。电子商务经营者收到有关投诉的，可以与对方通过协商谈判解决有关争议。

（二）调解

我国“电子商务法”第六十条规定的调解是电子商务争议解决最重要的方式之一。

1. 调解组织

根据我国“电子商务法”第六十条的规定，消费者组织、行业协会或者其

① 我国“电子商务法”第六十条。

他依法成立的调解组织均可对电子商务争议予以调解。

根据“消费者权益保护法”第三十九条规定，消费者和经营者发生消费者权益争议的，可以请求消费者协会或者依法成立的其他调解组织调解。[①]消费者组织的调解是解决消费者纠纷的重要方式。在面向消费者的电子商务中，消费者组织的调解，特别是在线调解机制，将发挥越来越大的作用。

我国“电子商务法”第八条规定了电子商务行业组织具有开展行业自律、监督与引导本行业经营者公平参与市场竞争等作用，调解电子商务争议包括在其中。此外，其他具备条件的商会、行业协会等也可以设立商事调解组织、行业调解组织，在电子商务、知识产权、国际贸易等专门领域提供商事调解服务或者行业调解服务，发挥其专业化、职业化的优势。

根据2011年《中华人民共和国人民调解法》（“人民调解法”）建立的人民调解制度，正在解决电子商务争议中发挥越来越重要的作用。人民调解，是指人民调解委员会通过说服、疏导等方法，促使当事人在平等协商基础上自愿达成调解协议，解决民间纠纷的活动。

我国“电子商务法”规定的其他依法成立的调解组织范围很广，其中在线调解组织尤其突出。线上自动的调解程序打破了地域和时间的界限，网友可以通过线上报名申请成为调解员，调解争议，在当事人均同意的前提下，调解过程、全案信息可以在网上公开，避免了暗箱操作带来的风险。[②]

2014年3月，国内首家互联网领域的调解组织“新浪人民调解委员会”上线运行。新浪人民调解委员会是新浪公司依法设立的、调解新浪微博纠纷的群众性自治组织，接受北京市司法局及新浪公司属地司法机关的工作指导。通过调解工作宣传法律法规，倡导依法文明上网；通过说服、疏导、晓之以理的方法引导纠纷当事人依据法律和事实，以客观、理性的方式，促使当事人在平等协商基础上自愿达成调解协议，解决矛盾纷争，促进社会和谐稳定。新浪人民调解委员会作为独立的第三方参与网络矛盾纠纷的调处，受理接驳在新浪网平台、微博平台的任意第三方之间产生的纠纷。新浪人民调解委员会每周均受理案件20000件，涉及案件类型包括名誉权、著作权、商标权纠纷，实现了纠纷处理自动化、运行

① “消费者权益保护法”第三十六条的规定，消费者协会和其他消费者组织是依法成立的对商品和服务进行社会监督的保护消费者合法权益的社会组织；第三十七条规定，消费者协会履行的公益性职责包括：受理消费者的投诉，并对投诉事项进行调查、调解。

② 传统调解过程不公开，但双方当事人要求或者同意公开调解的除外。

机制自治化与处理结果公开化。

2. 调解的效力

（1）调解协议

调解达成的具有民事合同性质的协议，当事人可以向调解组织所在地基层人民法院或者人民法庭依法申请确认其效力。以金钱或者有价证券给付为内容的调解协议，有管辖权的基层人民法院应当根据债权人的申请，依据“民事诉讼法”及有关司法解释发出支付令。债务人未在法定期限内提出书面异议且逾期不履行支付令的，人民法院可以强制执行。

经行政机关、人民调解组织、商事调解组织、行业调解组织或者其他具有调解职能的组织对民事纠纷调解后达成的具有给付内容的协议，当事人可以按照《中华人民共和国公证法》的规定申请公证机关依法赋予强制执行效力。债务人不履行或者不适当履行具有强制执行效力的公证文书的，债权人可以依法向有管辖权的人民法院申请执行。

随着调解制度的发展完善，无争议事实记载机制与无异议调解方案认可机制在探索实践之中。调解程序终结时，当事人未达成调解协议的，调解员在征得各方当事人同意后，可以用书面形式记载调解过程中双方没有争议的事实，并由当事人签字确认。在诉讼程序中，除涉及国家利益、社会公共利益和他人合法权益的外，当事人无须对调解过程中已确认的无争议事实举证。经调解未能达成调解协议，但是对争议事实没有重大分歧的，调解员在征得各方当事人同意后，可以提出调解方案并书面送达双方当事人。当事人在七日内未提出书面异议的，调解方案即视为双方自愿达成的调解协议；提出书面异议的，视为调解不成立。当事人申请司法确认调解协议的，应当依照有关规定予以确认。

（2）人民调解

人民调解的效力得到法律的明确认可。根据“人民调解法”的规定，经人民调解委员会调解达成的调解协议，具有法律约束力，当事人应当按照约定履行；经人民调解委员会调解达成调解协议后，双方当事人认为有必要的，可以自调解协议生效之日起三十日内共同向人民法院申请司法确认，人民法院应当及时对调解协议进行审查，依法确认调解协议的效力；人民法院依法确认调解协议有效，一方当事人拒绝履行或者未全部履行的，对方当事人可以向人民法院申请强制执行。但是，经人民调解委员会调解达成调解协议后，当事人之间就调解协议的履行或者调解协议的内容发生争议的，一方当事人可以向人民法院提起诉讼；

人民法院依法确认调解协议无效的，当事人可以通过人民调解方式变更原调解协议或者达成新的调解协议，也可以向人民法院提起诉讼。有下列情形之一的，人民法院不予确认调解协议效力：违反法律、行政法规强制性规定的；侵害国家利益、社会公共利益的；侵害案外人合法权益的；涉及是否追究当事人刑事责任的；内容不明确，无法确认和执行的；调解组织、调解员强迫调解或者有其他严重违反职业道德准则的行为的；其他情形不应当确认的。当事人在违背真实意思的情况下签订调解协议，或者调解组织、调解员与案件有利害关系、调解显失公正的，人民法院对调解协议效力不予确认，但当事人明知存在上述情形，仍坚持申请确认的除外。

司法系统正加强与人民调解组织的对接，推进人民调解组织的制度化、规范化建设，进一步扩大人民调解组织协助人民法院解决纠纷的范围和规模，特别支持人民调解组织在纠纷易发、多发领域及创新发展行业发挥作用，建立健全覆盖城乡的调解组织网络，发挥人民调解组织及时就地解决民间纠纷、化解基层矛盾、维护基层稳定的基础性作用。2014 年建立的新浪人民调解委员会就是首个互联网上的人民调解组织。

（三）行政投诉

我国“电子商务法”规定电子商务争议可以向有关部门投诉[①]，由负有处理电子商务争议职责的行政机关依法处理，进行行政处罚。随着电子政务的发展，越来越多的行政机关可以在线接受有关投诉。行政投诉对于解决消费者纠纷尤其重要。根据“消费者权益保护法”的规定，消费者向有关行政部门投诉的，该部门应当自收到投诉之日起七个工作日内，予以处理并告知消费者；依法经有关行政部门认定为不合格的商品，消费者要求退货的，经营者应当负责退货；经营者严重损害消费者权益的，除承担相应的民事责任外，其他有关法律、法规对处罚机关和处罚方式有规定的，依照法律、法规的规定执行。[②]

通过向有关部门投诉，以行政调解、行政和解、行政裁决等方式解决争议，

---

① 我国“电子商务法”第六十条。

② “消费者权益保护法”规定，除法律、法规另有规定，消费者向工商行政管理部门或者其他有关行政部门投诉经营者的，有关部门应责令经营者改正，可以根据情节单处或者并处警告、没收违法所得、处以违法所得一倍以上十倍以下的罚款，没有违法所得的，处以五十万元以下的罚款；情节严重的，责令停业整顿、吊销营业执照。

是电子商务争议解决的重要方式。行政机关可以对行政赔偿、补偿以及行政机关行使法律法规规定的自由裁量权的案件开展行政调解工作；行政机关可以通过提供事实调查结果、专业鉴定或者法律意见，引导、促使当事人协商和解；行政机关依法裁决同行政管理活动密切相关的民事纠纷，均应得到支持与认可。

行政机关依当事人申请或者依职权进行调解、裁决或者依法作出其他处理，具有法律效力。行政机关依法对民事纠纷进行调处后达成的有民事权利义务内容的调解协议或者作出的其他不属于可诉具体行政行为的处理，经双方当事人签字或者盖章后，具有民事合同性质，法律另有规定的除外。

当事人不服行政机关对平等主体之间民事争议所作的调解、裁决或者其他处理，以对方当事人为被告就原争议向人民法院起诉的，由人民法院作为民事案件受理。法律或司法解释明确规定作为行政案件受理的，人民法院在对行政行为进行审查时，可对其中的民事争议一并审理，并在作出行政判决的同时，依法对当事人之间的民事争议一并作出民事判决。

（四）仲裁

仲裁是我国“电子商务法”第六十条规定的解决电子商务争议的方式之一，在经营者之间的跨境电子商务中发挥重要作用，但一般不适用于消费者纠纷。

根据《中华人民共和国仲裁法》（简称“仲裁法”）的规定，当事人采用仲裁方式解决纠纷，应以双方自愿达成的仲裁协议为基础与前提；仲裁协议包括合同中订立的仲裁条款和以其他书面方式在纠纷发生前或者纠纷发生后达成的请求仲裁的协议。[①]根据“合同法”与“电子商务法”的规定，当事人之间的仲裁协议可以采用数据电文方式达成，以电子商务合同的形式出现。电子商务经营者也可以在其自动信息系统中设置仲裁条款，使通过该系统订立的电子商务合同含有仲裁协议。

“仲裁法”规定，仲裁实行一裁终局的制度，仲裁裁决书自作出之日起发生法律效力；裁决作出后，当事人就同一纠纷再申请仲裁或者向人民法院起诉的，仲裁委员会或者人民法院不予受理；当事人应当履行裁决，一方当事人不履行的，另一方当事人可以依照“民事诉讼法”的有关规定向人民法院申请执行，受申请的人民法院应当执行。

---

① “仲裁法”规定，仲裁协议应当具有下列内容：请求仲裁的意思表示、仲裁事项与选定的仲裁委员会。

由于仲裁具有法律效力，因此仲裁机构必须依法设立。“仲裁法”规定，仲裁委员会可以在直辖市和省、自治区人民政府所在地的市或者其他有需要的设区市由市人民政府组织有关部门和商会统一组建，并经省、自治区、直辖市的司法行政部门登记；涉外仲裁委员会可以由中国国际商会组织设立。因此，除非得到特别授权与批准，电子商务经营者无权建立仲裁机构。

仲裁作为商事争议解决制度历史悠久，源远流长，在电子商务领域正在焕发新的生机。很多知名的国际仲裁机构已经建立了网上仲裁的程序与规则。例如，我国最大的仲裁机构“中国国际经济贸易仲裁委员会”于 2009 年公布、实施了“网上仲裁规则”，适用于解决电子商务争议或者其他当事人约定适用本规则的其他经济贸易争议。该“网上仲裁规则”在“仲裁法”的基础上，在电子证据、网上仲裁开庭、电子化仲裁裁决（但须仲裁员签名并加盖仲裁委员会印章）等多个方面进行了有益的探索与尝试。

人民法院也在加强与仲裁机构的对接，积极支持仲裁制度改革，加强与商事仲裁机构的沟通联系，尊重商事仲裁规律和仲裁规则。在仲裁协议效力、证据规则、仲裁程序、裁决依据、撤销裁决审查标准、不予执行裁决审查标准等方面，尊重和体现仲裁制度的特有规律，最大程度地发挥仲裁制度在纠纷解决方面的作用。对于仲裁过程中申请证据保全、财产保全的，人民法院应当依法及时办理，规范涉外和外国商事仲裁裁决司法审查程序。有了司法系统的支持，商事仲裁将在电子商务争议解决中占据更加重要的地位。

（五）诉讼

根据我国“电子商务法”第六十条的规定，诉讼是电子商务争议解决的重要方式与终极保障。我国司法系统在改革过程中，一直重视信息技术的应用，适用电子商务争议解决的需要。最高人民法院于 2016 年 10 月 1 日公布《关于人民法院在互联网公布裁判文书的规定》，于 2018 年 9 月 1 日实施《关于人民法院通过互联网公开审判流程信息的规定》，裁判文书与庭审过程均可通过专门的信息系统予以公示与传播，切实提高司法系统的透明度，接受社会公众的监督。

互联网法院是我国改革司法制度与发展电子商务争议解决的重要举措。2017 年 8 月 18 日，中国首家互联网法院“杭州互联网法院”正式成立，此后又在北京、广州建立了互联网法院。最高人民法院公布的《关于互联网法院审理案件若干问题的规定》于 2018 年 9 月 7 日起施行。根据该规定，互联网法院采取在线方式审理案件，案件的受理、送达、调解、证据交换、庭前准备、庭审、宣判等诉讼环节一般应当在线上完成。根据当事人申请或者案件审理需要，互联网法院可以决定在线下完成部分诉讼环节。[①]北京、广州、杭州互联网法院集中管辖所在市的辖区内应当由基层人民法院受理的下列第一审案件：通过电子商务平台签订或者履行网络购物合同而产生的纠纷；签订、履行行为均在互联网上完成的网络服务合同纠纷；签订、履行行为均在互联网上完成的金融借款合同纠纷、小额借款合同纠纷；在互联网上首次发表作品的著作权或者邻接权权属纠纷；在互联网上侵害在线发表或者传播作品的著作权或者邻接权而产生的纠纷；互联网域名权属、侵权及合同纠纷；在互联网上侵害他人人身权、财产权等民事权益而产生的纠纷；通过电子商务平台购买的产品，因存在产品缺陷，侵害他人人身、财产权益而产生的产品责任纠纷；检察机关提起的互联网公益诉讼案件；因行政机关作出互联网信息服务管理、互联网商品交易及有关服务管理等行政行为而产生的行政纠纷；上级人民法院指定管辖的其他互联网民事、行政案件。[②]当事人可以在上述规定的合同及其他财产权益纠纷范围内，依法协议约定与争议有实际联系地点的互联网法院管辖。电子商务经营者、网络服务提供商等采取格式条款形式与用户订立管辖协议的，应当符合法律及司法解释关于格式条款的规定。[③]

互联网法院应当建设互联网诉讼平台，作为法院办理案件和当事人及其他诉讼参与人实施诉讼行为的专用平台；通过诉讼平台作出的诉讼行为，具有法律效力。当事人及其他诉讼参与人使用诉讼平台实施诉讼行为的，应当通过证件证照比对、生物特征识别或者国家统一身份认证平台认证等在线方式完成身份认证，并取得登录诉讼平台的专用账号。互联网法院产生并存储在网络平台的电子证据，可以从网络平台一键式导入；非电子证据，可以通过扫描、拍照等方式转化为电子证据提交。对已上传至互联网法院平台的证据，当事人可以直接在线以文字方式发表质证意见，开庭时也可以补充质证意见。互联网法院在线接收原告提交的起诉材料，在线证据交换，采取在线视频方式开庭，进行电子送达，运用语音识别等技术同步生成电子笔录，利用诉讼平台随案同步生成电子卷宗、电子档案。[④]互联网法院从起诉到法院立案、送达、开庭全程在线，把现在的物理法庭

---

① 《最高人民法院关于互联网法院审理案件若干问题的规定》第一条。
② 《最高人民法院关于互联网法院审理案件若干问题的规定》第二条。
③ 《最高人民法院关于互联网法院审理案件若干问题的规定》第三条。
④ 详见《最高人民法院关于互联网法院审理案件若干问题的规定》的有关条文。

搬到了网络空间，这是司法系统最大的变革，完全适应电子商务争议解决的需要。

（六）其他争议解决方式

“电子商务法”除了第六十条规定的五种电子商务争议解决方式之外，还包括电子商务经营者建立的投诉、举报机制，以及电子商务平台经营者建立的争议在线解决机制等其他争议解决方式。

三、电子商务经营者的投诉、举报机制

根据我国“电子商务法”第五十九条的规定，电子商务经营者应当建立接受用户投诉、举报的机制。此为强制性法律规范，电子商务经营者有义务建立此机制。

电子商务经营者直接接受投诉、举报是一项新的法律制度。在以往法律、行政法规中，经营者与交易对方（消费者）发生争议，通常处于被投诉、举报的地位。例如，“消费者权益保护法”第三十七条、第三十九条规定，消费者可以向消费者协会或者有关行政部门投诉，并未规定消费者直接向经营者投诉。

我国“电子商务法”第五十九条的规定，一方面是促进电子商务经营者及时从用户（包括消费者）处了解发生争议的信息，及时通过协商化解电子商务争议；另一方面是充分考虑到电子商务平台经营者在解决平台内经营者与用户（包括消费者）之间争议的地位、能力，发挥平台经营者解决电子商务争议的作用，提高争议解决效率，降低争议解决成本。电子商务争议如能通过投诉、举报解决，则无须诉诸于诉讼、仲裁、调解、行政处理等传统的争议解决方式，符合网上争议、网上解决的便利化原则。

（一）接受投诉、举报的电子商务经营者

虽然所有的电子商务经营者均负有接受投诉、举报的义务，但因经营者类别不同，其接受投诉、举报的情形也有所不同。

1. 独立经营者

自建网站或者通过其他网络服务销售商品或者提供服务的经营者，建立投诉、举报机制，是方便其用户直接反馈有关问题，包括投诉销售商品或者提供服

务的质量问题、举报有关违法犯罪行为。

独立经营者受理用户的投诉、举报，并及时加以处理，是其完善用户服务，提升商品、服务质量，及时避免与预防有关纠纷，接受公众监督，提高经营水平的重要渠道。经营者受到投诉、举报应当闻过则喜，不得讳疾忌医、养痈遗患。

2. 平台经营者与平台内经营者

电子商务平台经营者与平台内经营者均应建立投诉、举报机制，两者机制之间既相互联系又相对独立。平台内经营者的投诉、举报机制的作用与独立经营者的类似。

电子商务平台经营者接受关于平台内经营者的投诉、举报，情况则更加复杂。平台经营者接受有关各方对平台内经营者的投诉与举报，是其平台治理的组成部分，是对平台内经营者进行监督与治理的方式之一。平台经营者应当根据我国“电子商务法”的规定，在与平台内外的有关各方达成共识的基础上，建立有关接受投诉、举报的规则，设定有关的自动信息系统与程序，公示受理及处理的时限及处理方式，根据规则处理所受理的投诉、举报。①

同时，平台经营者还应当接受平台内经营者、用户（包括消费者）、其他经营者、知识产权人或者其他平台之外社会公众对其平台服务、经营方式与治理行为不满的投诉与举报。在后一种情况下，平台经营者是被投诉与举报的对象。

（二）投诉、举报机制的法定要求

根据我国“电子商务法”第五十九条的规定，电子商务经营者的投诉、举报机制应当便捷、有效，投诉、举报的受理与处理应当及时，投诉、举报方式等信息应当公开。

“电子商务法”第五十九条未规定投诉、举报机制的具体实施方式，但是在电子商务实践中投诉、举报机制一般通过经营者设定的自动信息系统运行，根据经营者设置的程序自动接收、受理与处理有关的投诉与举报。

电子商务经营者可以通过系统公告、电子邮件等方式向用户及公众公示投诉、举报方式的信息，使得用户及公众能便捷地获知投诉、举报的方式与渠道；有关自动信息系统可以内嵌于用户后台，也可以是电子邮箱投诉的方式。但无论采用哪种具体方法，均应便捷、有效，不得虚与委蛇，设置虚假、无效的投诉、

① 我国“电子商务法”第三十二条至第三十六条。

举报机制，欺骗用户与公众。

电子商务经营者在收到投诉、举报后，不仅应当及时予以受理，而且应当在合理的时间内进行处理。经营者应当将投诉、举报的受理情况与处理结果及时告知投诉人或举报人，或者为其提供相应的查询系统。目前大多数成熟的电子商务经营者，特别是电子商务平台经营者均已建立消费者投诉、举报机制。通常情况下，消费者进入电子商务平台经营者为其提供的自动信息系统后，可以较为便捷地找到投诉页面，发起投诉、跟踪受理状况并查询处理结果。

由于投诉、举报可能涉及法律保护的秘密信息，因此，我国“电子商务法”第五十九条并未规定电子商务经营者必须向社会公示投诉、举报的处理结果。

（三）投诉与举报的不同处理

我国“电子商务法”第五十九条规定电子商务经营者应当接受的投诉与举报，在法律性质上并不相同。

1. 投诉的处理

用户（包括消费者）投诉电子商务经营者的，不论是对经营者销售的商品或者提供的服务质量不满，还是在付款、收货、信息保护等方面有其他纠纷，本质上都属于民事纠纷，经营者可以通过协商谈判等方式处理，以此可定分止争，避免与预防进入正式的争议解决程序。例如，根据我国“电子商务法”第五十八条的规定，消费者基于电子商务平台经营者建立的商品、服务质量担保机制，要求平台经营者承担先行赔付责任未果，投诉平台经营者的，平台经营者应当与消费者协商解决，并及时通知消费者处理结果。①

电子商务经营者认为无法通过内部程序处理投诉的，应及时告知投诉人可以根据我国“电子商务法”第六十条的规定，付诸于任一争议解决方式。

2. 举报的处理

用户、知识产权人或者其他公众提出举报的，则表明有涉嫌违法犯罪情况发生，包括电子商务经营者涉嫌违法犯罪，或者经营者电子商务系统中有其他人涉嫌违法犯罪。对此，电子商务经营者不仅应当在能力所及的范围内及时制止被举报的违法犯罪行为，而且应当及时报告相关执法机构，并告知举报人向执法机构

① 我国“电子商务法”第五十八条规定，国家鼓励电子商务平台经营者建立有利于电子商务发展和消费者权益保护的商品、服务质量担保机制……消费者要求电子商务平台经营者承担先行赔偿责任以及电子商务平台经营者赔偿后向平台内经营者的追偿，适用“消费者权益保护法”的有关规定。

举报。

任何人举报电子商务经营者销售或者提供法律、行政法规禁止交易的商品或者服务的[1]，电子商务经营者均应立即停止、改正有关行为，并告知举报人处理的结果。电子商务平台经营者收到有关举报的，不仅应当立即采取必要处置措施，而且应向有关主管部门报告。[2]

电子商务平台经营者如果收到任何关于其系统内发生黑客入侵、信息泄露等网络违法犯罪活动或者系统瘫痪等网络安全事件的举报，必须立即采取技术措施或者其他必要措施（暂停交易、固定证据等），并及时向有关部门报告，移送有关信息、线索，协助执法活动。[3] 平台经营者关于网络安全事件所采取的所有处理措施与结果，应及时公示。如涉及用户（消费者）个人信息泄露或者遭受其他损害的，平台经营者还应当逐一、分别通知有关的用户（消费者）。

四、电子商务平台在线争议解决机制

我国“电子商务法”第六十三条规定，电子商务平台经营者可以建立争议在线解决机制，制定并公示争议解决规则，根据自愿原则，公平、公正地解决当事人的争议。该条规定是一项重要的制度创新，虽然并非强制性规定，平台经营者并无建立该机制的法定义务，但是该项规定为电子商务争议解决开拓了新的空间，构成平台治理的重要组成部分。该项规定的文字表达虽然简略，但是包含了重要的制度萌芽，为未来的新型争议解决机制奠定了基础。

（一）平台在线争议解决机制的性质、原则与特征

从“电子商务法”第六十三条的规定看，平台争议在线解决机制具有非终局性、自愿性、中立性与在线性四个突出的特征。

1. 非终局性

我国“电子商务法”第六十三条没有限定平台争议解决机制的性质，为平

---

① 我国“电子商务法”第十三条规定，电子商务经营者销售的商品或者提供的服务应当符合保障人身、财产安全的要求和环境保护要求，不得销售或者提供法律、行政法规禁止交易的商品或者服务。

② 我国“电子商务法”第二十九条规定，电子商务平台经营者发现平台内的商品或者服务信息存在违反行政许可或者合法性规定的，应当依法采取必要的处置措施，并向有关主管部门报告。

③ 根据我国“电子商务法”第三十条的规定，电子商务平台经营者有义务保证网络安全、稳定运行，防范网络违法犯罪活动，有效应对网络安全事件，保障电子商务交易安全。

台经营者构建有关争议解决机制提供了广阔的发展空间。

平台争议解决机制可以为争议当事人提供谈判、协商和解的途径，如建立争议解决的自动信息系统，供金钱给付争议的当事人通过程序各自设定能够接受的价位，在程序自动运行中一旦双方预设价位相符，则自动达成和解协议。平台经营者也可以提供在线调解服务，促进当事人达成和解协议以解决争议。例如，互联网上的新浪人民调解委员会通过人民调解员的调解，让平台上的争议当事人认清是非，达成协议。

平台经营者如果以裁决的方式解决有关争议，则应当注意与有关法律规定保持一致。①在我国法律体系中，裁决结案的争议解决，除了诉讼，就是仲裁。根据我国“仲裁法”的规定，裁决是终局性，即裁决书自作出之日起发生法律效力。虽然在法律规定的情形下，当事人也可以申请有管辖权的法院撤销仲裁裁决，但是法院并不重新审理案件事实与裁判理由，仅审查仲裁是否存在有关的程序正当性问题或涉嫌违法犯罪问题。②法律尊重仲裁的终局性，不仅是维护仲裁程序的权威，而且是尊重当事人解决争议的意思自治。

平台在线争议解决机制尚在探索阶段，有关制度建设与程序设计仍不完善，难以适用“仲裁法”的有关规定。实践中的非终局性仲裁更能适应电子商务争议解决的需要。非终局性的仲裁，即准仲裁，在我国法律中广泛存在并发挥着重要作用。《中华人民共和国劳动争议调解仲裁法》（简称“劳动争议调解仲裁法”）、《中华人民共和国农村土地承包经营纠纷调解仲裁法》均明确规定了非终局性的仲裁。当事人不服仲裁裁决的，依照法律规定的程序与期限，可以向法院起诉。案件进入诉讼程序后，当事人之间的争议由法院重新审理。③

非终局性的仲裁与终局性仲裁可以并行不悖并相互补充，如“劳动争议调解

---

① 阿里巴巴的大众评审、新浪微博社区委员会实质上都是以裁决的方式结案，并非依赖于当事人之间的和解协议。

② 根据“仲裁法”第五十八条的规定，当事人提出证据证明裁决有下列情形之一的，可以向仲裁委员会所在地的中级人民法院申请撤销裁决：没有仲裁协议的；裁决的事项不属于仲裁协议的范围或者仲裁委员会无权仲裁的；仲裁庭的组成或者仲裁的程序违反法定程序的；裁决所根据的证据是伪造的；对方当事人隐瞒了足以影响公正裁决的证据的；仲裁员在仲裁该案时有索贿受贿，徇私舞弊，枉法裁决行为的。

③ “劳动争议调解仲裁法”第四十八条、第五十条规定，劳动者对仲裁裁决不服的，可以自收到仲裁裁决书之日起十五日内向人民法院提起诉讼。《中华人民共和国农村土地承包经营纠纷调解仲裁法》第四十八条规定，当事人不服仲裁裁决的，可以自收到裁决书之日起三十日内向人民法院起诉。逾期不起诉的，裁决书即发生法律效力。

仲裁法”既规定了终局性的仲裁，也规定了非终局性的仲裁，适用于不同的情形与不同的当事人[①]，充分表明仲裁程序的多样性与灵活性，能够满足解决不同争议的需要。随着平台经营者在线争议解决机制的成熟与发展，以及专门的仲裁委员会依法建立，有关电子商务争议解决也可以发展成为“仲裁法”规定的终局性仲裁。

仲裁程序超越地域管辖等优势顺应了互联网跨国界、全球性的特点，成为解决网络民商事争议的重要途径。自从 1998 年互联网域名系统引入“统一域名争议解决政策”以来，各国各类互联网域名的管理机构相继采用仲裁程序作为解决域名与商标等权益之间冲突的方式。其中，除个别域名争议解决程序属于终局性的仲裁之外[②]，大多数的域名争议解决程序则属于非终局性的仲裁，即当事人不满有关域名争议裁决的，可以向有管辖权的法院起诉，相关争议进入诉讼程序审理。[③]

电子商务平台经营者可以借鉴互联网域名争议解决的非终局仲裁的成功经验，建立有关的争议解决规则，完善争议解决的程序，满足平台争议解决的需要。

2. 自愿性

根据我国“电子商务法”的规定，自愿性是平台争议解决机制的原则。[④]自愿性原则有两个方面，即平台经营者自愿建立在线争议解决机制，当事人自愿采用该机制解决争议。

平台经营者拥有治理平台内环境、维护正常交易秩序的权力，争议解决机制构成平台治理措施的组成部分。但是，考虑到平台经营者在争议解决方面的经验与能力尚有不足，我国“电子商务法”没有强制性要求平台经营者建立有关的争议解决机制，有关的争议解决规则也不属于平台经营者应当制定、实施的规则。未来随着平台治理的深化与平台争议解决机制的普遍建立，平台经营者有可能必须建立与治理措施相配套的争议解决机制。

平台争议解决机制基于当事人的自愿选择而适用于相关的电子商务争议。当

---

① 根据“劳动争议调解仲裁法”的规定，劳动者对仲裁裁决不服的，可以在规定期限内向法院起诉；但是劳动争议仲裁裁决对用人单位具有终局性。

② 我国香港特别行政区“适用于. hk 及. 香港域名争议解决政策”建立了终局性的仲裁程序。

③ “统一域名争议解决政策”“中国互联网络信息中心域名争议解决办法”均属于非终局性的仲裁程序。

④ 我国“电子商务法”第六十三条。

事人完全可以不选择平台争议解决机制，而选择我国“电子商务法”第六十条规定的调解、投诉、起诉等争议解决方式。平台经营者无权强迫平台内经营者或者其他当事人接受平台争议解决规则的约束或者平台争议解决机制的管辖。

平台争议解决规则与平台交易规则既有相同之处，也有所差异。平台经营者自愿建立在线争议解决机制的，应当依照我国“电子商务法”的规定制定、修改、公示有关的争议解决规则。①但是，与交易规则不同，争议解决规则不应被强加于发生争议的当事人。

3. 中立性

我国“电子商务法”第六十三条并未明确规定平台争议解决机制的中立性，但是要求平台经营者“公平、公正地解决当事人的争议”。该规定是对平台争议解决机制运行的要求。

（1）管辖范围

电子商务平台争议解决机制所能解决的争议包括平台内经营者之间的争议、平台内经营者与消费者之间的争议以及平台内经营者与其他主体（如知识产权人）之间的争议。为了达到“公平、公正地解决”争议的法定要求，平台经营者不能作为争议的当事人，平台争议解决机制不应管辖涉及平台经营者的争议。任何人都不能担任自己的法官，这是程序正义最基本的要求。平台经营者在自行制定争议解决规则、自行运行争议解决机制的情况下，是不可能公平、公正地解决涉及自身的争议的。换言之，即便平台经营者能在争议解决程序中保持实质上公平、公正，也不可避免地违背了程序正义，其争议解决的结果难免被人怀疑与诟病，从而丧失公信力。因此，平台争议解决机制必须具有中立性，保证平台经营者在争议解决程序中仅作为中立的第三方，而非任何争议的当事人。涉及平台经营者的争议（如平台内经营者不满平台经营者依据交易规则进行处罚或者采取其他措施），可以通过我国“电子商务法”第六十条规定的调解、行政投诉等方式予以解决。

（2）争议解决机制的运行

我国“电子商务法”第六十三条规定，平台经营者可以建立争议解决机制、制定争议解决规则、解决当事人的争议。从字面意义理解，平台经营者不仅建立争议解决机制与制定争议解决规则，还要直接运行争议解决机制以解决当事人的

---

① 我国“电子商务法”第六十三条、第三十二条至第三十四条。

争议。如作此解，则平台争议解决机制可以不具有独立性，依附或者内置于平台。

争议解决机制的独立性与中立性是对其公平、公正的价值目标的基本保障。平台经营者所建立的争议解决机制如果附属于平台之内，不具有独立性，其中立性就更为重要。平台经营者应当在其争议解决规则中明确规定其争议解决机制的中立性，如与任何当事人之间存在利害关系（如收取平台内经营者费用）应当予以披露。当事人因平台经营者与争议存在现实或者潜在的利害关系，而选择其他争议解决方式的，平台经营者不得阻挠或者妨碍。

我国“电子商务法”第六十一条规定，消费者在电子商务平台购买商品或者接受服务，与平台内经营者发生争议时，平台经营者应当积极协助消费者维护合法权益。该条规定中所指的争议解决程序不包括第六十三条规定的平台争议解决机制。否则，平台经营者在其所建立的争议解决机制中“积极协助消费者”维权，明显违反平台争议解决机制中立性的原则。

相比之下，互联网域名争议解决制度虽然由域名注册管理机构建立，争议解决规则由其制定与公示，但是并非由它们直接运行。域名注册管理机构一般授权专业性的争议解决机构①，依据所制定与公示的争议解决规则，独立裁决投诉人与域名注册人之间的争议。域名争议解决制度在运行机构上的独立性是该程序公平与公正解决当事人争议的客观保障。

因此，我国“电子商务法”第六十三条的规定，如果加以引申，也可以解释为：平台经营者可以建立争议解决机制、制定争议解决规则，可以授权独立的第三方机构公平、公正地通过在线系统解决当事人的争议，并对争议解决机制的运行予以监督。此种解释更加符合平台争议解决机制的发展方向与程序正义的要求。

4. 在线性

我国“电子商务法”第六十三条明确规定平台经营者建立的是争议“在线解决机制”。在线性是平台争议解决机制最突出的特征。我国“电子商务法”第六十条规定各种争议解决方式既可以采取线下传统方式，也可以采取在线方式，但是第六十三条所规定的平台争议解决机制只能采取在线方式。如果平台争议解决机制采取线下传统方式，则丧失了制度创新的价值与意义。

---

① 例如，中国互联网络信息中心授权中国国际经济贸易仲裁委员会与香港国际仲裁中心为CN及中国域名争议解决机构。

我国电子商务平台经营者已经尝试建立与运行在线争议解决机制。阿里巴巴集团借助互联网平台建立了大众评审机制，自2012年上线以来，已经累计完成过1亿次纠纷判定，近500万淘宝会员主动加入大众评审队伍，参与到平台规则完善和纠纷解决中来。2012年新浪网公开征求意见后实施“微博社区公约”，新浪微博社区委员会同步上线，由网友组成的社区委员会来判定微博内的纠纷。新浪微博社区委员会建立了一套裁判机制：社区委员会参与违规行为的研判，通过委员会成员投票的方式决定具体行为是否违规，站方依照公约及管理规定，对委员会研判确认违规的行为执行处罚。①

（二）跨境电子商务争议解决机制

我国“电子商务法”第七十三条第二款规定，国家推动建立与不同国家、地区之间的跨境电子商务争议解决机制。该条表明，跨境电子商务的发展迫切地需要相应争议解决机制的配合与保障。考虑到跨境电子商务的特点，既能体现当事人自治又能避免法律适用与管辖权冲突的调解、仲裁等非讼争议解决方式，优势明显，潜力巨大，如能进一步发展为在线方式，则更如虎添翼。

不同国家、地区之间以国际条约、协定等方式建立跨境电子商务的争议解决机制，能够为有关的争议解决机制提供最为稳定、可靠的国际法律支持。我国与“一带一路”伙伴国家在双边协定中谈判建立跨境电子商务（在线）争议解决机制，可以参考国际上成功的经验，吸取失败的教训。

欧盟颁布了“消费纠纷替代性解决机制指令”及“消费纠纷网上解决机制条例”。自2016年2月起，在欧盟数字化单一市场框架内，所有面向消费者的电子商务经营者（包括平台经营者）都必须实施跨境消费者纠纷网上解决机制。在欧盟27个成员国区域内，消费者可以向在线争议解决平台提交有关跨境电子商务纠纷的投诉，通过平台上注册的争议解决服务提供者解决争议。欧盟内所有电子商务经营者都必须在其网站上以醒目方式设置通向在线争议解决平台的链接、向消费者提供其在线联系方式及指定的在线争议解决机构，并告知消费者在线争议解决平台的信息与使用方法。欧盟在线争议解决机制为电子商务经营者与

---

① 社区委员会成员从5000人逐步扩大到60000余人，社区委员会运行机制也从参与用户纠纷的初级判定升级到处理用户的上诉，为社区管理提供了有力的支撑。自新浪微博社区委员会上线之日起，共处理用户举报超过2500万次、骚扰用户的垃圾广告1700万次、淫秽色情危害信息280多万次、用户纠纷及不实信息300万次，超过20万人次被扣除信用积分。

消费者提供了跨国界、多语种、简单快捷、费用低廉的非诉讼在线争议解决途径，保障了交易安全与消费信心。

联合国国际贸易法委员会也曾经建立在线争议解决工作组，意图在联合国框架内建立关于在线争议解决机制的国际法律与规则。经历将近十年的磋商，包括我国在内的许多国家都曾提出建议与方案，但是由于各国法律制度差异过大、利益矛盾过多，最终该项目以失败而告终，未能形成任何国际条约、协定等国际法律文件，甚至未能达成不具有约束力的示范法，仅以所谓的“2016 年在线争议解决技术性注释”草草收尾。“2016 年在线争议解决技术性注释”希望有助于跨境小额电子商务合同纠纷的解决，协助联合国成员国发展有关的在线争议解决机制。该注释概括了在线争议解决程序的主要要素，但是其仅为描述性的而非有任何约束力的文件。

上述事例说明，跨境电子商务在线争议解决机制在国际法律体系的建立与发展任重道远，难以一蹴而就。我国“电子商务法”第六十三条规定的平台在线争议解决机制则提供了新的思路与可能。在相关的国际法律制度尚未建立之时，从事跨境电子商务的平台经营者可以先行先试，根据平台具体情况与实际需要，建立在线争议解决机制、制定并公示有关的争议解决规则，鼓励平台内不同国家或者地区的当事人通过平台的在线机制解决争议。这不失为一种简便易行的跨境电子商务在线争议解决方案。但该方案也有明显局限性，即仅在争议的各方当事人均自愿使用平台在线争议解决机制时，方可适用。

五、电子商务争议解决的证据制度

电子商务争议不论采用何种方式解决都离不开证据。根据“民事诉讼法”的规定，当事人的陈述、书证、物证、视听资料、电子数据、证人证言、鉴定意见、勘验笔录均属于法定证据类型。电子商务合同基本上是通过经营者设置的自动信息系统订立或者履行的，有关的原始合同与交易记录一般以电子数据形式存在，但也不排除视听资料（如以视频直播、社交媒体形式进行电子商务活动所形成的视听资料）等其他形式的可能。我国“电子商务法”及最高人民法院的有关规定发展了我国的证据制度以适应电子商务争议解决的特点与需要。

（一）电子商务经营者提供证据的义务

我国“电子商务法”第六十二条规定，在电子商务争议处理过程中，电子商务经营者应当提供原始合同和交易记录。电子商务经营者有掌握原始合同与交易记录的条件、机会，平台经营者还负有保存记录、保存平台上发布的商品和服务信息、交易信息的法定义务。[①]因此，电子商务经营者不论是否是争议的当事人，都应在争议解决程序中提供所掌握的相关原始合同和交易记录。根据我国“电子商务法”的规定，电子商务经营者不仅在诉讼、仲裁、行政处理程序中，而且在和解、调解、平台在线争议解决机制等其他争议解决程序中，均应提供原始合同和交易记录等证据，以便查清有关事实，解决争议。

（二）原始合同和交易记录

我国“电子商务法”对于电子商务经营者所应提供的证据的真实性提出了明确的要求，即应当提供电子商务原始合同与交易记录。电子数据证据理论上是没有所谓“原件”，但是法律可以对其原始性的标准加以定义。“电子签名法”第五条规定，能够有效地表现所载内容并可供随时调取查用，而且能够可靠地保证自最终形成时起，内容保持完整、未被更改的数据电文，视为满足法律、法规规定的原件形式要求。我国“电子商务法”要求平台经营者记录、保存平台上发布的商品和服务信息、交易信息，应确保信息的完整性、保密性、可用性。[②]这些法定要求应被视为判断电子商务合同与交易记录证据真实性的标准。

根据最高人民法院的规定，互联网法院在案件审理中，当事人对电子数据真实性提出异议的，应当结合质证情况，审查判断电子数据生成、收集、存储、传输过程的真实性，并着重审查以下内容：电子数据生成、收集、存储、传输所依赖的计算机系统等硬件、软件环境是否安全、可靠；电子数据的生成主体和时间是否明确，表现内容是否清晰、客观、准确；电子数据的存储、保管介质是否明确，保管方式和手段是否妥当；电子数据提取和固定的主体、工具和方式是否可靠，提取过程是否可以重现；电子数据的内容是否存在增加、删除、修改及不完

---

① 我国“电子商务法”第三十一条规定，电子商务平台经营者应当记录、保存平台上发布的商品和服务信息、交易信息，并确保信息的完整性、保密性、可用性。商品和服务信息、交易信息保存时间自交易完成之日起不少于三年；法律、行政法规另有规定的，依照其规定。

② 我国“电子商务法”第三十一条。

整等情形；电子数据是否可以通过特定形式得到验证。[①]最高人民法院的这些规定可以作为认定电子商务争议中原始合同和交易记录证据真实性的参考。

电子商务经营者所提供的电子商务合同和交易记录，通过电子签名、可信时间戳、哈希值校验、区块链等证据收集、固定和防篡改的技术手段或者通过人民法院电子取证存证平台认证，能够证明其真实性的，可以被视为原始证据。当事人可以申请具有专门知识的人就电子数据技术问题提出意见；审理法院可以根据当事人申请或者依职权，委托鉴定电子数据的真实性或者调取其他相关证据进行核对。[②]

（三）电子商务经营者违反提供证据义务的法律后果

电子商务经营者违反提供证据的义务，因其在争议解决程序中的身份与地位不同，法律后果有所差异。

1. 当事人的举证责任

电子商务经营者是有关争议的当事人的，拒不提供所掌握的证据，应当根据“民事诉讼法”的规定，使之承担举证不能的不利后果以及制裁措施。

（1）举证责任

根据最高人民法院的司法解释，当事人对自己提出的诉讼请求所依据的事实或者反驳对方诉讼请求所依据的事实有责任提供证据加以证明；没有证据或者证据不足以证明当事人的事实主张的，由负有举证责任的当事人承担不利后果；有证据证明一方当事人持有证据无正当理由拒不提供，如果对方当事人主张该证据的内容不利于证据持有人，可以推定该主张成立。[③]例如，电子商务经营者拒不提供原始合同与交易记录的，争议对方当事人主张的赔偿金额或者给付义务，则应在诉讼、仲裁或者行政处理程序中被认可。

（2）法律后果

我国“电子商务法”第六十二条所列举的电子商务经营者违反提供证据义务的行为包括故意的行为与过失的行为，前者包括隐匿、拒不提供、伪造、篡改、销毁证据的行为，后者包括丢失证据的行为。

电子商务经营者故意伪造、毁灭原始合同与交易记录等重要证据的，属于

---

① 《最高人民法院关于互联网法院审理案件若干问题的规定》第十一条。

② 《最高人民法院关于互联网法院审理案件若干问题的规定》第十一条。

③ 《最高人民法院关于民事诉讼证据的若干规定》第二条、第七十五条。

“民事诉讼法”规定的妨害民事诉讼的行为，人民法院可以根据情节轻重予以罚款、拘留；构成犯罪的，依法追究刑事责任。

电子商务经营者违反法律、行政法规的规定，丢失有关重要证据的，属于疏于保管电子商务信息系统与数据的过失行为，虽不在“民事诉讼法”处罚的范围之内，但是也应相应地在诉讼、仲裁、行政处理程序中受到警告与训诫。

2. 协助调查

（1）协助调查的方式

电子商务经营者虽非争议当事人，但负有协助调查义务的，也应根据我国“电子商务法”第六十二条的规定提供有关证据。“民事诉讼法”规定，人民法院有权向有关单位和个人调查取证，有关单位和个人不得拒绝；有义务协助调查、执行的单位拒绝或者妨碍人民法院调查取证的，人民法院除责令其履行协助义务外，可以予以罚款。在行政处理程序中，有关行政机关可以要求电子商务经营者协助调查，提供有关原始合同与交易记录。在其他争议解决程序中，当事人请求持有相关重要证据的电子商务经营者协助调查、提供原始合同或交易记录的，应当请求法院或者主管机关发出调取证据的命令，以使电子商务经营者遵照执行，以免妨碍数据信息安全或者导致秘密信息泄露。但是，我国“电子商务法”第六十一条规定，消费者在电子商务平台购买商品或者接受服务，与平台内经营者发生争议时，平台经营者应当积极协助消费者维护合法权益。因此，在任何争议解决程序中，平台经营者均应协助消费者维权，向消费者提供必要的维权证据。

（2）法律后果

我国“电子商务法”规定，因电子商务经营者丢失、伪造、篡改、销毁、隐匿或者拒绝提供上述资料，致使人民法院、仲裁机构或者有关机关无法查明事实的，电子商务经营者应当承担相应的法律责任。

就电子商务平台经营者而言，协助调查、为解决争议提供有关证据的义务，应与其数据保存的义务保持一致。根据我国“电子商务法”第三十一条的规定，平台经营者应自交易完成之日起不少于三年内记录、保存平台上发布的商品和服务信息，法律、行政法规另有规定的除外。如在三年法定保存期限内，平台经营者无法提供或者拒绝提供有关原始合同与交易记录，则属于违反我国信息保存义务的行为，应受相应行政处罚。[①]但是，如有关的电子商务争议涉及的原始合同与交易记录超出了三年的保存期限，平台经营者不应承担丢失、隐匿或者拒绝提供上述证据的法律责任。

电子商务经营者丢失、隐匿、拒不提供、伪造、篡改、销毁原始合同和交易记录等重要证据，致使人民法院、仲裁机构或者有关机关无法查明事实的，是否应当为争议当事人所受损害承担相应的法律责任，尚有争议。如果参照有关的司法解释，电子商务平台经营者有可能为遭受损害的争议当事人，承担过错责任。例如，《最高人民法院关于审理涉及计算机网络著作权纠纷案件适用法律若干问题的解释》规定，提供内容服务的网络服务提供者，对著作权人要求其提供侵权行为人在其网络的注册资料以追究行为人的侵权责任，无正当理由拒绝提供的，人民法院应当根据“民法通则”第一百零六条的规定，追究其相应的侵权责任。

（四）互联网法院的电子证据制度

根据最高人民法院的规定，互联网法院建立了电子证据提交、交换、质证、认证的在线机制。互联网法院通过互联网诉讼平台办理案件，当事人及其他诉讼参与人通过平台实施诉讼行为，具有法律效力。互联网法院审理案件所需涉案数据，电子商务平台经营者、网络服务提供商、相关国家机关应当提供，并有序接入诉讼平台，由互联网法院在线核实、实时固定、安全管理。互联网法院组织在线证据交换的，当事人应当将在线电子数据上传、导入诉讼平台，或者将线下证据通过扫描、翻拍、转录等方式进行电子化处理后上传至诉讼平台进行举证，也可以运用已经导入诉讼平台的电子数据证明自己的主张。当事人及其他诉讼参与人通过技术手段将身份证明、营业执照副本、授权委托书、法定代表人身份证明等诉讼材料，以及书证、鉴定意见、勘验笔录等证据材料进行电子化处理后提交的，经互联网法院审核通过后，视为符合原件形式要求。对方当事人对上述材料真实性提出异议且有合理理由的，互联网法院应当要求当事人提供原件。诉讼平台对涉案数据的存储和使用，应当符合“网络安全法”等法律法规的规定。[②]

---

① 我国“电子商务法”第八十条规定，电子商务平台经营者不履行本法第三十一条规定的商品和服务信息、交易信息保存义务的，由有关主管部门责令限期改正；逾期不改正的，处二万元以上十万元以下的罚款；情节严重的，责令停业整顿，并处十万元以上五十万元以下的罚款。

② 详见《最高人民法院关于互联网法院审理案件若干问题的规定》的有关条文。

第二节　互联网域名争议解决

互联网域名争议解决制度是迄今为止最为成功的在线争议解决机制，从投诉、受理、答辩、审理、裁决与执行等全部在网上完成。在线争议解决机制在互联网域名系统的成功，可以作为电子商务争议解决机制的参考。

互联网名称与数字地址分配机构（ICANN）是管理全球互联网域名系统的非盈利性机构。2011 年 6 月 20 日，ICANN 理事会通过了新增通用顶级域名的决议。截至 2012 年 4 月申请期结束，ICANN 收到了 1500 多个关于新增通用顶级域名的申请。截至 2018 年 7 月，ICANN 共计批准了 1300 多个新增通用顶级域名，并与相应的注册管理机构签署了授权协议。一千多个新增通用顶级域名经 ICANN 的批准授权，得以在域名系统中解析与运行，结束了 . com，. net，. org 等 21 个通用顶级域名“几枝独秀”的状况，出现了百花齐放的局面。“. music”“. movie”“. radio”等文化娱乐类域名、“. bank”“. money”等金融类域名、向所有人开放的通用顶级域名“. site”“. shop”、含有地理名称“. paris”“. berlin”的域名以及基于自身品牌的“. 中信”“. ntt”域名等相继投入运营。占据相当比例的中文、阿拉伯文、俄文等非拉丁字符出现的国际化通用顶级域名（如“. 微博”“招聘”）也得以在顶级域名中应用。

为了维护互联网域名系统的安全稳定，保护利益有关各方的合法权益，ICANN 在新增通用顶级域名项目中设置了复杂、多样的争议解决机制。它们有的在通用顶级域名的申请和评审程序中出现，有的在新增通用顶级域名被批准授权后由注册管理机构实施；有的仅适用于二级域名（统一快速中止域名程序），有的则既适用于顶级也适用于二级域名（授权后域名争议解决程序）；有的属于预防域名争议发生的措施[①]，有的则属于解决域名注册后与商标等其他权益发生争议的程序。

异议程序是在新增通用顶级域名的申请过程中实施的争议解决机制。新增通

① 例如，百度将其商标“Baidu”登记在商标信息交换中心预警申请注册域名“baidu. car”的申请人，详见世界知识产权组织域名裁决第 2016－1417 号。

用顶级域名的申请被公布在ICANN网站上之后，利害关系人在5个月内可以分别基于字符串混淆、侵犯法定权利、损害限定的公共利益、违背社区要求四项理由，对申请提出异议。异议应当提交指定的争议解决机构，按照相应的争议解决程序处理。随着ICANN新增通用顶级域名申请程序的结束，异议程序已经结束。但是它所带来的启示及对互联网争议解决机制的贡献不应被忽视和遗忘。[①]

一、法定权利异议的程序与规则

法定权利异议是新增通用顶级域名申请的异议程序中的一类。与ICANN实施的“统一域名争议解决政策”一样，异议程序属于非终局性的仲裁程序。异议程序的特点在于快速、高效，但是异议程序及裁决并不妨碍当事人通过司法诉讼或者其他途径寻求法律救济。

（一）管辖范围

ICANN新增通用顶级域名“申请指南”中规定了该类异议的程序与规则。[②]法定权利异议指以通用顶级域名的字符串申请侵犯异议人现有的法定权利为理由提出的异议。该项异议中的法定权利主要指知识产权及政府间国际组织的名称权。知识产权人应当证明其现有的法定权利（包括注册商标或者未注册商标）的来源，提交权利证明文件以及权利受到申请为通用顶级域名的字符串侵犯的证据。例如，“HTC”商标权人发现有人申请通用顶级域名的字符为“. htc”的，可基于商标权提出异议。政府间国际组织，包括联合国专门机构和在联合国大会获得观察员资格的组织[③]，可以为保护本组织的名称就某个通用顶级域名字符串的申请提出异议。例如，世界卫生组织发现有人申请通用顶级域名“. who”的，可以根据本组织名称的正式英文缩写提出异议。

（二）程序规则

ICANN指定世界知识产权组织仲裁和调解中心为法定权利类异议的争议解决

① ICANN正在启动新一轮新增通用顶级域名的申请与审议项目，有关异议的争议解决程序将成为新的焦点。

② 该程序的依据、标准、规则、所有案件裁决详见世界知识产权组织网站。

③ 域名系统中所指的政府间国际组织是指具有在顶级域名“. int”之下注册资格的国际组织，基于国际条约建立，并具有独立的国际法人资格。

服务机构。异议人和被异议的通用顶级域名申请人提交的异议书和答辩书必须采用英文，并符合相应的格式要求。争议解决服务机构受理的案件，经过十四日的程序审查，交由其指定的专家组审理。异议人和被异议人可以自愿选择进入调解程序，调解不成的，再由另外的专家组审理争议。专家组应当自指定之日起四十五日内就争议作出专家决定。专家决定是 ICANN 在争议解决程序中接受的专家意见和建议。如果专家组的决定有利于被异议人一方，通用顶级域名的申请将进入下一步评审程序；如果专家组的决定有利于异议人一方，则通常意味着被异议的申请将就此搁置、得不到进一步处理。

（三）认定标准

审理法定权利类异议的专家组应当确定被异议人申请的通用顶级域名字符串付诸使用是否将不正当地利用异议人的商标、国际组织的名称的显著特性或声誉，不合理地损害异议人的商标或者国际组织的名称的显著特征或声誉，或者未经允许在申请的通用顶级域名的字符串与异议人的商标、国际组织名称之间制造混淆。

1. 商标权

如果异议人是商标权人，专家组可以考虑以下主客观因素。客观因素包括：被异议的通用顶级域名申请的字符串是否在外观、读音和含义方面与异议人的注册商标或者未注册商标相同或者近似；相关公众是否以及在何种程度上可能将所申请的通用顶级域名字符串视为异议人、申请人或者其他第三人的商标。

主观因素包括：异议人是否善意取得和使用商标权；被异议人申请通用顶级域名的目的，包括申请人在提出申请之时是否知道异议人的商标，或者是否不可能不知道该商标，以及申请人是否多次申请、运营与他人商标具有混淆性、近似的顶级域名或者二级域名；被异议人是否以及在何种程度上在商业活动中善意地或者以不会干扰异议人的商标权合法行使的方式，已经使用或者证明已经准备使用与所申请的通用顶级域名字符串对应的标志；申请人是否意图导致所申请的通用顶级域名的使用将在来源、认可、关联、授权方面与异议人的商标造成混淆。

主客观结合的因素包括：被异议人是否就与所申请的通用顶级域名字符串对应的标志享有商标权或者其他知识产权；如有权，是否该权利的取得或者标志的使用系善意，是否申请通用顶级域名的目的或者可能的使用与上述权利的取得和标志的使用相一致；是否以及在何种程度上广为人知；如是，是否申请通用顶级域名的目的或者可能的使用与此相符并出于善意。

就商标权异议而言，判断标准侧重考虑被异议人的主观心理状态，主观性较强。被异议人举证责任比商标权人更为沉重，更难在争议解决程序中胜出。程序设计整体上对商标权人有利。

2. 国际组织名称

如果异议由国际组织提出，专家组可以考虑：所申请的通用顶级域名的字符串与国际组织的名称或者正式简称是否在音、形、义方面相同或者近似；被异议人的近似名称或者简称是否与国际组织的历史性共存；被异议人是否已经善意使用与所申请的通用顶级域名的字符串对应的标志，是否该标志广为人知；是否可能意图使用所申请的通用顶级域名与国际组织发生混淆等。专家组在考虑上述因素的同时，还应参照有关的国际条约法规范。

二、关于〈. weibo〉等通用顶级域名申请的异议案件

截至法定权利异议争议案件全部审理结束，世界知识产权组织总计受理、审结了70多件案件，仅在3个案件中专家组裁决支持了异议人的主张，但都附有专家组少数专家的不同意见。其中，关于〈. weibo〉等案最有代表性，并引发了广泛的关注。①

在该案中，异议人是新浪，被异议人是腾讯。2013年3月13日，新浪针对腾讯向ICANN提出的〈. weibo〉等通用顶级域名的申请，依据ICANN新通用顶级域名“申请指南”和“争议解决程序”向世界知识产权组织仲裁和调解中心提出了法定权利异议。世界知识产权组织仲裁和调解中心根据相关政策，对新浪提出的法定权利异议进行形式审查之后，于2013年6月15日正式任命了裁决此案的专家组。②

异议人新浪称，其于2009年8月14日引进微型博客服务，并一直进行市场运作。截至2012年年底，有5.03亿注册用户，该微型博客服务由使用域名〈weibo. com〉的网站提供。被异议人腾讯如获准注册〈. weibo〉等通用顶级域名，会损害异议人新浪的注册商标权，混淆异议人与被异议人在互联网上商品或

---

① 〈. weibo〉与〈. 微博〉两个异议案件所涉及的顶级域名虽然不同，但是案件事实、裁决结果基本相同。两个案件的裁决书公布在世界知识产权组织的网站上。

② 专家组由三位成员组成，本书作者任首席专家、Susanna Leong女士与Matthew Harris先生任专家。

服务的来源。因此，异议人请求驳回腾讯〈. weibo〉等通用顶级域名的申请。

被异议人腾讯辩称，其于2010年4月，开始运营“Tecent微博”。自2011年11月以来，在中国台湾地区、澳大利亚、日本等地相继注册了“TECENT微博”商标。“微博”一词缺乏显著性，是通用名称。异议人在中国获得“微博”注册商标本身就有恶意的嫌疑，因此，请求驳回异议。

专家组经审理查明，2010年12月28日，新浪公司获得了由中国商标局核准的“微博”注册商标（注册号7649615）。腾讯在商标公告期内以“微博”是通用名称之由，提出了商标异议，但是中国商标局以证据不充分为由予以驳回。① 根据中国“商标法”的规定，新浪享有“微博”注册商标的专有使用权，其有效期截至2020年12月27日。“微博”商标是新浪提出法定权利异议的法律基础。腾讯一直在其服务上使用“TENCENT微博”或“TENCENT WEIBO”商标，而非“微博”或“WEIBO”本身。而且，腾讯是将“Tencent”与“微博”或“WEIBO”结合在一起，申请并获得中国台湾地区、澳大利亚、日本等地的注册商标。

腾讯主张，“微博”最终不论是否将会被认定为是通用或描述性术语，腾讯对“微博”只做描述性或合法使用。然而，专家组发现，腾讯申请的〈. weibo〉新通用顶级域名空间将仅用于腾讯的微型博客网站和服务。腾讯在其〈. weibo〉新通用顶级域名申请中称，“腾讯意图使用〈. weibo〉通用顶级域名，进而实现腾讯WEIBO微型博客网站用户之间更加便捷和创新的交流方式。”腾讯“意图利用新通用顶级域名使人们通过微型博客平台的交流更容易”；“〈. weibo〉新通用顶级域名将会提升和加强腾讯微博服务”；“〈. weibo〉通用顶级域名将会通过提供一个显著的域名空间，从而简化网络用户与腾讯微博服务之间的交流”；“腾讯有能力按照其客户群、服务和产品的要求来创建二级域名。这些域名将被授权给腾讯微博服务的验证用户”。而且，腾讯还在申请中称，〈. weibo〉是一个受到约束的通用顶级域名，并且“注册〈. weibo〉通用顶级域名将符合其严格的注册政策。”一项符合条件的注册必须是“（i）有一个腾讯公司的隶属实体；或者（ii）有一个腾讯公司明确授权的组织；或者（iii）有一个腾讯公司明确授权的自然人。如果注册不符合上述资格标准，则无权利在〈. weibo〉通用顶级域名

① 腾讯不服商标局的异议决定，提出商标复审。专家组作出裁决之前，商标复审委员会已经裁决支持新浪“微博”的商标注册。

之下注册任何域名。如果注册在将来不再符合条件，域名管理机构会立即取消或暂停域名使用的许可。”

专家组注意到，一旦新通用顶级域名的申请被 ICANN 核准、授权，则申请人在申请文件中所作出的承诺将会载入申请人与 ICANN 之间的新通用顶级域名基础性协议，对申请人具有约束力。既然如此，专家组有理由根据腾讯在其申请文件中所作出的陈述判断其将对所申请的通用顶级域名的管理与使用。

专家组注意到，腾讯坚称〈. weibo〉将会被用作一种腾讯所提供服务的显著性域名空间，而非对所有用户和任何微型博客服务通用和开放的域名空间。因此，腾讯尽管主张“微博”具有描述性的性质，但显然计划在自己提供的服务上以一种非描述性意义使用该词语。尽管一项新通用顶级域名的申请人可以自由选择自己的商业模式，但腾讯计划在顶级域名中使用“微博”是为了提升其“腾讯”标志和所提供的微型博客服务。在此情况下，腾讯使用“微博”作为通用顶级域名将会损害新浪的“微博”商标的显著性。

而且，新浪的商标“微博”核定使用的服务包括计算机文件的数据检索、计算机数据库登记、计算机信息分类以及计算机数据库信息系统化等。腾讯申请的新增通用顶级域名〈. weibo〉的未来使用无疑包含了上述服务。新浪即便不能行使其商标权利禁止在通用顶级域名中对“微博”加以描述性使用和其他合法使用，腾讯申请的通用顶级域名〈. weibo〉的使用范围也与新浪的注册商标“微博”的专用权直接冲突。

总而言之，专家组依据多数意见裁决，异议人的法定权利异议应该予以支持。专家组少数专家的不同意见附加于裁决之后。本案裁决已经公布于世界知识产权组织的网站上。专家组裁决执行之后，被异议人又通过 ICANN 内部的复议程序提出了申诉，但是最终被 ICANN 理事会决定驳回。专家组的裁决经受住了时间的检验，得到了国际互联网业界的一致认可。

第六章

电子商务其他相关法律制度

电子商务活动因其自身的复杂性涉及许多类别不同的法律制度。除前述电子商务合同、跨境电子商务便利化、电子商务平台知识产权保护、电子商务争议解决等核心法律制度外，还有电子商务中的数据保护、电子商务身份管理与可信服务、电子商务平台经营者责任、电子商务市场竞争、信用评价、消费者保护、电子支付、监管与税收、互联网治理等其他诸多方面。

第一节　电子商务个人信息保护

个人信息保护是电子商务法律制度中不可或缺的组成部分。我国正在对个人信息保护进行专门的立法，为了避免法律规范的重复或者冲突，我国“电子商务法”没有设置专门的章节对数据保护作出规定。但是，我国“电子商务法”补充规定了电子商务经营者保护用户信息的义务与责任。鉴于我国个人信息法律保护仍然处于初级阶段，国外、国际有关法律可供借鉴。

一、我国“电子商务法”中个人信息保护

我国“电子商务法”明确要求电子商务经营者收集、使用其用户的个人信息，应当遵守法律、行政法规有关个人信息保护的规定。现行的“网络安全法”关于网络运营者保护个人信息的法律义务，适用于电子商务经营者。[①]不仅电子商务经营者，而且电子商务活动中所有主体都应当遵守“网络安全法”等法律或者行政法规关于个人信息保护的规定。[②]

（一）电子商务经营者的法律义务

依据我国“电子商务法”的规定，电子商务用户拥有查询、更正、删除、注销信息的权利，经营者应当明示用户信息查询、更正、删除以及用户注销的方

---

① “网络安全法”第四章网络信息安全中大多数条文都涉及个人信息保护。

② 例如，互联网法院的诉讼平台对涉案数据的存储和使用，应当符合“网络安全法”等法律法规的规定。

式、程序，不得对用户信息查询、更正、删除以及用户注销设置不合理条件。[①]从该条规定看，其中的用户信息主要应指用户（消费者）的个人信息，但也不排除经营者的商业信息（包括秘密信息）。我国“电子商务法”赋予电子商务用户以查询、更正、删除、注销四种方式控制自身信息的权利，是我国个人信息保护的重要进步。但是，用户信息权利的客体与范围尚待进一步明确。用户的基本信息（包括身份、财产等敏感信息）应在上述权利的范畴，但是用户的交易信息是否在此权利的范围内、用户能否要求经营者予以删除或注销、如何与平台经营者对交易信息的法定留存义务相协调[②]，这些问题尚待明确。

用户关于信息享有的删除权与注销权常被与国外法律中的被遗忘权相提并论。但是，两者实质上并不相同。“欧盟一般性数据保护条例”所规定的数据主体的数据删除权（被遗忘权）是一项法定权利，并不依赖任何合同关系而独立存在。在我国“电子商务法”中，用户信息删除权与注销权是在用户与经营者的合同约定范围之内的。经营者应当明示的用户信息查询、更正、删除以及用户注销的方式、程序，构成经营者与用户之间合同的格式条款。虽然法律对经营者明示的格式条款有所限制，即经营者不得对用户信息查询、更正、删除以及用户注销设置不合理条件，但是并未改变用户删除信息或者注销账户的权利系基于与经营者的约定所产生的合同权利的性质。经营者收到用户信息查询或者更正、删除的申请，应当在核实身份后及时提供查询或者更正、删除用户信息。用户要求注销账户，除法律、行政法规另有规定或者双方另有约定外，经营者应当立即删除该用户的信息。[③]经营者依据用户的申请所实施的查询或者更正、删除用户信息或注销用户账户的行为，属于履行合同义务的行为。

电子商务经营者（特别是平台经营者）掌握大量用户信息，应当在有关主管部门依照法律、行政法规的规定要求其提供有关电子商务数据信息的情况下予以提供。有关主管部门应当采取必要措施保护电子商务经营者提供的数据信息的安全，并对其中的个人信息、隐私和商业秘密严格保密，不得泄露、出售或者非

① 我国“电子商务法”第二十四条第一款。

② 我国“电子商务法”第三十一条规定了电子商务平台经营者记录、保存平台上发布的商品和服务信息、交易信息，并确保信息的完整性、保密性、可用性的法律义务。商品和服务信息、交易信息保存时间自交易完成之日起不少于三年；法律、行政法规另有规定的，依照其规定。

③ 我国“电子商务法”第二十四条第二款。

法向他人提供。[①]

（二）电子商务经营者的法律责任

我国“电子商务法”第三十八条规定了平台经营者违反安全保障义务的法律责任，引起广泛关注。[②] 对于电子商务消费者的个人信息保护而言，平台经营者的该责任具有重大的法律意义。

在下述案件中，平台经营者由于在信息安全管理方面存在漏洞，未尽到对个人信息负有的信息保管及防止泄露义务，而向消费者承担赔偿经济损失的责任。在该案中，S女士通过移动互联网向携程公司订购两张机票。首乘飞机起飞前S女士收到某手机号码向其订购机票所留的手机号发送的短信，告知该女士所购买的航班因起落架故障已被取消，请与客服电话联系改签或退票。S女士按照短信提示拨打了“客服电话”，“客服”准确地说出了乘机人信息，并再次告知该女士因航班取消需退款1250元，“客服”提出通过支付宝或微信途径退款。S女士将其支付宝账户提供后，“客服”以无法操作为由向该女士提出以更为快捷的支付宝亲密付方式支付。S女士遂开通支付宝亲密付功能，后看到工商银行短信通知，其绑定在支付宝的中国工商银行账户以支付宝亲密付方式分四次向支付宝会员“开通航空服务”付款共计19008.99元。[③] S女士欲与工商银行核实时，“客服电话”回拨给S女士并表示该女士的上述款项被误划走，现需要将划走的款项返还；因亲密付有限额，需要用S女士的网银转账。后S女士到楼下的工商银行柜台开通了工商银行手机银行、网上银行。按照“客服”的要求又分两次共计转账99976元。因仍未收到退款，S女士意识到被骗，向派出所报案，目前该刑事案件尚未侦破。

S女士诉至法院，要求携程公司、支付宝公司公开赔礼道歉，连带赔偿经济

---

① 我国“电子商务法”第二十五条。根据《最高人民法院关于互联网法院审理案件若干问题的规定》，互联网法院审理案件所需涉案数据，电子商务平台经营者、网络服务提供商、相关国家机关应当提供，并有序接入诉讼平台，由互联网法院在线核实、实时固定、安全管理。

② 我国“电子商务法”第三十八条规定，电子商务平台经营者知道或者应当知道平台内经营者销售的商品或者提供的服务不符合保障人身、财产安全的要求，或者有其他侵害消费者合法权益行为，未采取必要措施的，依法与该平台内经营者承担连带责任。对关系消费者生命健康的商品或者服务，电子商务平台经营者对平台内经营者的资质资格未尽到审核义务，或者对消费者未尽到安全保障义务，造成消费者损害的，依法承担相应的责任。

③ 支付宝亲密付类似于银行附属卡功能，可以为家人开通“亲密付”并自行设置每月额度上限。家人网购消费时，可以选择从开通者账户自动扣款。

损失。S女士主张，携程公司作为专业的机票代理机构，未尽到安全保障义务，导致其身份信息及订票信息泄露，使得诈骗分子能够依此获取其信任，导致损失发生；携程公司在安全措施上存在重大疏漏，违反安全保障义务，应承担相应的赔偿责任。支付宝公司作为专业的第三方支付公司，未按照国家相关法律实施注册实名制，支付宝软件亦存在缺陷，在其亲密付支付功能中未尽到充分的风险提示义务，导致诈骗分子能够以所谓“开通航空服务”的名义与其进行交易，获取其信任最终导致其发生经济损失，亦应承担相应的赔偿责任。

庭审中，携程公司提交的2018年敏感信息管理规则显示，订单信息属于一级信息，内部传输可不加密。携程公司未向法庭提供内部员工授权进行访问涉案订单的人员范围、访问敏感信息的授权记录、监控情况、操作记录、内外部传输审批情况的相关证据。在携程应用界面及短信确认内容中也没有充分明显地告知消费者对于航班信息诈骗的注意。庭审还查明，在S女士主张的11万余元损失中只有近2万元是通过支付宝亲密付支付，支付原因是S女士在陷入骗局时比较着急，无视支付宝的多次提示，没有尽到核实交易相对公司的谨慎义务。剩余9万余元，是S女士在其陷入骗局后在工商银行转账的款项，即使没有支付宝亲密付，S女士也会转账该9万余元，支付宝对此所有财产损失不具有任何过错和侵权行为。

法院认为，携程公司在信息安全管理的落实方面存在漏洞，未尽到对个人信息负有的信息保管及防止泄露义务，具有过错，应承担侵权责任。因携程公司违反了网络运营主体的安全保障义务，存在个人信息保护上的安全维护漏洞，导致S女士遭遇诈骗造成财产损失。综合案情及携程公司的过错责任程度，法院酌情判定携程公司在5万元赔偿数额的范围内对S女士承担补充赔偿责任。法院还认为，从已有证据来看，S女士因受骗先后开通了支付宝亲密付功能和工商银行手机银行功能并转款。支付宝、手机银行均对S女士进行了开通提示。虽然支付宝亲密付的授权消费对象没有实名制，但手机银行功能系实名制。S女士不顾支付宝多次提示，仍完成了转账行为。由此可见，S女士系因过于轻信和轻率导致受骗，与支付宝亲密付是否实名制及是否尽到风险提示义务并无直接因果关系。[①]

---

① 根据我国“电子商务法”第五十七条的规定，用户应当妥善保管交易密码、电子签名数据等安全工具。未经授权的支付造成的损失，由电子支付服务提供者承担；电子支付服务提供者能够证明未经授权的支付是因用户的过错造成的，不承担责任。本案S女士未能妥善保管交易密码等安全工具，对于所遭受的损失有过失，因此支付宝不承担责任。

法院判定，支付宝公司承担侵权责任的请求，不予支持。

在上述案件中，携程公司对个人信息的处理包含从信息被收集，到被处理和利用，再到传递等一系列行为，其商业模式亦主要在于信息的处理与传递。携程公司对于S女士订票所生成的个人信息负有安全保障义务，应当防止信息泄露、控制相关风险。消费者对电子商务平台保障其消费流程的数据安全具有合理的信赖利益，受法律保护。S女士正是基于对携程公司信息安全的信任，才会对诈骗分子形成轻信，进而遭受财产损失。

随着我国“电子商务法”的实施，平台经营者的安全保障义务更加明确，因对消费者未尽到安全保障义务，导致消费者个人信息泄露或者被滥用，造成消费者损害的，应承担赔偿责任。我国“电子商务法”虽然将平台经营者的安全保障义务限定于关系消费者生命健康的商品或者服务，但是从保护消费者的角度看，宜作广义解释。

平台经营者提供虚拟交易场所，其安全保障义务与物理空间的防火、防盗、建筑物安全不同，主要表现在数据安全保障方面，应当采取技术措施和其他必要措施保证其网络安全、稳定运行，防范网络违法犯罪活动，有效应对网络安全事件，有效防止因网络攻击或系统安全漏洞造成的消费者信息泄露等风险。平台经营者应当制订网络安全事件应急预案，发生网络安全事件时，应当立即启动应急预案，采取相应的补救措施。①平台经营者通过对用户数据的搜集和维护，获得了巨大的财产收益，更应对系统危险隐患所造成的损害后果承担责任。追究平台经营者的消费者个人信息安全保障责任，有利于促进平台规范个人信息的收集、存储与保护制度，推动平台经营者协助追查和收集有关违法犯罪证据，提高防范网络安全风险的意识，保护消费者的合法权益。

平台经营者违反安全保障义务，造成个人信息泄露或滥用，应当依据相关法律规定的不同，对消费者承担连带责任或者补充责任。在食品、药品等领域，平台经营者应当依法与直接责任人承担连带责任。②在其他领域，平台经营者应依

---

① 我国“电子商务法”第三十条。

② 《中华人民共和国食品安全法》第一百三十一条规定，违反本法规定，网络食品交易第三方平台提供者未对入网食品经营者进行实名登记、审查许可证，或者未履行报告、停止提供网络交易平台服务等义务，使消费者的合法权益受到损害的，应当与食品经营者承担连带责任。上述条文中的平台经营者对于“入网食品经营者进行实名登记、审查许可证”的义务，等同于我国“电子商务法”第三十八条第二款中平台经营者“对平台内经营者的资质资格审核”的义务。因此，上述条文应被视为含有平台经营者承担安全保障义务之义。

法对消费者承担补充赔偿责任。

二、国外个人信息保护法律

自2015年以来，世界主要经济体的数据保护法律发生了重大的发展与演变。欧盟的数据保护法律正在经历制度性的改革，对国际法律与国际贸易都产生了实质性的影响。以美国为首的大国则更注重通过贸易协定等方式推动数据的跨境流动。

（一）欧盟法律

欧盟委员会于2015年12月15日与欧盟议会和欧盟理事会达成三方协议，正式开启酝酿了三年的欧盟数据保护法律制度改革的进程。欧盟议会于2016年通过“欧盟一般性数据保护条例”来统一欧盟内的数据保护，取代1995年的“欧盟数据保护指令”，在欧盟所有成员国内实施新的数据保护法律。该条例于2018年5月起实施。

“欧盟一般性数据保护条例”将欧盟数据保护的范围扩展至所有处理欧盟居民数据的外国公司，即欧盟境内的数据处理控制人、处理人（或组织）以及数据主体（个人）。条例设立一个独立数据保护机构，管辖欧盟境内的或者选择适用条例的公司。当数据主体的权利和自由产生具体的风险时，应当进行数据保护影响评估。在数据保护机构认可存在高风险后，可进行风险评估和提起诉讼。对数据的收集和使用用途必须明示方为有效同意。13岁以下儿童的同意由孩子的父母或监护人做出，应能够进行验证。数据处理控制人必须能够证明数据主体的同意，且保证同意能够被撤回。公司首次非故意违法，可给予书面警告，可以进行定期数据保护审计；对于企业违法行为，可给予1亿欧元或全球年度营业额5%的罚款。条例确立了数据主体“被遗忘的权利”，即当个人撤回同意、数据不再必须存在以及组织持有个人数据不具有合法理由时，个人数据应当被删除。数据主体还有权在不同的服务提供者之间方便的转移数据，享有数据的可携带权。

欧盟数据保护法律的改革集中反映在欧盟法院的判决中。欧洲法院根据实际情形延伸或者扩大了数据保护的范围。2006年爱尔兰数字权利组织向法院起诉，质疑爱尔兰数据留存制度的合法性，即电话公司和网络服务商应收集用户地址、电话和电子邮件等信息数据，并存储这些信息长达两年。原告起诉质疑爱尔兰2005年的“刑事公正法案”和2006年的“欧盟数据留存指令”的合宪性与实施的正当性。2012年，爱尔兰高等法院将案件交至欧洲法院，请求欧洲法院根据欧盟基本权利宪章对该欧盟指令相关条文的合法性提供意见。[①]欧洲法院认为，该指令规定的数据留存是为了确保数据能被用于因严重犯罪而进行的调查、侦查和审讯。为与严重犯罪斗争做出贡献，为了公共安全，允许有资格的国内机构有可能获得这些数据，符合一般利益保护的目标。但是，为实现立法机构所追求的合法目标，有关机构的行动必须适当，不能超越适当性和必要性的限制。本案中，考虑到个人数据保护所发挥的重要作用和该指令对权利干涉的广度和严重性，欧洲立法机构的自由裁量权应当受到严格的限制。该指令规定固定电话、移动电话、网络通道、网络电邮和网络电话等所有数据传输与留存，适用于电子通信的所有方式，该规定影响了所有人、所有电子通信的方式、所有传输数据，缺乏必要的区分、限制或例外。该指令不仅缺乏一般性限制，而且并没有规定任何客观标准来界定国内机构获得数据的资格，以及随后对刑事犯罪进行干预、侦查或起诉中数据使用的限制。因此，该指令导致巨大数量的数据留存，涉及敏感数据，但无法控制非法获取数据的风险。2014年4月8日，欧洲法院做出裁决，认定2006年欧盟“数据储存指令”及其修订侵犯了公民享有的两项基本权利，欧盟“数据储存指令”关于欧盟公民的通信数据最长保留两年的规定无效。

2014年5月欧洲法院作出支持互联网用户被遗忘权的重要裁决，判令谷歌从其搜索结果中删除关于用户不充分的、无关的或者不再相关的信息。该法院判决无疑是与“欧盟一般性数据保护条例”中规定的数据主体的被遗忘权遥相呼应。

（二）跨境数据流动的法律安排

在跨境数据流动方面，有关的国际法律则呈现了不同方向的发展趋势。由于历史和政策的原因，欧盟与美国之间在数据与隐私权保护方面存在着很大的差异。

为了美国企业能够满足欧盟关于数据与隐私保护的相关指令，使个人信息能够获准从欧盟传输至美国，2000年5月美国通过了与欧盟互相承认的“避风港

① “欧盟数据留存指令”（2006/24/EC）是欧洲议会和理事会于2006年3月15日颁布的指令，规定公共电子通信服务或公共通信网络涉及产生或处理数据留存条款的有效性。

原则”。其中规定了七大隐私原则，即通知原则、选择权原则、向第三方转移原则、安全原则、数据完整性原则、获取原则、救济原则。如果信息控制者不遵守以上原则，其将不能享受避风港协议所带来的各种利益，即不能将欧盟成员国居民的数据传输至美国。

欧盟采取立法的方式要求企业承担保障个人信息的法律义务。而美国企业基于采取自愿加入避风港，并且违法行为仅受虚假陈述和商业欺诈两项罪名的处罚。避风港协议要求投诉机制必须由独立于企业之外的组织来进行运营，如行业协会或非官方组织。但是美国部分企业不属于任何的行业协会，也就不能参加行业协会建立的投诉机制，只能自愿接受欧盟成员国个人信息保护机构的管理。

由于避风港协议的执行存在着诸多缺点，2015 年 10 月 6 日，欧洲法院裁决欧盟委员会 2000 年作出的承认避风港原则的决定无效，理由是美国情报部门大规模地从避风港认证的公司获取数据，因此避风港无法充分地保护个人数据。

为了保障世界上两大经济体之间的数据流通，美国与欧盟于 2016 年 7 月谈判达成新的隐私盾协议，取代了原有的避风港协议。新的协议为跨大西洋两岸数据传输中的个人隐私保护提供新的规范。根据新协议，美国公司必须向商务部“自我证明”遵守了协议中的隐私条款。美国企业采集和传输欧盟公民的数据必须履行“稳健义务”，即明确告知数据采集、传输和使用流程及目的。协议严格禁止美国对欧盟实行大规模的监听，联邦调查局、国家安全局等美国情报机构从欧盟采集数据必须得到数据权利主体的许可；为了定期监督协议执行，欧美将联合进行年度的审查，数据采集、隐私保护、国家安全准入都将纳入审查内容；美国商务部负责监督本国企业的执行情况。如果怀疑个人数据被滥用，欧盟公民可以向新设立的监察专员进行投诉，被投诉机构必须在截止日期前回复投诉；欧盟数据监察专员可以将投诉移交给美国商务部和联邦贸易委员会。新协议向欧盟提出有法律约束力的保证，确保美国政府接触欧盟数据将受到明确的限制和监督，强化了欧盟的数据主权，也反映着双方数据治理导向的不同。由于美欧关系的重要性，美国商务部和联邦贸易委员对新协议的实施予以支持。

美国曾经于 2015 年 10 月与十一个贸易伙伴国家达成“跨太平洋伙伴协议”，其中的“电子商务”章将美国数据保护模式予以推广。该模式更倾向于“行业自律”与法律、规章和自律性规定的组合，而非仅仅依赖政府监管。虽然美国其后退出该协议，但是澳大利亚、日本等十一国于 2018 年 1 月达成的“跨太平洋伙伴广泛与促进协议”沿用了原协议的数据保护模式。

云计算和大数据处理已经成为电子商务发展中的重要潮流。大数据的核心不在于数据的体量上，而在于对单个个人数据或单个交易数据进行处理，从而得到衍生数据的过程。欧盟国家法律对于转授数据予以严格限制。如果数据不是来源于数据主体，则数据控制人必须在记录个人数据时或者向第三方披露数据时，向数据主体提供数据控制人和数据处理目的等各项信息。如果个人数据要经过处理成为匿名化衍生数据，则必须事先经过国家数据主管当局的许可，并且向数据主体告知数据控制人的名称和处理目的等信息。衍生数据系群体性大数据，原始数据所富含的与个人身份对应的特征，在经过处理的衍生数据上已经无从体现。如果基于欧盟保护人权的高标准数据立法原则，云计算和大数据处理都将难以开展。与欧盟国家的法律不同，我国“网络安全法”规定，网络运营者未经被收集者同意，不得向他人提供个人信息；但是，经过处理无法识别特定个人且不能复原的除外。①我国上述规定在一定程度上对于大数据处理、加工与利用网开一面，设置了合法的入口。

电子商务个人数据保护应考虑个人权利与商业价值的取舍和平衡，对个人隐私保护的基础不能动摇，个人数据的留存、分析和处理应受限制，收集个人信息应经告知同意，应根据社会发展的水平来决定个人数据保护的水平和力度，防止因为过度保护妨碍发挥个人数据的社会价值。

总之，国外及国际关于数据保护的法律改革与发展风起云涌、日新月异，新的制度设计与执法措施不断涌现，对于我国正在大力发展的跨境电子商务及经济全球化战略有重大的影响，对于我国正在发展中的关于网络安全、个人数据保护及电子商务的立法与执法均有不可小觑的参考与借鉴价值。

第二节　电子商务身份管理与可信服务

在传统经济活动中，经济主体的身份可以借助物理识别、证照核查等方式确定。在电子商务中，通过互联网进行交易活动，当事人双方难以依赖传统的方式核查与确定对方的真实身份及相关财产权的归属。随着电子商务活动在经济社会

① “网络安全法”第四十二条。

各个领域普遍应用，大量敏感与复杂的数据被网络系统所传输与处理，缺乏关于经济主体可靠的身份管理已经成为电子商务发展的“瓶颈”。例如，我国春节期间，很多网络平台都推出了老用户推荐新用户下载软件赠红包的活动，其中一条活动规则是抢红包的手机用户必须是真实的。但是，有些人却使用所谓的分身软件，让同一台手机上生成多个同样的软件图标、模拟新用户注册，从而能够抢到更多的红包。用户违反平台规则，通过某些软件和技术把一个用户、一个手机号变成了十个或者更多的虚拟身份，以不当获利。此案例说明用户身份管理在电子商务中占据重要地位。电子身份管理正在成为互联网经济进一步发展的基石。我国“电子商务法”也特别提到电子身份的国际互认对于跨境电子商务发展的重要性。①

使用电子签名曾经被视为保障电子交易安全的主要手段，能够证明签名人了解与同意所签署文件的内容，但是签名人的身份及签署的时间仍需要另外的证据加以证明。②因此，身份管理与验证身份的可信服务能够为电子商务活动节省大量的交易成本，显著提高经济活动与政府监管的效率。

一、相关法律问题

身份管理是指在网络环境下管理自然人、法人、装置设备及其他主体的身份、认证及授权的过程。身份管理能够回答“你是谁”“如何证明你是你”等重要的问题。在电子商务中，当事人的身份被可信地验证之后，对方才能决定是否与之签订契约、是否允许它访问包含敏感信息的数据库，以及是否授予其他权利，等等。身份管理是电子商务法律规范的基础。各类电子商务活动，包括生成有效的电子签名、进行电子支付、提交电子形式的进出口报关文件等，前提条件之一都是确定有关主体的身份。

可信服务是指生成电子签名、附加电子戳印以保障电子文件的原始性与完整性、附加时间戳以证明电子文件记载的数据形成的时间、以及在当事人之间提供安全的文件传输渠道等服务。虽然提供或者依赖于身份管理或者可信服务的新的

---

① 我国“电子商务法”第七十三条规定，国家推动建立与不同国家、地区之间跨境电子商务的交流合作，参与电子商务国际规则的制定，促进电子签名、电子身份等国际互认。

② 签名人身份与签署日期的真实性一般需要根据所签署的文件是否通过安全、可信的渠道传输给对方当事人加以判断与认定。

商业模式不断涌现，但是技术不安全、成本高昂、商业模式不成熟等因素，导致许多市场主体对这些服务心存疑虑。法律上的挑战与不确定性更是身份管理与可信服务难以构建、实施与应用的主因。

在法律上，电子商务身份管理与可信服务是新出现的问题，现有法律基本上尚未涉及。缺乏法律上的界定与认可成为广泛采用此类新兴服务的障碍。虽然某些国家和地区新近制定、颁布了关于身份管理的法律，但是这些新的法律规范与原有法律缺乏衔接，而且不同国家与地区的此类法律往往彼此冲突，给跨境电子商务造成更大的问题。

二、新兴立法与政策战略

一些国家与地区已经制定、实施了或者正在酝酿有关的法律、法规或者政府战略，虽然方式、方法各不相同，但是也在一定程度上反映了共性的法律问题，可以作为协调与发展国际法律规范的参照。

（一）已有的立法

法国关于电子签名与电子挂号邮件的法规、意大利关于电子证书的法规、美国弗吉尼亚州于2015年7月1日生效实施的“电子身份管理法”等都属于已经制定、实施的关于身份管理与可信服务的国家或者地区性法律。此外，比利时颁布了电子身份证法，并正在草拟关于可信服务的法律。美国于2013年颁布实施的“网络安全加强法”也与身份管理有关。①

在所有法律中，欧盟于2014年7月23日颁布的“关于在统一市场中为电子交易的电子身份与可信服务条例”（eIDAS）是迄今世界上最为重要、全面的关于身份管理与可信服务的区域性法律。②该条例指出，多数情况下，欧盟一国的公民在另一成员国不能使用电子身份认证来确定其身份，因为本国的国内电子身份认证模式并不为其他成员国所认可。这一电子障碍使得服务提供者不能享有欧盟统一市场的全部福利。电子身份认证的互认方式将有助于在统一市场提供大量

① 该法规定由美国国家科学基金为计算机网络安全研究的奖励提供拨款，为人机互动、身份认证管理以及涉及有组织犯罪和针对儿童的网络犯罪的侦查、调查、起诉等研究领域提供支持。

② 在欧盟法律体系中，“条例”不同于依赖成员国国内法实施的“指令”。所有的条例，一旦生效，均在全部28个成员国直接实施，无须成员国国内立法及批准程序。

的跨境服务，使企业从事跨境贸易时，毋需面对与公共机构交流中的诸多障碍。电子身份认证和认证的互认非常有助于欧洲公民跨境接受医疗等公共服务。例如，当人们在旅途中生病需要治疗时，治疗所在国如需获得其本国医疗数据，就必须通过一个稳健、安全和可靠的电子身份认证机制才能实现。该条例的目的是保证欧盟公民获得成员国提供的跨境在线服务，消除电子身份认证方式跨境使用中的法律障碍，提供安全的电子身份认证。但是，该条例并不干涉成员国国内设立的电子认证管理系统和相关基础设施。该条例规定，在确定个人身份认证时，要考虑身份证明、验证和认证的整个过程、发放电子身份认证方式的机构和发放此类工具的程序及所实施的技术控制。欧盟已经建立了“泛欧电子身份兼容性平台”等试点项目，以确定相应的技术标准、要件与程序。该条例还为可信服务建立了一般法律框架。该条例适用技术中立的原则，只要符合条例规定的条件，任何技术手段都具有法律效力。

（二）政策与战略

许多国家与国际组织正在研究规范身份管理与可信服务的框架体系，包括“美国网络空间可信身份的国家战略”建立的身份生态系统指导小组、欧盟建立的“欧洲电子身份可兼容性平台项目”、加拿大建立的数字身份与认证委员会、英国建立的政府数字服务化服务项目等。经济合作与发展组织于 2011 年完成了关于数字身份管理的两份报告等。①

此外，一些民间组织、行业协会也在积极研究、推动有关的身份管理项目，如美国律师协会商法部门建立了身份管理法律工作组。

三、国际法律的发展方向

身份管理与可信服务需要基本的法律框架的支持，使之获得法律认可与效力，保护经济主体的合理预期。为了保障国际贸易，特别是日益普遍的跨境电子商务的交易安全，建立电子身份管理的国际法律体系非常必要与迫切。我国“电子商务法”第七十三条专门规定，在跨境电子商务的交流合作与电子商务国际规

① 经济合作与发展组织于 2011 年公布了“自然人数字身份管理－保障互联网经济的创新与信用的政府决策者指南”及“经合组织数字身份管理的国家战略与政策”两份报告。

则的制定中，我国要促进电子签名、电子身份等国际互认。

（一）欧亚经济联盟

俄罗斯与中亚五国建立的欧亚经济联盟已经开始有关尝试。在俄罗斯提出的“为电子交互主体构建跨境可信空间”方案基础上[①]，实施所谓“跨境可信空间”机制。跨境可信空间的目的是建立一个单一的技术上、组织上与法律上可信的信息交互框架，在此框架内不同国家以协议的方式相互承认跨境电子数据的交换，并规范相应的跨境可信第三方服务及其他可信服务提供者，并确定服务的分类、功能要求、安全要求、技术的可兼容性与可信水平。我国在“一带一路”国际战略实施过程中，与欧亚经济联盟成员国的跨境电子商务交往频繁，有必要了解跨境可信空间在该联盟内的法律规范与运行机制。

（二）联合国国际贸易法委员会

联合国国际贸易法委员会正在研究与分析身份认证与可信服务的相关法律问题，探索建立相关国际法律规范的可能性。联合国国际贸易法委员会自 2016 年“与身份管理与可信服务有关的法律问题的国际研讨会”起，相继召开电子商务工作组会议，讨论研究德国、美国、奥地利、比利时、法国、意大利、欧盟、英国等各方的建议，探讨制定关于跨境承认身份管理和信任服务的国际法律文件的问题。经过数年的研究与讨论，电子商务工作组拟订了旨在促进跨境承认身份管理和信任服务的文件，即“关于跨境承认身份管理和信任服务的条文草案”（条文草案），于 2019 年 3 月公布，作为构建有关国际法律体系的基础。

该条文草案包括一般原则、术语定义、相互承认要求和机制、身份管理和信任服务的核证、身份管理和信任服务保证级别、赔偿责任、机构间合作机制、透明度、身份识别义务、数据留存以及对服务供应商的监督等诸多方面的内容。条文草案尚未经成员国实质性谈判，目前尚且处于非常初步的阶段，其法律效力与适用范围均未明确。[②]但是，条文草案确立的一般原则及基本框架仍有很高的研

① 在“亚洲及太平洋跨境无纸贸易便利化框架协定”（“框架协定”）的谈判过程中，俄罗斯也将该建议提交给联合国亚太经社委员会。但是，俄罗斯的建议并未获得多数国家的支持，其可行性与安全性受到参与谈判的四十多个国家的质疑。

② “关于跨境承认身份管理和信任服务的条文草案”并未明确究竟仅适用于不同国家经营者之间国际贸易的场合，还是也适用于经营者与政府机构之间进出口监管的场合。

究价值。

在条文草案中，“身份识别”指收集、验证并核证关于主体的充分身份属性以在特定环境下确定并确认主体身份的过程；“电子身份管理”指在网上环境中对主体的身份识别、认证和授权进行管理的一套流程；“信任服务”指就数据品质提供一定程度的可靠性的电子服务。条文草案提出的一般原则与电子商务立法基本一致，即自愿原则、非歧视性原则、技术中立性原则、功能等同原则。

根据条文草案，任何主体使用身份管理系统与可信服务应基于；不得仅以身份管理系统、信任服务是电子形式为由而否定其法律效力、有效性、可执行性或证据可采性；为身份管理或提供信任服务而使用的任何技术、方法或系统，凡满足本草案提及的要求或以其他方式符合适用法律要求的，均不得被排除、限制或剥夺其法律效力，不应偏袒任何特定的技术方案或者商业模式。但是，就纸质环境和电子环境中的身份识别确立功能等同要求则比较困难。身份管理是一个复杂的法律概念，如要确立对身份管理流程的功能等同，则应反映这一流程的所有复合要素（如身份识别和认证）。①

根据条文草案，确定身份管理系统的可靠性时，应考虑到所有相关情形，包括：当事人之间的任何协议；就身份管理系统提供的任何监督或核证；与身份管理系统关联的保证级②等。身份管理系统符合特定条件的可以被推定为可靠，有关条件包括：建立了关于审计、保险、认证、赔偿责任、终止和确定保证级等身份管理系统的运作规则；建立了可确保并验证各参与方遵守规则的机制；建立了可确保公示身份管理系统遵守最低限度适当规则情况的机制，等等。可靠的身份管理系统对于主体身份的识别与验证具有法律效力。

条文草案中的信任服务是指电子签名、电子印章、电子时戳、电子登记交付服务、网站认证、电子存档、电子托管服务。③区块链是一种技术，并非服务。

条文草案还试图消除现行法律的障碍，认可身份管理与认证、可信服务的法律效力；保障身份管理与可信服务所使用数据的安全性与可靠性，确立相关服务

---

① 例如，法律要求或允许通过综合各种可能性对人进行身份识别的，如果使用了一种可靠方法验证该人的相关属性达到同一级别，对于电子身份识别流程即满足了这一要求。

② “保证级”表示对身份识别和认证过程的信任度，即对用以确定被签发证书主体身份的审查过程的置信度，和对使用该证书的主体系被签发该证书主体的置信度。这种保证反映了所使用方法、流程和技术的可靠性。

③ 在条文草案的讨论中，有观点提出不应对信任服务使用保证级概念，因为电子身份识别手段提供高级别的保证，可以为具有不同可靠程度的信任服务所使用。

提供者的数据安全义务；确立身份管理与可信服务的法律责任制度及责任分配原则。

总之，身份管理与可信服务作为电子商务的关键基础设施，蕴含巨大的经济价值，关涉重要的国家安全利益，相关的技术实施方案与法律规范正在成为各大国在国际上竞相争夺的新焦点。我国“电子商务法”已经明确提出，为促进电子签名、电子身份等国际互认，推动建立与不同国家、地区之间跨境电子商务的交流合作、参与电子商务国际规则制定的战略性要求。联合国国际贸易法委员会等国际组织构建身份管理与可信服务国际法律制度的活动，为我国进行有关国际交流合作、参与有关国际规则的制定，提供了良好的契机与渠道，应根据我国跨境电子商务发展的需要，适时提出我国的建议和主张。

第三节　电子商务与互联网治理

我国“电子商务法”在平台知识产权保护制度中引入互联网治理的概念。但是，电子商务中的治理问题并非仅限于知识产权领域，我国法律在世界上也并非绝无仅有。“欧盟一般性数据保护条例”明确规定，数据控制人或处理人的行业协会或其他组织制定行业行为规范，或者修订与扩展行为规范，应当征求有关利益相关方（包括数据主体）的意见，并且对所收到的意见予以考虑。①上述规定与我国“电子商务法”关于平台经营者为修改交易规则而征求有关各方意见的要求②，非常近似；保障数据主体等利益有关各方参与行为规范制定、修改的机制，也与我国“电子商务法”关于平台经营者与知识产权合作、建立知识产权保护规则的规定③，异曲同工。互联网治理已经在电子商务领域应用，并取得一定的效果。根据2005年联合国信息社会世界峰会形成的“突尼斯信息社会议程”，互联网治理的核心是“利益有关方共同参与”，即政府、私营部门和民间组织发挥各自的作用，制定和实施关于互联网发展和应用的共同的原则、规范、

① “欧盟一般性数据保护条例”第四十条。
② 我国“电子商务法”第三十四条。
③ 我国“电子商务法”第四十一条。

规则、决策程序和方案的过程。电子商务经营者，特别是平台经营者，虽然是追求经济利益的市场主体，但是为了维持电子商务经营的健康、可持续，需要与政府机构、消费者及其他利益相关方沟通、合作，在尊重公共利益与公共秩序的基础上，由有关各方对交易规则的制定、修改、实施达成基本共识。因此，电子商务治理（特别是平台治理）绝非所谓企业社会责任的装饰，而是数字经济长期稳定发展的保障，更是在市场占据主导地位的大型平台企业存在合法性与合理性的证明。电子商务治理仍然处于探索阶段，经营者普遍缺乏有关的经验，因此有必要学习与参考比较成熟的互联网治理的案例，以期达到良好的治理效果。

ICANN 根服务器管理权移交是全球互联网治理中的一个里程碑，树立了利益有关各方共同参与治理的典范。

一、ICANN 的治理模式

ICANN 于 1998 年在美国建立，是遵照美国加利福尼亚州法律成立的非政府机构，也是一个采用国际化组织形式运营的非营利性机构。ICANN 遵守美国法律，受到美国司法管辖。

ICANN 采用所谓“利益有关各方共同治理”的模式，为此还造出了“Multi-stakeholderism”一词。“Stakeholder”在国内还没有准确的翻译，在此暂且将其翻译为利益有关方，“multi-stakeholder”就被解释成了利益有关各方。从 ICANN 的机构构成中就能看出，各国政府、顶级域名注册管理机构（通用顶级域名管理机构和国家与地区顶级域名管理机构）、域名注册商、网络运营商、互联网公司（如 Google 或可口可乐公司）、国际组织（如国际奥委会）、社会团体（如隐私保护组织）、专家学者以及普通互联网用户都可以通过“公开透明”“自下而上”“建立共识”的方式发起政策制定过程，或者参与 ICANN 的政策制定工作。

具体来说，ICANN 内部任何一个利益有关方如果有对于某个政策的设立或者修改的提议，都可以通过电子邮件或大会发言等形式向 ICANN 直接发表意见或建议。ICANN 会将问题归类提交各支持组织与咨询委员会进行讨论并将讨论结果提请公众讨论。如果提议得到认可，将会成立工作组起草政策建议。政策建议在得到支持组织与咨询委员会的认可之后，将会提交到 ICANN 理事会进行讨论。一旦通过，将成为 ICANN 的政策并得到执行。在整个政策讨论的过程中，ICANN 都要尽可能通过其网站公开政策讨论的全部过程，并邀请所有人参与对创制政策发表评论或意见。

在ICANN的政策制定进程中，单个互联网用户可以就ICANN职责范围内的任何事务发起意见或建议。但是一个政府的提议或建议却可能由于某个技术专家的反对意见而被阻止通过。在形式上，个人用户、商业机构、社会团体与国家政府所具有的政策建议权和参与的权利是相同的。

ICANN利益有关各方共同参与的模式与政府间国际组织的多边模式不同，与互联网技术组织的专家个人模式亦有异。ICANN模式在一定程度上反映了其职责的复杂性。一方面，ICANN仅仅是一个美国注册的私营性非营利公司，但是ICANN的职责和管理却是全球性的；另一方面，ICANN以“自下而上”进行治理与制定政策，自称不仅向内部的社群而且向全球互联网社群负责。

二、根服务器管理的移交

互联网域名系统最初的技术开发者与管理者是美国南加州大学的波斯特尔博士，他掌管互联网初期核心资源如根服务器的管理和分配。1987年他分配了7个根服务器（后扩展为13个根服务器），全部位于美国。由于互联网增长迅速，安全问题日益突出，美国政府认为一个人管理这些互联网核心资源不够安全，1988年，美国政府要求波斯特尔博士采取更安全和更合理的措施来保证互联网核心资源的分配和管理。波斯特尔博士于是建立了互联网号码分配机构（IANA）负责管理互联网核心资源。1988年以后的互联网资源分配由IANA进行。IANA有三项职能，即管理全球域名系统、协调互联网协议（IP）数字地址的分配、协调根服务器协议。这三项权力也就是通常所说的互联网根的管理权。IANA是互联网这样完全非中心化的分布式构架中唯一中心化的部分。不知如此设计，是波斯特尔博士的天才还是错误。

（一）关于根服务器管理的合同

ICANN建立之始，美国商务部与ICANN签署了“合同”，将IANA功能以“零成本”委托给ICANN管理。双方合同约定，IANA所管理的根服务器功能系美国政府资产，美国政府通过有期限的合同将IANA委托给ICANN来运行。IANA从此成为ICANN的一项功能，由其内部一个部门运行。根据和美国商务部签署的谅解备忘录和合同，ICANN的工作就是负责在互联网域名系统和地址系统上的政策协调。ICANN 形成的政策决议，由 IANA 人员在根服务器的根区文件中进行体现。[①]美国商务部对于 IANA 的运行有最终的管理权。

IANA 系互联网核心资源，如同一个人的神经中枢，在身体健康、行动自如之时，只在“后台”悄然运行、难以察觉，但是一旦受到打击或者损害，就会导致整个人瘫痪。由于互联网的全球性特点，根服务器的任何改动都影响到互联网在全球的正常运行，特别是互联网在各国之间的互联互通。

（二）美国政府移交管理权的举措

美国政府对于 IANA 的终极管理权力，一向令其他国家与全球互联网社群不满。在斯诺登事件爆发之后，美国政府受到世界舆论的强烈抨击，在 IANA 管理权方面承受了前所未有的压力。2014 年 3 月 14 日美国商务部国家通讯与信息管理局（NTIA）宣布，IANA 的管理权将移交给利益相关各方的全球社群，责成 IANA 的现行运行机构 ICANN 召集全球利益有关各方，发展形成有关 IANA 管理权移交的建议。美国商务部国家通讯与信息管理局要求 ICANN 所提交的建议应当在得到全球社群广泛支持的前提下，符合如下四项基本原则，即（1）应当支持与加强利益有关各方共同参与的治理模式；（2）应当保持互联网域名系统的安全性、稳定性和强韧性；（3）应当满足全球 IANA 使用者与合作者的需求与预期；（4）应当保持互联网的开放性。管理权移交的大幕从此开启，形成对 ICANN 治理模式的重大考验。

美国此举系出于多方面的战略性考虑。2014 年美国商务部 NTIA 作出 IANA 管理权移交的姿态，很大程度上是为了缓解国际社会对其一国控制互联网关键资源的长期压力，同时平息因美国情报部门大规模监控非美国公民被斯诺登披露所造成的国际社会甚至其主要西方盟国的强烈不满。2015 年 10 月 6 日，欧洲法院裁决欧盟委员会 2000 年作出的承认美欧之间跨境数据流动的避风港原则的决定无效[②]，理由就是美国情报部门大规模地从避风港认证的公司获取数据，因此避风港无法充分地保护欧洲公民的个人数据。[③]欧洲法院的裁决说明，斯诺登事件

① 在根服务器中添加新增通用顶级域名，使之得以在全球域名系统解析、运行，就是 IANA 功能的重要体现。

② 为了美国企业能够满足欧盟关于数据与隐私保护的相关指令，使个人信息能够获准从欧盟传输至美国，2000 年 5 月美国通过了与欧盟互相承认的“避风港原则”。

③ 美国与欧盟经重新谈判，于 2016 年 2 月形成了新的“隐私盾框架协议”，取代了原来的避风港原则，于 2016 年 8 月 1 日开始实施。

仍然在持续发酵，美国继续单独控制 IANA 这一互联网关键资源已经丧失了国际信誉与合法性。美国商务部作出关于 IANA 管理权移交的声明之后，得到了欧盟国家的强烈支持与赞同，一定程度上巩固了美欧之间的联盟。在 IANA 管理权移交建议与 ICANN 问责制度改革建议的形成过程中，美国之外最为活跃的群体就是欧洲国家的政府、域名注册管理机构、企业界及民间组织的代表，他们参与讨论，提出议案，与美国的参与各方一起左右了建议的走向及最终的内容。因此，美国所谓的将 IANA 管理权移交给全球互联网社群，在很大程度上是为了实现与欧洲盟国分享权力，巩固与重构美欧共同利益的联盟。

另外，美国商务部为 IANA 管理权的移交设定了前提条件与基本原则，即只能移交给互联网全球社群，明确排除了向联合国系统或者任何其他政府间国际组织移交的可能。但是，互联网全球社群并非清晰的可界定的概念，移交管理权预设的条件为美国维护其既得的政治、经济利益预留了足够的空间。在建议形成的过程中，美国政府并未以任何直接的方式干预各个社群或者相应的工作机构的工作，但是美国的企业界、域名业界、学者、民间智库等发挥了极大的作用，产生了左右全局的影响力，充分体现其在国际活动中非政府的软实力。同时，IANA 管理权移交方案在 ICANN 社群得到大多数支持，被广泛认为是利益有关各方共同治理模式的胜利，该治理模式经受了考验，足以在复杂环境下完成重大的制度设计与改革。

（三）有关各方的参与及决策

2014 年 3 月 14 日美国商务部国家通讯与信息管理局（NTIA）宣布愿意将负责互联网核心资源的 IANA 的管理权移交给利益相关的全球社群。ICANN 于 2014 年 7 月成立了 IANA 管理权移交协调小组（ICG），由来自 13 个不同社群的 30 位专家组成，其中包括了直接或者间接的利益有关方。2015 年 10 月协调小组公布了关于 IANA 管理权移交的域名、数字地址、互联网协议参数三个社群已经完成的建议方案，即建立一个新的、独立的法人组织，即“移交后的 IANA”（简称 PTI），IANA 不再是 ICANN 的内部部门，而是根据与 ICANN 之间的合同，成为 ICANN 的一个分支机构及 IANA 中域名功能的运行机构。

但是，IANA 管理权移交协调小组公布了三个社群的建议之后，收到了多方反馈。对于 IANA 管理权移交之后 ICANN 的问责制度，各方表示了质疑与不信任。正如互联网社群不信任美国一国掌控 IANA 一样，ICANN 如果独揽大权，也将不被信任。不论是ICANN的现行宪章还是ICANN的内部结构，均没有有效的内部与外部机制对于ICANN权力加以问责与制约。因此，IANA管理权移交协调小组表示在完成关于完善与改革ICANN问责制度的建议、并满足域名社群关于ICANN问责制度改革的要求之前，不将全部建议提交美国商务部。

2014年12月ICANN中的三个支持组织与两个咨询委员会共同起草了章程，建立了关于ICANN问责制度的跨社群工作小组（CCWG），以加强在IANA管理权移交之后ICANN的问责制度。根据跨社群工作小组的章程，在终止与美国政府之间历史性的合同关系之后，在IANA管理权转移给全球互联网社群之后，ICANN必须加强其问责制度，各个社群必须强化对ICANN权力的约束与制衡。同时，完善与改革ICANN的问责制度也是为了满足域名社群提出的IANA管理权移交的建议的要求。跨社群工作小组将其工作分为两个部分，第一部分是在完成IANA管理权移交之前必须建立与强化的问责制度，第二部分是在移交完成后可以继续开发完善、全面实施的制度。

跨社群工作小组由ICANN各个支持组织与咨询委员会的28名代表与175名其他自愿参与者组成，其中比较活跃、不断发言与提议的人不超过15人。跨社群工作小组经历了300多个会议与电话会议，三万多封电子邮件讨论磋商，前后四易其稿，先后三次征求ICANN社群的意见，终于在2016年2月25日公布了关于第一部分的问责制度改革建议的报告。当时尚有少部分问题未能在各个社群之间达成共识，其后跨社群工作小组征求了各个支持组织与咨询委员会的意见后，形成了最终报告。

（四）ICANN问责制度的改革

跨社群工作小组提出了完善与改革ICANN问责制度的12项建议，主要包括如下四类内容：

（1）修订ICANN的使命宣言，澄清了ICANN不得随意超越其使命范围行使权力或者发挥作用；

（2）强化了独立评审程序，通过有约束力的独立评审裁决，遏制ICANN越权行为；

（3）赋予ICANN社群7项新的权力，在现行的磋商、讨论、构建共识不能奏效的情况下，对ICANN采取行动，包括：

—否决ICANN预算、IANA预算、ICANN五年期战略及运行长期计划；

—否决 ICANN 对其宪章核心内容的修改 ;

—批准 ICANN 新的根本性宪章、细则及 ICANN 重大财产的出售与其他处置;

—罢免 ICANN 理事会中的某个成员;

—罢免整个 ICANN 理事会

—发起独立评审程序，裁决结果对 ICANN 具有约束力，并可据此向有管辖权的法院申请强制执行;

—否决 ICANN 理事会作出关于 IANA 功能运行的决定，包括不允许移交后的 IANA 独立或者分离的决定;

—监督与调查 ICANN 理事会、官员及工作人员的权力。

(4) 发起社群性的独立评审程序，监督 ICANN 理事会的作为或者不作为行为的正当性与适当性。

上述所有建议的社群权力均必须在广泛磋商讨论、努力消除分歧、构建共识的前提下，才能行使。一旦磋商讨论无法达成共识，组成社群的支持组织与咨询委员会将通过多数票表决的方式决定是否及如何行使社群性权力。关于投票的程序及适格的投票人，各个社群之间存在很大的争议与利益冲突。政府咨询委员会是否应当被排除在社群性权力之外就曾是争议的焦点之一。目前的妥协性方案是该委员会在部分情况下被排除于社群性权力之外。GAC 中的 14 个国家政府代表曾对此明确表示反对。

为了行使社群性权力，ICANN 社群需要成为所谓“赋权性社群”，并建立相应的法律机制，获得法律上的依据与支持。根据建议，赋权性社群将依据美国加利福尼亚州法律（ICANN 注册地）成为所谓“单一授权代表”，获得独立的法律地位。ICANN 所有核心性质的治理文件（包括根本性宪章、细则）的修订都必须经理事会与赋权性社群双方同意。

关于 IANA 管理权移交的方案与 ICANN 问责制度改革的方案，经 ICANN 社群的广泛讨论与评议，终于获得大多数的支持。根据管理权移交与问责制度改革所达成的方案以及美国商务部 NTIA 的要求，ICANN 于 2016 年 5 月 27 日批准了对于 ICANN 宪章的修改，与 IANA 运行有关的其他机构签署了新协议，于 8 月 9 日批准了对于 ICANN 章程的修改。2016 年 8 月 10 日，ICANN 向美国加利福尼亚州政府递交了建立“移交后的 IANA”机构的申请文件，新机构定名为“公共技术性识别符”机构（简称 PTI）。在管理权移交完成后，PTI 根据与 ICANN 之间的协议，将取代 IANA 并运行其所有的功能。

根据 IANA 管理权移交方案，ICANN 应当在“移交后的 IANA”建立相应的监督、审议机制。为此，2016 年 8 月 12 日，PTI 的根区评估评审委员会建立。8 月 12 日，PTI 的宪章公布，供公众评议。9 月，ICANN 与 PTI 的各项功能协议与服务协议将相继公布，全部程序至 9 月底完成。ICANN 于 2016 年 8 月 12 日向美国商务部 NTIA 报告了进展情况，并于 8 月 16 日收到了 NTIA 的正式回复，确认管理权的移交将从 10 月 1 日开始。

从 IANA 管理权移交与 ICANN 问责制度改革之后，ICANN 的权力结构与治理模式将有较大的改变。其中，ICANN 理事会的权力将受到很大的限制与约束，新增社群的权力将全方位、多层次地监督、审查与制衡理事会的决策；与此同时，由 142 个国家政府代表组成的政府咨询委员会在现行制度下的权力与地位将受到极大的遏制，在现行模式下，该委员会向理事会提出的共识性建议，如非特殊情况，理事会必须采纳执行，但是改革后理事会即便采纳执行，赋权性社群也可以动用其权力否定理事会的决定，甚至罢免整个理事会。根据建议，ICANN 的权力将更加分散，各个部分之间彼此牵扯，构成更加复杂的结构与系统，这将对缺乏经验与实力的发展中国国家、新兴国家的政府、企业参与 ICANN 有关的政策制定与资源分配，构成更大的挑战。

IANA 管理权移交与 ICANN 问责制度改革虽然几经周折、利益有关各方不断冲突与妥协，但是各方参与的治理实践宏大、复杂、充满想象力，最终完成互联网域名系统的根服务器管理权从美国政府（IANA）向 ICANN 的移交，导致 ICANN 宪章与章程的修改与新的问责制度的建立，保障有关社群拥有监督与制约 ICANN 组织机构与政策决策的权力。管理权移交及 ICANN 问责制度改革将深刻改变利益有关各方的权力关系，是互联网治理发展史上的一次伟大实践，足以证明有关各方共同参与的互联网治理有能力完成重大的、全球性的政策制定与实施，标志着互联网治理新篇章的开启。

附录一

中华人民共和国电子商务法

People's Republic of China Electronic Commerce Law

薛虹翻译（非官方译文）

Translated into English by XUE HONG

Chapter 1 General Provisions

Article 1 This law is enacted to protect the legitimate rights and interests of all the subjects in e-commerce activities, regulate the e-commerce activities, maintain the market order and promote e-commerce's sustainable and healthy development.

Article 2 This Law applies to the e-commerce activities that occur within the territory of the People's Republic of China (PRC).

E-commerce in this law refers to the operational activities of sales of goods or provision of services via the Internet and other information network.

Where laws and administrative regulations provide for the sale of goods or the provision of services, these provisions shall apply. This Law does not apply to the financial goods or services, and the services of provision of news, audio-video programs, publication, cultural products and other contents via the information network.

Article 3 The State encourages the development of new commercial modes of e-commerce and the innovation of business models, promotes the research, development and application of new technologies in e-commerce, stimulates the construction of credit system in e-commerce, builds the market environment that facilitates the innovation and development of e-commerce, and sufficiently effectuates the essential role of e-commerce in stimulation of high-quality development, fulfillment of the people's ever-growing demand for a wonderful life, and construction of the open economy.

Article 4 The State shall treat the online and offline business activities equally and stimulate the convergence of online and offline development; the governmental at all levels shall not apply any discriminatory policies or measures, neither shall abuse the administrative power to exclude or restrict the market competition.

Article 5 The e-commerce operators in the operational activities shall follow the principles of voluntariness, equality, fairness, honesty and credibility, comply with the laws and the commercial morality, fairly participate in market competition, fulfill the obligations on consumer protection, environmental protection, intellectual property protection, network security and personal information protection, etc. , assume the product and service quality responsibility, and accept the governmental and social supervision.

Article 6 The relevant departments under the State Council promotes the development, supervises and regulates e-commerce according to the division of responsibilities. Local people's governments at or above the county level may determine the division of responsibilities of the e-commerce departments in the respective administrative regions according to the local actual situation.

Article 7 The State establishes a coordinative system adaptive to the characteristics of e-commerce, and promotes the formation of the market governance system in which the related departments, e-commerce industrial organizations, e-commerce operators, and consumers, etc. jointly participate.

Article 8 e-commerce industrial organizations shall, in accordance with the bylaws, carry out the industrial self-discipline, establish and improve the industrial standards, promote the construction of credibility of the industry, and supervise and lead the e-commerce operators' fair participation in the market competition.

Chapter 2 e-commerce Operators

Section 1 General Stipulations

Article 9 e-commerce operators refer to the natural persons, legal persons and entities without legal personality that carry out the operational activities of sales of goods or provision of services via the Internet or other information network, including e-commerce platform operators, e-commerce operators within the platform, and the other operators of sales of goods or provision of services either through the independent websites or other network services.

e-commerce platform operators refer to the legal persons or entities without legal personality that provide the services of network operational space, transactional matchmaking, and information dissemination for the parties to carry out bilateral or multilateral transactions independently.

e-commerce operators within the platform refer to the e-commerce operators of sales of goods or provisions of services through an e-commerce platform.

Article 10 e-commerce operators shall complete the registration of market subjects in accordance with the laws. However, the sales of self-produced agricultural and sideline products and family handicraft products, provision of no-license-required convenient services with the personal skills, sporadic transactional activities in a small amount and other operations that are not required for registration according to the laws or administrative regulations are excepted.

Article 11 e-commerce operators shall fulfill the duty of tax payment according to laws, and be entitled to enjoy the tax incentives according to laws.

The e-commerce operators that are not required to complete the registration of market subjects under the preceding paragraph shall apply for tax registration according to the taxation collection laws and administrative regulations after the first tax liability, and provide the truthful tax return.

Article 12 The e-commerce operators that shall obtain the relevant administrative licenses for the operational activities in accordance with the laws shall obtain the administrative licenses in accordance with the laws.

Article 13 e-commerce operators shall sell the goods and provide the services that compliant with the requirements for safeguarding the personal and property security and environmental protection, and shall not sell the goods or provide the services that are prohibited from trading according to laws.

Article 14 e-commerce operators shall issue the paper invoices, electronic invoices or other receipts for sales of goods or provision of services. Paper invoices and electronic invoices have the equivalent legal effect.

Article 15 e-commerce operators shall continuingly and publicly disclose at the prominent position on the front page the information of business registrations, administrative licenses pertinent to the businesses or no-need to complete the registration of market subjects under Article 10 of this Law, or the linking identifiers to the foregoing information.

Any change to the information prescribed in the preceding paragraph shall be, in a timely manner, updated and publicly disclosed by the e-commerce operators.

Article 16 e-commerce operators that voluntarily terminate e-commerce activities shall continuingly and publicly disclose the relevant information on the prominent position on the front page 30 days before the termination.

Article 17 e-commerce operators shall comprehensively, truthfully, accurately and timely disclose the information of the goods and services, and safeguard the consumers' right of information and choice. e-commerce operators shall not carry out false or misleading commercial propagandas through the means of fabrication of transactions or falsification of the users' appraisals, etc. to deceive or mislead the consumers.

Article 18 e-commerce operators that provide the search results of goods or services according to the consumers' interests and preferences, consumption habits or other characteristics shall simultaneously provide the consumers with options that are not specific to their personal characteristics, respect and equally protect the legitimate rights and interests of consumers.

e-commerce operators that disseminate the advertisements to consumers shall comply with the relevant prescriptions of the PRC Advertisement Law.

Article 19 e-commerce operators that tie the goods or services for sale shall alert the consumers in a prominent way, and shall not set the goods or services tied for sale as the option of default consent.

Article 20 e-commerce operators shall deliver the goods or provide the services to the consumers in accordance with the promises or the means and time limits agreed by the consumers, and bear the risks and liabilities during the goods transportation; However, unless the consumers choose the delivery or logistic service providers separately.

Article 21 e-commerce operators that collect the deposits according to the agreement with the consumers shall publicly disclose the means and procedures for deposit refund, and shall never set the unreasonable conditions on deposit refund. e-commerce operators shall, in a timely manner, refund the deposit as far as the consumers' applications for refund comply with the refund conditions.

Article 22 An e-commerce operator that is in the market dominance position because of technological advantage, quantity of users, control power in the relevant industry, the other operators' reliance on this operator for transactions and other elements shall not abuse the market dominance position and exclude or restrict competition.

Article 23 e-commerce operators that collect and/or use the users' personal information shall comply with the laws and administrative regulations on personal information protection.

Article 24 e-commerce operators shall clearly express the means and procedures for the users to access to, correct, erase, delete the information and terminate the accounts, and shall not set the unreasonable conditions for the users' information access, correction, deletion and termination.

e-commerce operators that receive the users' request for information access, correction or deletion shall, after verifying their identity, provide the access or correction to the users' information or delete the users' information in a timely manner. Where the users terminate the account, the e-commerce operators shall immediately delete the users' information, except that the information shall be retained according to the laws, administrative regulations or the parties' bilateral agreements.

Article 25 Where the competent authorities request the e-commerce operators to provide e-commerce data information in accordance with the laws and administrative regulations, the e-commerce operators shall provide the information. The competent authorities shall take necessary measures to protect the security of the relevant data information, and keep strictly confidential the personal information, privacy and trade secrets therein, and never leak, sell or unlawfully provide the information to the others.

Article 26 e-commerce operators that carry out cross-border e-commerce shall comply with the laws, administrative regulations and related State stipulations regarding imports and exports supervision and administration.

Section 2 e-commerce Platform Operators

Article 27 An e-commerce platform operator shall require the operators that apply to enter the platform to sell the goods or provide the service provide the identities, addresses, contact information, administrative licenses and other truthful information, verify and register the information, create the registration archives and periodically verify and update the information.

An e-commerce platform operator that provides the services for the non-operating users that enter the platform to sell the goods or provide the services shall abide by the relevant provisions of this Section.

Article 28 An e-commerce platform operator shall submit the identity information of the operators within the platform to the market supervision and administration department according to the stipulations, prompt the operators that are yet to complete the market subject registrations to complete the registration according to the laws, and, in cooperation with the market supervision and administration department, provide the facilitation adaptive to e-commerce characteristics for the operators that shall complete the market subject registrations to complete the registration.

An e-commerce platform operator shall, in accordance with the tax collection and administration laws and administrative regulations, submit the identity information and tax-related information of the operators within the platform to the tax department, and shall prompt the e-commerce operators that are not required to complete the market subject registrations under Article 10 of this Law to complete the taxregistration under the paragraph 2 of Article 11 of this Law.

Article 29 Where an e-commerce platform operator finds that the goods or services within the platform violate the Article 12 and Article 13 of this Law, it shall take necessary disposal measures according to the laws and report to the competent authorities.

Article 30 An e-commerce platform operator shall take technological measures and other necessary measures to ensure network security and stable operation, prevent cybercrimes and offences, effectively handle cyber security incidents and safeguard e-commerce transactional safety.

An e-commerce platform operator shall set up cyber security contingency plan, immediately activate the contingency plan upon the cyber security incidents, take the corresponding remedial measures and report to the competent authority.

Article 31 An e-commerce platform operator shall record and retain the goods and service information and transactional information disseminated on the platform, and ensure the integrity, confidentiality and utility of the information. The goods and service information and transactional information shall be retained for no less than 3 years from the date of completion of the transactions; where the laws or administrative regulations have the other stipulations, they shall be applied.

Article 32 An e-commerce platform operator shall comply with the principles of fairness, transparency and impartiality to formulate the platform service agreements and transactional rules, and specify the rights and obligations with respect to the entry and exit of the platform, goods and services' quality warranty, consumer protection, personal information protection and the other aspects.

Article 33 An e-commerce platform operator shall continuously and publicly display the information of the platform service agreements and transactional rules, or the link identifiers thereof, at the prominent position on the front page, and enable the operators and consumers to conveniently and integrally access and download the information.

Article 34 An e-commerce platform operator that modifies the platform service agreements and transactional rules shall publicly solicit the comments at the prominent position on the front page, and take reasonable measures to ensure all the parties involved are able to express their opinions sufficiently and in a timely manner. The modified contents shall be publicly disclosed no less than 7 days before the implementation.

Where the e-commerce operators within the platform refuse to accept the modified contents and request to exit the platform, the e-commerce platform operator shall notprevent the exit and shall assume the relevant responsibilities according to the service agreements and the transactional rules before the modification.

Article 35 An e-commerce platform operator shall not, through the platform service agreements, transactional rules, technologies and other means, impose unreasonable restrictions or unreasonable conditions on the operators within the platform in respect of the intra-platform transactions, the transactional prices or transactions with other operators, or collect unreasonable expenses from the operators within the platform.

Article 36 An e-commerce platform operator that imposes the warning, suspension, termination or other measures on the e-commerce operators within the platform for violation of the law and administrative regulations according to the platform service agreements and transactional rules shall disclose to the public in a timely manner.

Article 37 An e-commerce platform operator that carries out self-operating business on the platform shall prominently differentiate and mark up its own business from those carried out by the operators within the platform, and shall not mislead the consumers.

The e-commerce platform operator shall bear the civil liability as the seller of the goods or the provider of the service for the business marked up as self-operated.

Article 38 Where an e-commerce platform operator knows or should have known that the operators within the platform sell the goods or provide the services inconsistent with the requirements on safeguarding personal or property security or commit the other acts infringing the legitimate rights and interests of the consumers but fails to take the necessary measures, it shall be jointly liable with the operators within the platform.

For the goods or services that are related to consumers' life and health, the e-commerce platform operator fails to fulfill the obligation of auditing the qualification of the operators within the platform, or fails to fulfill the security guarantee obligations for consumers, causing consumer damage, it shall bear the corresponding liability according to the laws.

Article 39 An e-commerce platform operator shall establish and improve the credit appraisal system, publicly disclose the rules of credit appraisals and provide the means to enable the consumers to appraise the goods sold or the services provided within the platform.

An e-commerce platform operator shall not delete the appraisals made by the consumers regarding the goods sold or the services provided within the platform.

Article 40 An e-commerce platform operator shall display the search results of the goods and services according to the prices, sale volumes, credibility and many other elements; shall prominently mark as "advertisements" the goods or services ranked according to the bidding prices.

Article 41 An e-commerce platform operator shall establish the rules for intellectual property protection, enhance the cooperation with intellectual property right holders, and protect intellectual property rights according to the laws.

Article 42 Where an intellectual property right holder believes that its intellectual property rights are being infringed, it is entitled to send the notification to the e-commerce platform operator to request it to delete, block, delink, terminate the transactions and services or take the other necessary measures. The notification shall include the prima facie evidence of infringement.

The e-commerce platform operator shall, upon the receipt of the notification, take the necessary measures in a timely manner and forward the notification to the operators within the platform; if failing to take the necessary measures in a timely manner, it shall be jointly liable with the operators within the platform regarding the expanded part of the damage.

Where an intellectual property right holder damages the operators within the platform with the erroneous notification, it shall bear the civil liability according to the laws. If the wrong notification was sent in bad faith and causes the damage of the operators within the platform, the intellectual property right holder shall be liable for the double compensation.

Article 43 An operator within the platform, after receiving the forwarded notification, may submit to the e-commerce platform operator the non-infringement statement. The statement shall include the prima facie evidence of non-infringement.

The e-commerce platform operator, after receiving the statement, shall forward it to the intellectual property right holder that sent the notification, and inform the right holder that it may file the complaint to the competent authority or bring the lawsuit to the people's court. If the e-commerce platform operator does receive the notice from the right holder that the complaint was filed or the lawsuit was brought within 15 days after the forwarded statement reaches the intellectual property right holder, it shall terminate the measures that have been taken in a timely manner.

Article 44 An e-commerce platform operator shall, in a timely manner, publicly disclose the notifications and statements it has received and its processing results according to the Article 42 and 43 of this Law.

Article 45 Where an e-commerce platform operator knows or should have known that the operators within the platform infringe intellectual property rights, it shall delete, block, delink, terminate the transactions and services or take the other necessary measures; if failing to take the necessary measures, it shall be jointly liable with the infringers.

Article 46 Except for the services prescribed in the second paragraph of Article 9 of this Law, an e-commerce platform operator may, in accordance with the service agreements and transactional rules, provide the warehousing, logistics, payment and settlement, delivery and the other services for the e-commerce among the operators. When providing the services for the e-commerce among the operators, the e-commerce platform operator shall comply with the laws, administrative regulations and the State stipulations, and shall not transact in the means of aggregate bidding, market makers or other aggregate transactions, nor shall carry out the transactions of standardized covenants.

Chapter 3 Conclusion and Performance of e-commerce Contracts

Article 47 This Chapter of this Law and the PRC General Provisions of the Civil Law, Contract Law, Electronic Signature Law and other laws apply to conclusion and performance of the contracts between the e-commerce parties.

Article 48 e-commerce parties that use the automatic information system for conclusion or performance of a contract shall be bound by the legal effects thereof.

In e-commerce, it is presumed that the parties have the corresponding capacity for civil acts; however, unless there is the evidence to the contrary sufficient to overrule.

Article 49 Where an e-commerce operator releases the information of the goods or services that meets the conditions of an offer, and a user selects the goods or services and submits the order successfully, the contract is concluded. If the parties have the agreement otherwise, the agreement prevails.

An e-commerce operator shall not, in the means of the standard terms, etc. , impose on the consumers that the contracts are not concluded even after the consumers made the payments; the standard terms that contain the foregoing contents shall be void.

Article 50 An e-commerce operator shall clearly, comprehensively and explicitly inform the users of the steps, matters needing attention, downloading methods and the other items for concluding the contracts, and ensure the users' convenient and integral access and downloading.

An e-commerce operator shall ensure that the users may, before submitting the order, correct the input errors.

Article 51 Where the subject matter of a contract is the delivered goods through the means of express delivery and logistics, the time of delivery is when the receiver signs to acknowledge the receipt. Where the subject matter of a contract is provision of service, the time of delivery is the time specified in the generated electronic or physical certificate; if the preceding certificate does not specify the time or the specified time is different from the actual time of provision of service, the delivery time is the actual time of provision of service.

Where the subject matter of a contract is delivered through the means of online transmission, the time of delivery is when the subject matter enters into the specific system designated by the other party and is capable of being retrieved and identified.

Where the contractual parties have the other agreements on the delivery methods and times, these agreements prevail.

Article 52 e-commerce parties may agree to utilize the express delivery and logistics for delivery of goods.

Express delivery and logistics service providers that provide the services for e-commerce shall comply with the laws and administrative regulations and be consistent with the promised service standards and time limits. When delivering the goods, the express delivery and logistics service provider shall prompt the receiver to check the goods in the presence of the service provider; delivery to any other party shall be agreed by the receiver.

Express delivery and logistics service providers shall use the environmental-friendly packaging materials in accordance with regulations to achieve reduction and reuse of packaging materials.

Express delivery and logistics service providers may accept the e-commerce operator's entrustment to provide the cash-on-delivery services, while providing the express delivery and logistics services.

Article 53 e-commerce parties may agree to pay the price through electronic payment.

Electronic payment service providers that provide the electronic payment services for e-commerce shall comply with the State stipulations, inform the users of the functions, methods of use, matters needing attention, relevant risks, fee schedules and other items of electronic payment, and shall not impose unreasonable transactional conditions. Electronic payment service providers should ensure that electronic payment instructions are integral, consistent, trackable, and non-tamperable.

Electronic payment service providers shall provide to the users free of charge the account reconciliation services and the transactional records for the last three years.

Article 54 Where an electronic payment service provider provides the electronic payment services that do not comply with the State relevant requirements on payment security management and causes the users' damage, it shall be liable for compensation.

Article 55 The users, before sending out the payment instructions, shall check the complete information contained in the payment instructions including the amount of money, payee and others.

Where there is an error in a payment instruction, the electronic payment service provider shall investigate the reason in a timely manner, and take the relevant corrective measures. Where the users suffer from the losses therefor, the electronic payment service provider shall be liable for compensation; unless it can prove that the payment error is not caused by its own reason.

Article 56 Electronic payment service providers, after completing electronic payment, shall provide to the users in a timely and accurate manner the payment confirmation information through the agreed methods.

Article 57 The users shall properly take care of the transactional passcodes, electronic signature data and other security tools. The users, upon noting that the security tools are lost, stolen or used for unauthorized payment, shall notify the electronic payment service providers in a timely manner.

The Losses arising from unauthorized payment shall be borne by the electronic payment service providers; if it can prove that the unauthorized payment was caused by the users' faults, the electronic payment service providers have no liability.

The electronic payment service providers, upon noting that the payment instructions are unauthorized or receiving the notification that the users' payment instructions are unauthorized, shall take the measures to prevent the losses from expanding in a timely manner. The electronic payment service providers that fail to take the measures and cause the expansion of the loss shall be liable for the expanded parts of the losses.

Chapter 4 e-commerce Dispute Settlement

Article 58 The State encourages the e-commerce platform operators to establish the goods and service quality guarantee mechanisms conductive to the development of e-commerce and the protection of consumers' rights and interests.

Where an e-commerce platform operator and the operators within the platform agree to establish a consumer rights and interests deposit, the parties shall make a clear agreement on the amount of withdrawal, management, use and refund methods, etc. ofthe consumer rights and interests deposit.

Where the consumers request an e-commerce platform operator to assume the first-line liability of compensation and where the e-commerce platform operator pursues the reimbursement from the operators within the platform after compensating the consumers, the relevant prescriptions in the PRC Law on Protection of Consumer Rights and Interests shall apply.

Article 59 e-commerce operators shall establish the convenient and effective complaining and whistle-blowing mechanisms, publicly disclose the means and other information for complaining and whistle-blowing, and accept and process the complaints and whistle-blowing in a timely manner.

Article 60 e-commerce disputes may be resolved through negotiation and settlement, requesting the consumers' organizations, industrial associations or the other lawfully-established mediation organizations to mediate, complaining to the relevant departments, submitting to arbitration, or filing lawsuits to the courts, etc.

Article 61 Where the consumers purchase the goods or accept the services on an e-commerce platform and dispute with the operators within the platform, the e-commerce platform operator shall actively assist the consumers in safeguarding the legitimate rights and interests.

Article 62 In handling an e-commerce dispute, the e-commerce operator shall provide the original contracts and transactional records. Where an e-commerce operator lost, forged, tampered, destroyed, concealed or refused to provide the foregoing materials, causing the people's court, arbitration organizations or relevant departments unable to ascertain the truth, the e-commerce operator shall bear the corresponding legal liability.

Article 63 An e-commerce platform operator may establish the online dispute settlement mechanism, formulate and publicly disclose the dispute settlement rules, and resolve the parties' disputes according to the principles of voluntariness, fairness and impartiality.

Chapter 5 Facilitation of e-commerce

Article 64 The State Council, the people's governments of provinces, autonomous regions and municipalities directly under the Central Government shall incorporate the development of e-commerce into national economic and social development plan, formulate scientific and reasonable industrial policies, and promote the innovative development of e-commerce.

Article 65 The State Council, the people's governments at or above county level and their relevant departments shall take measures to support and promote green packaging, warehousing, transportation, and promote the green development of e-commerce.

Article 66 The State promotes the construction of e-commerce infrastructure and logistics networks, improves the e-commerce statistical system, and promotes the construction of e-commerce standardized system.

Article 67 The State promotes the application of e-commerce in all the sectors of national economy, and supports the integrative development of e-commerce and any other industry.

Article 68 The State promotes the application of the Internet technologies in agricultural production, processing, circulation, etc. , encourages the enhanced cooperation of various social resources, stimulates the development of e-commerce in countryside, and gives play to the role of e-commerce in targeted poverty alleviation.

Article 69 The State maintains the e-commerce transactional security, protects the e-commerce users' information, encourages the development and application of e-commerce data, and safeguards the lawful, orderly and free flow of e-commerce data.

The State takes measures to promote the establishment of public data-sharing mechanisms, and stimulate the e-commerce operators to lawfully utilize the public data.

Article 70 The State supports the credit appraisal organizations that are set up according to laws to carry out e-commerce credit appraisal and offer to the society the credit appraisal services.

Article 71 The State promotes the development of cross-border electronic commerce, establishes and improves that administrative systems for customs, taxation, imports and exports inspection and quarantine, payment and clearance, etc. that meet the characteristics of cross-border e-commerce, raises the facilitation levels of all the links of cross-border e-commerce, support the cross-border e-commerce platform operators to provide warehousing and logistics, customs declaration, inspection and quarantine declaration and other services for cross-border e-commerce.

The State supports the micro and small enterprises to conduct cross-border e-commerce.

Article 72 The State import and export regulatory departments shall promote the construction of comprehensive services and regulatory systems for cross-border e-commerce custom declaration, tax payment, inspection and quarantine and other links, optimizes regulatory process, stimulates the realization of information sharing, mutually-recognized regulation and mutually-assisted enforcement, and improves the efficiency of cross-border e-commerce services and regulation. Cross-border e-commerce operators may, based on the electronic documents and certificates, go through the relevant formalities with the State imports and exports administrative departments.

Article 73 The State promotes to establish the exchange and cooperation for cross-border e-commerce with different countries or regions, participates in the formulation of international rules on e-commerce, and promotes international mutual recognition of e-signatures and e-identities.

The State promotes to establish the cross-border e-commerce dispute settlement mechanisms along with the different countries and regions.

Chapter 6 Legal Liabilities

Article 74 Where an e-commerce operator fails to fulfill the contractual obligations, fulfills the contractual obligations inconsistent with the agreement, or causes the losses to others while selling the goods or providing the services, it shall bear the civil liability in accordance with the laws.

Article 75 Where an e-commerce operator violates the Article 12 and 13 of this Law, failing to obtain the relevant administrative licenses for operational activities or selling or providing the goods or services prohibited from transaction by the laws and administrative regulations, fails to fulfil the information provision obligation under the Article 25 of this Law, or violates the Article 46 of this Law, transacting in the means of aggregate transactions or standardized covenants, it shall be subject to the penalties according to the laws and administrative regulations.

Article 76 Where an e-commerce operator violates the prescriptions of this Law by conducting the following acts, it shall be ordered by the market supervision and administration department to make correction within the time limit and be subject to a fine not more than 10, 000 yuan; in the case of an e-commerce platform operator, the penalties shall be imposed according to the Article 81, paragraph 1, of this Law:

(1) failing to publicly disclose at the prominent position on the front page the information of business registrations, administrative licenses or no-need to complete the registration of market subjects, or the linking identifiers to the foregoing information;

(2) failing to continuingly and publicly disclose at the prominent position on the front page the relevant information on termination of e-commerce;

(3) failing to clearly express the means and procedures for the users to access to, correct, delete the information and terminate the accounts, or set the unreasonable conditions for the users' information access, correction, deletion and termination.

Where an e-commerce platform operator fails to take necessary measures against the operators within the platform that violate the stipulations of the preceding paragraph, the market supervision and administration department shall order it to make correction within the time limit, and may impose a fine of not less than 20, 000 yuan but not more than 100, 000 yuan.

Article 77 Where an e-commerce operator violates the prescriptions of the first paragraph of Article 18 of this Law to provide the search results, or violates the stipulations of Article 19 of this Law to tie the goods or services for sale, the market supervision and administration department shall order it to make correction within the time limit, confiscate the illegal income, and may impose a fine of not less than 50, 000 yuan but not more than 200, 000 yuan; if the circumstances are serious, imposing a fine of not less than 200, 000 yuan but not more than 500, 000 yuan.

Article 78 Where an e-commerce operator violates the prescriptions of Article 21 of this Law, failing to clearly express the deposit refund methods or procedures to the consumers, setting unreasonable conditions on deposit refund, or not refunding the deposit in a timely manner, the relevant competent department shall order it to make correction within the time limit, and may impose a fine of not less than 50, 000 yuan but not more than 200, 000 yuan; if the circumstances are serious, imposing a fine of not less than 200, 000 yuan but not more than 500, 000 yuan.

Article 79 Where an e-commerce operator violates the laws and administrative regulations concerning the protection of personal information, or fails to comply with the cyber security obligations prescribed in the Article 30 of this Law and the relevant laws and administrative regulations, it shall be subject to the penalties prescribed in the PRC Cyber Security Law and other laws and administrative regulations.

Article 80 Where an e-commerce platform operator commits any of the following acts, it shall be ordered by the relevant competent authorities to make correction within the time limit; should it fail to make correction within the time limit, it shall be imposed a fine not less than 20, 000 yuan but not more than 100, 000 yuan; if the circumstances are serious, it shall be ordered to shut down business for rectification, and be subject to a fine not less than 100, 000 yuan but not more than 500, 000 yuan:

(1) failing to fulfil the obligations of verification and registration prescribed in the Article 27 of this Law;

(2) failing to submit the relevant information to the market supervision and administration department and/or tax department according to the Article 28 of this Law;

(3) failing to take necessary measures against the illegal circumstances or failing to report to the relevant competent authorities according to the Article 29 of this Law;

(4) failing to fulfil the obligation of retention of the goods and service information and transactional information according to the Article 31 of this Law.

Where the laws and administrative regulations provide the punishments otherwise for the illegal acts prescribed in the preceding paragraph, such provisions shall be followed.

Article 81 Where an e-commerce platform operator violates the provisions of this Law and commits any of the following acts, the market supervision and administration department shall order it to make corrections within the time limit, and may impose a fine of not less than 20, 000 yuan but not more than 100, 000 yuan; if the circumstances are serious, imposing a fine of not less than 100, 000 yuan but not more than 500, 000 yuan:

(1) failing to continuously and publicly display the information of the platform service agreements and transactional rules, or the link identifiers thereof, at the prominent position on the front page;

(2) where modifying the platform service agreements and transactional rules, fail-

ing to publicly solicit the comments at the prominent position on the front page, failing to publicly disclose the modified contents in advance according to the prescribed period of time, or preventing the operators within the platform from exiting the platform;

(3) failing to prominently differentiate and mark up its own business from those carried out by the operators within the platform;

(4) failing to provide the means for the consumers to appraise the goods sold or the services provided within the platform or delete the appraisals made by the consumers without permission.

Where an e-commerce platform operator violates the Article 40 of this Law, failing to prominently mark as "advertisement" the goods or services that are ranked according to the bidding prices, it shall be punished in accordance with the PRC Law on Advertisements.

Article 82 Where an e-commerce platform operator violates the Article 35 of this Law, imposing unreasonable restrictions or unreasonable conditions on the operators within the platform in respect of the intra-platform transactions, the transactional prices or transactions with other operators, or collecting unreasonable fees, the market supervision and management department shall order it to make corrections within the time limit, and may impose a fine of not less than 50, 000 yuan but not more than 500, 000 yuan; if the circumstances are serious, imposing a fine of not less than 500, 000 yuan but not more than 2, 000, 000 yuan.

Article 83 Where an e-commerce platform operator violates the Article 38 of this Law, failing to take necessary measures against the operators within the platform that infringe the legitimate rights and interests of consumers, failing to fulfil the obligation on verification of the qualification of the operators within the platform, or failing to fulfil the obligation on consumer safety guarantee, the market supervision and management department shall order it to make corrections within the time limit, and may impose a fine of not less than 50, 000 yuan but not more than 500, 000 yuan; if the circumstances are serious, it shall be ordered to shut down business for rectification and be subject to a fine of not less than 500, 000 yuan but not more than 2, 000, 000 yuan.

Article 84 Where an e-commerce platform operator violates the Articles 42 and 45 of this Law, failing to take necessary measures against the operators within the platform that commit the acts of intellectual property infringements, the relevant intellectual property administrative department shall order it to make corrections within the time limit; failing to rectify within the time limit, it shall be subject to a fine of not less than 50, 000 yuan but not more than 500, 000 yuan; if the circumstances are serious, a fine of not less than 500, 000 yuan but not more than 2, 000, 000 yuan shall be imposed.

Article 85 Where an e-commerce operator violates the provisions of this Law, selling the goods or providing the services that do not comply with the requirements for protection of personal and property safety, committing false or misleading commercial propagandas and other unfair competition practices, abusing market dominant position, or committing infringements against intellectual property rights, consumer rights or other rights, it shall be punished in accordance with the provisions of the relevant laws.

Article 86 Where an e-commerce operator commits an illegal act as prescribed in this Law, it shall be recorded in the credit file and publicized in accordance with the provisions of relevant laws and administrative regulations.

Article 87 Where the staff of the departments responsible for e-commerce supervision and administration neglect their duties, abuse their powers, engage in malpractices, or disclose, sell or illegally provide to others the personal information, privacy and trade secrets that are known in the performance of their duties, they shall be subject to the legal liabilities according to laws.

Article 88 Whoever violates the provisions of this Law and constitutes a violation of public security administration shall be punished according to law; Where a crime is established, the person concerned shall be subject to the criminal penalties according to laws.

Chapter 8 Supplementary Provisions

Article 89 This Law shall come into force on January 1, 2019.

附录二　联合国相关条约法（官方中文）

联合国国际合同使用电子通信公约

（2005 年 11 月 23 日签署于纽约；2013 年 3 月 1 日生效）

本公约各缔约国，重申相信平等互利基础上的国际贸易是促进各国之间友好关系的一个重要因素，注意到电子通信的使用增多提高了商业活动的效率，加强了贸易联系，并为过去相距遥远的当事人和市场提供了新的准入机会，从而对促进国内、国际贸易和经济发展发挥着极其重要的作用，考虑到国际合同中使用电子通信的法律效力不确定性所产生的种种问题构成了对国际贸易的障碍，深信采用统一规则消除对国际合同使用电子通信的障碍，包括消除现有国际贸易法文书在执行上可能产生的障碍，将加强国际合同的法律确定性和商业上的可预见性，有助于各国获得现代贸易途径，认为统一规则应当尊重当事人在其所选择的手段符合相关法律规则的目的的限度内选择适当媒介和技术的自由，同时顾及不偏重任何技术和功能等同的原则，希望以法律制度、社会制度和经济制度不同的国家所能接受的方式对消除电子通信使用中的法律障碍提供一个共同解决办法，兹商定如下：

第一章　适用范围

第 1 条　适用范围

1. 本公约适用于与营业地位于不同国家的当事人之间订立或履行合同有关的电子通信的使用。

2. 当事人营业地位于不同国家，但这一事实只要未从合同或当事人之间的任何交往中或当事人在订立合同之前任何时候或订立合同之时披露的资料中显示出来，即不予以考虑。

3. 在确定本公约是否适用时，既不考虑当事人的国籍，也不考虑当事人和合同的民事或商务性质。

第 2 条 不适用情形

1. 本公约不适用于与下列情形有关的电子通信：

（a）为个人、家人或家庭目的订立的合同；

（b）(i) 受管制交易所的交易；（ii）外汇交易；（iii）银行间支付系统、银行间支付协议或者与证券或其他金融资产或票据有关的清算和结算系统；（iv）对中间人持有的证券或其他金融资产或票据的担保权的转让、出售、出借或持有或回购协议。

2. 本公约不适用于汇票、本票、运单、提单、仓单或任何可使持单人或受益人有权要求交付货物或支付一笔款额的可转让单证或票据。

第 3 条 当事人意思自治

当事人可以排除本公约的适用，亦可减损或更改其中任何一项规定的效力。

第二章 总 则

第 4 条 定义

在本公约中：

（a）“通信”系指当事人在一项合同的订立或履行中被要求作出或选择作出的包括要约和对要约的承诺在内的任何陈述、声明、要求、通知或请求；

（b）“电子通信”系指当事人以数据电文方式发出的任何通信；

（c）“数据电文”系指经由电子手段、电磁手段、光学手段或类似手段生成、发送、接收或存储的信息，这些手段包括但不限于电子数据交换、电子邮件、电报、电传或传真；

（d）电子通信的“发件人”系指亲自或由他人代表而发送或生成了可能随后备存的电子通信的当事人，但不包括作为中间人处理该电子通信的当事人；

（e）电子通信的“收件人”系指发件人意图中的接收该电子通信的当事人，但不包括作为中间人处理该电子通信的当事人；

（f）“信息系统”系指生成、发送、接收、存储或用其他方法处理数据电文的系统；

（g）“自动电文系统”系指一种计算机程序或者一种电子手段或其他自动手段，用以引发一个行动或者全部或部分地对数据电文或执行生成答复，而无须每次在该系统引发行动或生成答复时由自然人进行复查或干预；

（h）“营业地”系指当事人为了从事一项经济活动，但并非从某一处所临时提供货物或服务而保持一非短暂性营业所的任何地点。

第 5 条　解释

1. 在解释本公约时，应当考虑到其国际性以及促进其适用上的统一和在国际贸易中遵守诚信的必要性。

2. 涉及本公约所管辖事项的问题，未在本公约中明确解决的，应当按照本公约所依据的一般原则加以解决，在无此种原则时，应当按照国际私法规则指定的适用法律加以解决。

第 6 条　当事人的所在地

1. 就本公约而言，当事人的营业地推定为其所指明的所在地，除非另一方当事人证明该指明其所在地的当事人在该所在地无营业地。

2. 当事人未指明营业地并且拥有不止一个营业地的，就本公约而言，与有关合同关系最密切的营业地为其营业地，但须考虑到双方当事人在合同订立之前任何时候或合同订立之时所知道或所设想的情况。

3. 自然人无营业地的，以其惯常居所为准。

4. 一所在地并不仅因以下两点之一而成为营业地：（a）系一方当事人订立合同所用信息系统的支持设备和技术的所在地；（b）系其他当事人可以进入该信息系统的地方。

5. 仅凭一方当事人使用与某一特定国家相关联的域名或电子信箱地址，不能推定其营业地位于该国。

第 7 条　对提供情况的要求

本公约中的规定概不影响适用任何可能要求当事人披露其身份、营业地或其他情况的法律规则，也不免除当事人就此作出不准确、不完整或虚假说明的法律后果。

第三章　国际合同使用电子通信

第 8 条　对电子通信的法律承认

1. 对于一项通信或一项合同，不得仅以其为电子通信形式为由而否定其效力或可执行性。

2. 本公约中的规定概不要求当事人使用或接受电子通信，但可以根据当事人的作为推断其是否同意使用或接受电子通信。

第 9 条　形式要求

1. 本公约中的规定概不要求一项通信或一项合同以任何特定形式作出、订立或证明。

2. 凡法律要求一项通信或一项合同应当采用书面形式的，或规定了不采用书面形式的后果的，如果一项电子通信所含信息可以调取以备日后查用，即满足了该项要求。

3. 凡法律要求一项通信或一项合同应当由当事人签字的，或法律规定了没有签字的后果的，对于一项电子通信而言，在下列情况下，即满足了该项要求：

（a）使用了一种方法来鉴别该当事人的身份和表明该当事人对电子通信所含信息的意图；而且

（b）所使用的这种方法：

（i）从各种情况来看，包括根据任何相关的约定，对于生成或传递电子通信所要达到的目的既是适当的，也是可靠的；或者

（ii）其本身或结合进一步证据事实上被证明已履行以上第（a）项中所说明的功能。

4. 凡法律要求一项通信或一项合同应当以原件形式提供或保留的，或规定了缺少原件的后果的，对于一项电子通信而言，在下列情况下，即满足了该项要求：

（a）该电子通信所含信息的完整性自其初次以最终形式——电子通信或其他形式——生成之时起即有可靠保障；而且

（b）要求提供电子通信所含信息的，该信息能够被显示给要求提供该信息的人。

5. 在第 4 款第（a）项中：

（a）评价完整性的标准应当是，除附加任何签注以及正常通信、存储和显示过程中出现的任何改动之外，信息是否仍然完整而且未被更改；而且

（b）所要求的可靠性标准应当根据生成信息的目的和所有相关情况加以评估。

第 10 条　发出和收到电子通信的时间和地点

1. 电子通信的发出时间是其离开发件人或代表发件人发送电子通信的当事人控制范围之内的信息系统的时间，或者，如果电子通信尚未离开发件人或代表发件人发送电了通信的当事人控制范围之内的信息系统，则为电子通信被收到的

时间。

2. 电子通信的收到时间是其能够由收件人在该收件人指定的电子地址检索的时间。电子通信在收件人的另一电子地址的收到时间是其能够由该收件人在该地址检索并且该收件人了解到该电子通信已发送到该地址的时间。当电子通信抵达收件人的电子地址时，即应推定收件人能够检索该电子通信。

3. 电子通信将发件人设有营业地的地点视为其发出地点，将收件人设有营业地的地点视为其收到地点，营业地根据第 6 条确定。

4. 即使支持电子地址的信息系统的所在地可能不同于根据本条第 3 款而认定的电子通信的收到地点，本条第 2 款依然适用。

第 11 条　要约邀请

通过一项或多项电子通信提出的订立合同提议，凡不是向一个或多个特定当事人提出，而是可供使用信息系统的当事人一般查询的，包括使用交互式应用程序通过这类信息系统发出订单的提议，应当视作要约邀请，但明确指明提议的当事人打算在提议获承诺时受其约束的除外。

第 12 条　自动电文系统在合同订立中的使用

通过自动电文系统与自然人之间的交互动作或者通过若干自动电文系统之间的交互动作订立的合同，不得仅仅因为无自然人复查或干预这些系统进行的每一动作或由此产生的合同而被否定效力或可执行性。

第 13 条　合同条款的备查

一方当事人通过交换电子通信的方式谈判部分或全部合同条款的，本公约中的规定概不影响适用任何可能要求其以某种特定方式向另一方当事人提供含有合同条款的电子通信的法律规则，也不免除一方当事人未能这样做的法律后果。

第 14 条　电子通信中的错误

1. 一自然人在与另一方当事人的自动电文系统往来的电子通信中发生输入错误，而该自动电文系统未给该人提供更正错误的机会，在下列情况下，该人或其所代表的当事人有权撤回电子通信中发生输入错误的部分：

（a）该自然人或其所代表的当事人在发现错误后尽可能立即将该错误通知另一方当事人，并指出其在电子通信中发生了错误；而且

（b）该自然人或其所代表的当事人既没有使用可能从另一方当事人收到的任何货物或服务所产生的任何重大利益或价值，也没有从中受益。

2. 本条中的规定概不影响适用任何可能就除了第 1 款中所提到的错误之外

的任何错误的后果作出规定的法律规则。

第四章 最后条款

第15条 保存人

兹指定联合国秘书长为本公约保存人。

第16条 签署、批准、接受或认可

1. 本公约自2006年1月16日至2008年1月16日在纽约联合国总部开放供各国签署。

2. 本公约须经签署国批准、接受或认可。

3. 自开放供签署之日，本公约对所有未签署国开放供加入。

4. 批准书、接受书、认可书和加入书应送交联合国秘书长保存。

第17条 区域经济一体化组织的参与

1. 由主权国家组成并对本公约管辖的某些事项拥有管辖权的区域经济一体化组织同样可以签署、批准、接受、认可或加入本公约。在此情况下，区域经济一体化组织享有的权利和负有的义务应与缔约国相同，但仅限于本组织对本公约管辖的事项具有管辖权的范围。当本公约须考虑缔约国的数目时，除一区域经济一体化组织中已成为本公约缔约国的成员国之外，该组织不应算作一个缔约国。

2. 区域经济一体化组织在签署、批准、接受、认可或加入时应向保存人提出一项声明，指明对本公约所管辖的哪些事项的管辖权已由其成员国转移给本组织。根据本款提出的声明中所指明的管辖权分配如发生任何变化，包括管辖权的新的转移，区域经济一体化组织应迅速通知保存人。

3. 在情况需要时，本公约中对“一缔约国”或“各缔约国”的任何提及均同等适用于区域经济一体化组织。

4. 对于任何区域经济一体化组织的规则，凡适用于其各自营业地位于根据第21条作出的声明所列出的任何此种组织的成员国的当事人的，在与本公约发生冲突时，本公约不得优先。

第18条 对本国领土单位的效力

1. 一缔约国拥有两个或多个领土单位，各领土单位对本公约所涉事项适用不同法律制度的，该国得在签署、批准、接受、认可或加入时声明本公约适用于本国的全部领土单位或仅适用于其中的一个或数个领土单位，并且可以随时提出另一声明来修改其所做的声明。

2. 此种声明应通知保存人，并且明确指明适用本公约的领土单位。

3. 由于按本条规定作出一项声明，本公约适用于缔约国的一个或数个领土单位但不是全部领土单位，而且一方当事人的营业地位于该国之内的，为本公约之目的，除非该营业地位于本公约适用的领土单位内，否则该营业地视为不在缔约国内。

4. 一缔约国未根据本条第 1 款作出声明，本公约适用于该国的所有领土单位。

第 19 条　关于适用范围的声明

1. 任何缔约国均可根据第 21 条声明本国仅在下述情况下适用本公约：

（a）第 1 条第 1 款中提及的国家是本公约的缔约国；或者

（b）当事人约定适用本公约。

2. 任何缔约国均可将其在根据第 21 条所作的声明中指明的事项排除在本公约的适用范围之外。

第 20 条　根据其他国际公约进行的通信往来

1. 本公约的规定适用于与订立或履行本公约缔约国已加入或可能加入的下列任何国际公约所适用的合同有关的电子通信的使用：

《承认及执行外国仲裁裁决公约》（1958 年 6 月 10 日，纽约）；《国际货物销售时效期限公约》（1974 年 6 月 14 日，纽约）及其议定书（1980 年 4 月 11 日，维也纳）；《联合国国际货物销售合同公约》（1980 年 4 月 11 日，维也纳）；《联合国国际贸易运输港站经营人赔偿责任公约》（1991 年 4 月 19 日，维也纳）；《联合国独立担保和备用信用证公约》（1995 年 12 月 11 日，纽约）；《联合国国际贸易应收款转让公约》（2001 年 12 月 12 日，纽约）。

2. 本公约的规定还适用于与订立或履行本公约一缔约国已加入或可能加入但未在本条第 1 款中具体提及的另一国际公约、条约或协定所适用的合同有关的电子通信，除非该国已根据第 21 条声明其将不受本款的约束。

3. 根据本条第 2 款作出声明的国家也可声明，对于与订立或履行该国已加入或可能加入的已指明的国际公约、条约或协定所适用的任何合同有关的电子通信的使用，本国仍将适用本公约的规定。

4. 任何国家均可声明，对于与订立或履行该国已加入或可能加入的而且在该国的声明中指明的任何国际公约、条约或协定，包括本条第 1 款中提及的任何公约所适用的合同有关的电子通信的使用，本国将不适用本公约的规定，即使该国尚未通过根据第 21 条作出声明的方式排除本条第 2 款的适用亦如此。

第 21 条 声明的程序和效力

1. 任何时候均可根据第 17 条第 4 款、第 19 条第 1 和第 2 款以及第 20 条第 2、第 3 和第 4 款作出声明。在签署时作出的声明须在批准、接受或认可时加以确认。

2. 声明及其确认，应以书面形式提出，并应正式通知保存人。

3. 声明在本公约对有关国家开始生效时同时生效。但是，保存人于此种生效后收到正式通知的声明，应于保存人收到该项声明之日起满六个月后的下一个月第一日生效。

4. 根据本公约的规定作出声明的任何国家，可以在任何时候以书面形式正式通知保存人更改或撤回该项声明。此种更改或撤回于保存人收到通知之日起满六个月后的下一个月第一日生效。

第 22 条 保留

不得对本公约提出保留。

第 23 条 生效

1. 本公约于第三件批准书、接受书、认可书或加入书交存之日起满六个月后的下一个月第一日生效。

2. 一国在第三件批准书、接受书、认可书或加入书交存之后才批准、接受、认可或加入本公约的，本公约于该国交存其批准书、接受书、认可书或加入书之日起满六个月后的下一个月第一日对该国生效。

第 24 条 适用时间

本公约和任何声明仅适用于在本公约或该声明对每一缔约国生效或产生效力之日后所进行的电子通信。

第 25 条 退约

1. 缔约国得以书面形式正式通知保存人，宣布其退出本公约。

2. 退约于保存人收到通知之日起满十二个月后的下一个月第一日起生效。凡通知内订明退约的生效需更长期限的，退约于保存人收到通知后该段更长期限届满时生效。

二 OO 五年十一月二十三日订于纽约，正本一份，其阿拉伯文本、中文本、英文本、法文本、俄文本和西班牙文本具有同等效力。

下列署名全权代表，经各自政府正式授权，在本公约上签字，以昭信守。

联合国亚洲及太平洋跨境无纸贸易便利化框架协定

（2016 年 5 月于联合国亚太经社委员会成员国大会公布；
2017 年 8 月签署于纽约）

本框架协定的各缔约方（以下简称各缔约方），意识到贸易作为增长和发展引擎的重要性，以及提高国际贸易效率以保持和提高本区域竞争力的必要性；

注意到顺畅的贸易活动在促进全面互联互通方面发挥至关重要的作用，从而推动本区域贸易创造和新的增长；

认识到无纸贸易可以营造有利于遵守法律规制的环境，并能够提高国际贸易的效率和透明度，尤其是在电子形式的贸易数据和文件进行跨境交换的情况下；

注意到主要出口市场正在实施的贸易和供应链安全保障举措将使国际供应链中的所有参与者越来越需要以电子形式交换数据和文件；

考虑到亚太区域许多国家目前正在国家层面实施电子系统以加快处理贸易数据和文件；

还考虑到亚太区域各国越来越多地将电子信息交换的条款纳入其贸易协定之中；

认识到世界贸易组织第九届部长级会议完成了《贸易便利化协定》的谈判以及落实该《协定》的重要性；

意识到推动内陆国和过境国之间电子形式贸易数据和文件的互认与交换可大幅减少过境时间和成本，并增加内陆国的贸易和发展机会；

还意识到推动电子形式贸易数据和文件交换尤其有助于中小企业更加有效地参与国际贸易并提高其竞争力；

注意到各缔约方的经济以及信息和通信技术发展处于不同水平；

承认一些国家现有的信息和通信技术及相关物质基础设施不足以确保可持续的商业发展；

注意到有必要营造一个有利的法律环境以使跨境无纸贸易带来的利益最大化；

希望制定一个法律框架以深化和扩大各缔约方之间在跨境无纸贸易便利化方面的合作并就此领域的未来发展作出规划。

特此商定如下：

第一条　宗旨

本框架协定的宗旨是通过促进电子形式的贸易数据和文件的交换和互认，推动国家和次区域单一窗口和/或其他无纸贸易系统之间的兼容性，促进跨境无纸贸易，从而提高国际贸易的效率和透明度，并营造有利于遵守法律规制的环境。

第二条　范围

本框架协定适用于各缔约方之间的跨境无纸贸易。

第三条　定义

在本框架协定中：

（一）“跨境无纸贸易”是指在电子通信、包括以电子形式交换贸易数据和文件的基础上进行的货物贸易，包括货物的进口、出口、过境及相关服务；

（二）“电子通信”是指参与贸易各方以数据电文方式进行的任何通信；

（三）“数据电文”是指以电、磁、光或类似手段生成、发送、接收或存储的信息，包括但不限于电子数据互换；

（四）“贸易数据”是指贸易文件中所载、或者随贸易文件传输的数据；

（五）“贸易文件”是指完成商业交易所需的商业性和监管性文件；

（六）“商业交易”是指经营场所位于不同领土内的各方之间货物贸易的相关交易；

（七）“互认”是指两个或两个以上国家之间对跨境交换电子形式贸易数据和文件的有效性的对等承认；

（八）“单一窗口”是指允许参与贸易交易各方以电子方式在单一接入点为履行所有进口、出口和过境相关法规要求而提交数据和文件的机制安排；

（九）“兼容性”是指两个或两个以上的系统或组件交换信息并使用已交换信息的能力。

第四条　解释

对本框架协定的任何解释都必须充分考虑到它所依据的总则、其国际特征和促进其统一适用的必要性。

第五条 总则

一、本框架协定须遵循以下总体原则：

（一）功能等同；

（二）非歧视性使用电子通信；

（三）技术中立；

（四）促进兼容；

（五）提升贸易便利化和营造有利于遵守法律规制的环境；

（六）公私营部门合作；

（七）改善跨界信任环境。

二、各缔约方一致认为，实施国家立法和法规、将这些原则运用于电子形式贸易数据和文件交换，将建立同等程度的信任并提高兼容性。

第六条 国家政策框架、有利的国内法律环境和无纸贸易委员会

一、各缔约方应努力设立无纸贸易国家政策框架，在该政策框架下可界定目标、实施战略并配置资源，同时建立立法框架。

二、各缔约方在适用情况下应借鉴国际标准和最佳实践，努力营造有利于无纸贸易的国家立法，特别是针对跨境无纸贸易国家运营主体职能的立法。

三、各缔约方可根据各自的国内环境设立由政府和私营部门相关方代表组成的国家委员会。委员会将为电子形式贸易数据和文件的交换营造有利的国内法律环境，并推动跨境无纸贸易的兼容性。或者，各缔约方也可不必设立单独的委员会，而是依靠国内已有的类似机构，并可指定该机构或该机构内的合适组织单位或工作组，作为执行本框架协定的国家委员会。

第七条 跨境无纸贸易便利化和发展单一窗口系统

一、各缔约方应努力通过利用现有运行系统或创建新系统，实现电子形式贸易数据和文件的交换，从而便利跨境无纸贸易。

二、鼓励各缔约方发展单一窗口系统并将其运用于跨境无纸贸易。鼓励各缔约方在发展单一窗口系统或升级现有系统的过程中遵守本框架协定确定的总体原则。

第八条 电子形式贸易数据和文件的跨境互认

一、各缔约方应在可靠程度大致相当的基础上对来自其他缔约方的电子形式贸易数据和文件提供互认。

二、“大致相当的可靠程度”由各缔约方通过在本框架协定下建立的机构安排共同商定。

三、各缔约方可根据跨界信任环境原则及其他各项总体原则，缔结用于实施电子形式贸易数据和文件跨境互认的双边和多边安排，条件是这些双边和多边安排中的条文不与本框架协定相矛盾。

第九条　电子形式贸易数据和文件交换的国际标准

一、各缔约方应努力适用国际标准和指南以确保无纸贸易中的兼容性并制定安全、保险和可靠的数据交换通信方式。

二、各缔约方应努力参与跨境无纸贸易相关国际标准和最佳实践的制定工作。

第十条　与推进跨境无纸贸易的其他法律文书的关系

一、各缔约方可在适用情况下采用联合国机构及其他国际组织达成的相关国际法律文书。

二、各缔约方应努力确保电子形式贸易数据和文件的跨境交换符合由在本框架协定之下设立的机构安排所确定的国际法以及区域和国际条例及最佳实践。

第十一条　机构安排

一、为实现本框架协定的目标，联合国亚洲及太平洋经济社会委员会（亚太经社会）须设立一个无纸贸易理事会，由每一个缔约方提名一（1）位高级别人员组成。理事会须根据请求举行会议，但每年至少举行一次会议。

二、无纸贸易理事会为履行其职能须由一个常设委员会提供支持，该常设委员会负责监督和协调本框架协定的实施工作，并向理事会提交建议供审议。常设委员会由各缔约方高官组成，每年至少举行一次会议。

三、为实施本框架协定之目的，常设委员会可设立工作组，工作组须向常设委员会汇报本框架协定下相关行动计划的实施情况。

四、亚太经社会秘书处被指定为本框架协定的秘书处，同时也是本框架协定下设立的各机构的秘书处。它为协调、审议和监督本框架协定的执行工作以及所有相关事宜提供支持。

五、理事会须以三分之二的多数票通过对其履行职责，包括对常设委员会和工作组履行职责所需要的议事规则。除非本框架协定另有规定，理事会作出任何决定时，须有至少三分之二的缔约方出席会议，且在场参加表决的成员投赞成票超过半数通过。

六、理事会和常设委员会可根据议事规则所规定的权限，通过关于特定的法律、技术和组织事项的议定书。任何议定书生效的条件须在该议定书中予以确定。

第十二条　行动计划

一、常设委员会须在无纸贸易理事会的监督下制定一项全面的行动计划，其中须提出为执行本框架协定而营造连贯、透明和可预见的环境所必需的、带有明确目标和执行时间表的所有具体行动和措施，包括各缔约方各自的执行时间表。各缔约方应按照时间表执行行动计划，每一缔约方的执行情况应上报常设委员会。

二、每一缔约方应在评估自身准备情况基础上制订其执行时间表，并纳入行动计划。

第十三条　试点项目和经验教训交流

一、各缔约方应努力开始和启动电子形式贸易数据和文件跨境交换的试点项目，特别是在海关和其他监管机构之间开展工作。各缔约方应通过本框架协定下建立的机构安排协作开展此类试点项目。

二、各缔约方应向常设委员会报告试点项目的进展情况，以便推动交流经验教训，汇集最佳实践，从而促进电子形式贸易数据和文件跨境交换方面的相互兼容。经验教训交流工作将尽可能且酌情超越本框架协定缔约方的范围，以推动在全区域乃至更大范围实施无纸贸易。

第十四条　能力建设

一、各缔约方可开展合作，互相提供技术支持和援助，以推进本框架协定的执行。

二、各缔约方可通过本框架协定下建立的机构安排协作开展能力建设。

三、各缔约方对最不发达国家和内陆发展中国家提出的获得技术援助及合作安排的请求，以帮助其开发无纸贸易能力并充分利用本框架协定的潜在利益，应给予特别考虑。

四、各缔约方可在执行本框架协定时邀请发展伙伴提供更有效的技术和财政援助。

第十五条　本框架协定的执行

为执行本框架协定条款，每一缔约方应努力营造有利的法律环境并开发必要的技术基础设施，以便利电子形式贸易数据和文件的跨境交换。各缔约方认识到，最不发达国家和内陆发展中国家可能需要获得技术和财政援助，以建设技术基础设施和营造有利的法律环境，这是便利跨境交换电子形式贸易数据和文件的必要条件。

第十六条　其他已生效的协定

本框架协定或在本协定下采取的任何行动，均不得影响各缔约方在其同为缔约方的任何其他现有协定或国际公约下的权利和义务。

第十七条　争端解决

一、缔约方对本框架协定的解释和适用可能产生的任何争端须在相关缔约方之间采取谈判或协商方式解决。

二、在涉及本框架协定争端的当事缔约方不能通过谈判或协商解决争端的情况下，可在其中任何一方的要求下提交调解人进行调解。

三、争端须提交争端当事缔约方挑选的一名或多名调解人。如果争端当事缔约方在提出调解请求之后三（3）个月内未能商定一名或多名调解人人选，其中任何一方可要求联合国秘书长指定一名调解人受理争端。

四、所指定的一名或多名调解人所提出的建议虽不具有约束力，但须作为争端当事缔约方重新考虑的基础。

五、经互相同意，争端当事缔约方可事先决定一名或多名调解人提出的建议具有约束力并予以接受。

六、本条款不得解释为排除争端当事缔约方共同商定的其他争端解决措施。

七、任何国家在交存批准、接受、核准或加入文书之时，可同时交存一份保留书，声明不受本条中调解相关条文的约束。其他缔约方在涉及已交存此类保留书的缔约方的调解时，将不受本条中调解相关条文的约束。

第十八条　签署并成为缔约方的程序

一、本框架协定于 2016 年 10 月 1 日至 2017 年 9 月 30 日在纽约联合国总部开放供亚太经社会成员国签署。

二、亚太经社会成员国可通过以下方式成为本框架协定的缔约方：

（一）签署，随后批准、接受或核准；或

（二）加入。

三、批准、接受、核准或加入须在向联合国秘书长交存确认文书后方可生效。

第十九条　生效

一、本框架协定在至少五（5）个亚太经社会成员国政府依照第十八条第二款和第三款将其批准、接受、核准或加入本框架协定的确认文书交存之日起九十

（90）天后开始生效。

二、对于在本框架协定的生效条件得到满足之日以后交存批准、接受、核准或加入确认文书的任一亚太经社会成员国，本框架协定自其交存上述文书之日起九十（90）天后对该缔约方开始生效。

第二十条　框架协定的修订程序

一、本框架协定文本可依照本条规定程序进行修订。

二、任何缔约方均可对本框架协定提出修订建议。

三、任何建议修正案文须由秘书处在召开拟议通过该修正案的无纸贸易理事会会议之前至少六十（60）天散发至理事会所有成员。

四、修正案须得到出席无纸贸易理事会会议并参加表决的缔约方的三分之二多数通过。业经通过的修正案须由秘书处转交联合国秘书长发送所有缔约方，供缔约方接受。

五、依照本条第四款获得通过的修正案在其获得在场三分之二多数的缔约方通过之日起三（3）个月后对接受方开始生效。对于在修正案生效之后接受它的任何一方，修正案在其接受修正案之日起三（3）个月后对该缔约方开始生效。

第二十一条　保留

除第十七条第七款的规定外，不得对本框架协定的任何条款提出保留。

第二十二条　退出

任何缔约方均可向联合国秘书长发出书面通知，宣布退出本框架协定。在秘书长收到该通知之日起十二（12）个月后，该缔约方退出生效。

第二十三条　暂时停止生效

如果缔约方数目在任何连续十二（12）个月内低于五（5）个，本框架协定将暂时停止生效。在此情况下，秘书处须向各缔约方发出通知。若缔约方数目达到五（5）个，本框架协定条款再次生效。

第二十四条　适用的限制

本框架协定内任何规定均不得被解释为阻止某缔约方采取其认为外部或内部安全所必要的、符合《联合国宪章》规定并限于紧急事态的行动。

第二十五条　保管人

联合国秘书长是本框架协定的指定保管人。

签署人经正式授权签署本框架协定，以昭信守。

本框架协定正本共一份，用中文、英文和俄文写成，三种文本同等作准。

联合国国际贸易法委员会
关于网上争议解决的技术指引

（联合国国际贸易法委员会2016年第四十九届会议最后审定）

第一节 导 言

网上争议解决办法概述

1. 随着网上跨境交易迅猛增加，需要建立针对此类交易所产生的争议的解决机制。

2. 其中一种机制是网上争议解决（网上解决），网上解决可协助当事人以简单、快捷、灵活和安全的方式解决争议，而无须亲自出席会议或听讯。网上解决包括多种办法和形式（包括但不限于监察员、投诉局、谈判、调解、调停、协助下调解、仲裁及其他），以及采用既含网上部分又含非网上部分的混合程序的可能性。因此，不论是在发达国家还是发展中国家，网上解决都为订立跨境商业交易的买卖双方寻求解决争议提供了重要机会。

《技术指引》的目的

3. 《技术指引》的目的是促进网上解决办法的发展，并协助网上解决管理人、网上解决平台、中立人以及网上解决程序各方当事人。

4. 《技术指引》反映了对网上解决系统采取的方针，这些方针体现了公正、独立、高效、实效、正当程序、公平、问责和透明原则。

5. 《技术指引》着眼于使用电子通信订立的跨境低价值销售或服务合同所产生的争议。《技术指引》并不倡导以任何网上解决做法作为最佳做法。

《技术指引》不具约束性

6. 《技术指引》是一部说明性文件，既不着眼于具有穷尽性或排他性，也不适合用作任何网上解决程序的规则。《技术指引》并不提出对当事人或者对管理网上解决程序或者使之得以进行的任何人和（或）任何实体具有约束力的任何法律要求，也不意味着对当事人可能选用的任何网上解决规则作任何修改。

第二节 原 则

7. 任何网上解决过程所依据的原则应当包括公平、透明、正当程序和问责。

8. 网上解决可有助于处理由于跨境电子商务交易而产生的一种情形，即法律追索方面的传统司法机制可能没有为跨境电子商务争议提供适足解决办法。

9. 网上解决应当简单、快捷、高效，以便能够在“真实的现实环境”中加以使用，其中包括网上解决不应造成与所涉经济价值不相称的费用、延迟和负担。

透明

10. 可取的做法是，披露网上解决管理人与特定卖方之间的任何关系，以使服务使用人了解潜在的利益冲突。

11. 网上解决管理人似应本着所适用的保密原则，公布关于网上解决过程结果的匿名数据或统计数字，以使当事人能够评价其全面记录。

12. 所有相关信息均应以用户相宜、便于查询方式放在网上解决管理人的网站上。

独立性

13. 可取的做法是，网上解决管理人对其中立人采用职业道德守则，以便就利益冲突以及其他行为守则向中立人提供指导。

14. 网上解决管理人不妨采用针对利益冲突调查和处理的内部政策。

专长

15. 网上解决管理人似应实行关于中立人选择和培训的全面政策。

16. 内部监督/质量保证程序可有助于网上解决管理人确保中立人遵守其自律标准。

同意

17. 网上解决过程应当以取得各方当事人的明确、知情同意为基础。

第三节　网上解决程序各阶段

18. 网上解决程序的过程可由各个阶段组成，其中包括：谈判、协助下调解、第三（最后）阶段。

19. 申请人通过网上解决平台向网上解决管理人提交通知（见下文第六节），网上解决管理人即向被申请人通知申请事宜，并向申请人通知答复事宜。程序的第一阶段——技术导引下谈判——随即启动，在这一阶段中，申请人和被申请人经由网上解决平台直接相互谈判。

20. 如果谈判过程未果（即未能就申请事宜达成和解），程序可进入第二阶段，即“协助下调解”阶段（见下文第40—44段）。在网上解决程序的这一阶段，网上解决管理人指定一位中立人（见下文第 25 段）与各方当事人沟通，以图达成和解。

21. 如果协助下调解未果，可以启动网上解决程序的第三阶段即最后阶段，在这种情况下，网上解决管理人或中立人可向当事人告知这一阶段的性质。

第四节　网上解决过程的范围

22. 网上解决过程可能特别有助于解决跨境、低价值电子商务交易所产生的争议。网上解决过程可适用于企业对企业交易以及企业对消费者交易所产生的争议。

23. 网上解决过程可适用于销售合同和服务合同所产生的争议。

第五节　网上解决的定义、作用和职责以及通信

24. 网上争议解决或称“网上解决”是“借助电子通信以及其他信息和通信技术解决争议的一种机制”。这一过程可以由不同的程序管理人以不同方式执行，并可能随时间演变。

25. 此处所使用的“申请人”是提起网上解决程序的当事人，“被申请人”是被发给申请人通知的当事人，这与传统的、非网上、非诉讼争议解决办法的用语一致。中立人是协助当事人调解争议或解决争议的个人。

26. 网上解决要求有一个基于技术的中间环节。换言之，与非网上的非诉讼争议解决办法不同的是，网上解决程序是不可能在只有争议当事人和中立人（即没有管理人）的情况下专门实施的。相反，为了允许使用技术手段，从而能够进行争议调解程序，网上解决过程要求必须有一套以确保数据安全的方式生成、发送、接收、存储、交换或以其他手段处理通信的系统。这种系统在此处称作“网上解决平台”。

27. 网上解决平台应当是加以管理和协调的。执行此种管理和协调功能的实体在此处称作“网上解决管理人”。网上解决管理人可以独立于网上解决平台，也可以是平台的组成部分。

28. 为了能够进行网上解决方面的通信，可取的做法是，在争议解决条款中具体指明网上解决管理人和网上解决平台。

29. 程序进行过程中可能发生的通信已定义为“以借助电子手段、电磁手段、光学手段或类似手段生成、发送、接收或存储信息的方式进行的任何通信（包括陈述、声明、要求、通知、答复、提交书、通知书或请求）”。

30. 可取的做法是，网上解决程序中的所有通信都经由网上解决平台进行。因此，争议双方，以及网上解决平台本身，都应当有一个指定的“电子地址”。“电子地址”一词已在贸易法委员会其他法规中界定。

31. 为提高效率，可取的做法是，网上解决管理人迅速：

（a）确认任何通信已为网上解决平台收到；

（b）通知当事人网上解决平台收到的任何通信可供检索；以及

（c）将程序不同阶段的启动和终结事宜随时告知当事人。

32. 为避免时间损失，可取的做法是，管理人通知一当事人可在平台上检索某一通信之时，视为该当事人收到该通信的时间；程序截止时间将自管理人发出该通知之时起算。同时，可取的做法是，网上解决管理人应有权延长最后期限，以便酌情留出一定灵活余地。

第六节　网上解决程序的启动

33. 为了可以开始网上解决程序，可取的做法是，由申请人向网上解决管理人发送一份载有下列内容的通知：

（a）申请人和受权在网上解决程序中代表申请人行事的申请人代表（如果有的话）的名称和电子地址；

（b）申请人所了解的被申请人以及被申请人代表（如果有的话）的名称和电子地址；

（c）提出申请的依据；

（d）为解决争议提出的任何办法；

（e）申请人首选的程序语文；以及

（f）申请人和（或）申请人代表的签名或其他身份识别和认证手段。

34. 申请人将通知发送给网上解决管理人后，网上解决管理人通知各方当事人可在网上解决平台检索该通知之时，可视为网上解决程序启动的时间。

35. 可取的做法是，被申请人在被通知可在网上解决平台检索申请人通知的合理时限内向网上解决管理人发送其答复，并且该答复包括下述内容：

（a）被申请人和受权在网上解决程序中代表被申请人行事的被申请人代表（如果有的话）的名称和电子地址；

（b）就提出申请的依据的答复；

（c）为解决争议提出的任何办法；

（d）被申请人和（或）被申请人代表的签名和（或）其他身份识别和认证

手段；以及

（e）载明反请求所依据的理由的任何反请求通知。

36. 可取的做法是，通知和答复尽量多地附具每方当事人所依赖的所有文件和其他证据，或者载明这些文件和证据的出处。此外，如果申请人还在寻求其他任何法律救济，可取的做法是，还应随通知提供此种信息。

第七节 谈 判

37. 第一阶段可以是当事人之间经由网上解决平台进行谈判。

38. 程序第一阶段的启动时间可以是在被申请人的答复发至网上解决平台之后，并且：

（a）该答复的通知已发给申请人，或者

（b）不作答复的，通知发给被申请人后的一段合理时间内。

39. 可取的做法是，谈判未在合理时限内达成和解的，程序进入下一阶段。

第八节 协助下调解

40. 网上解决程序第二阶段可以是协助下调解，在这一阶段指定一位中立人，由其与各方当事人沟通，设法达成和解。

41. 如果经由平台的谈判由于任何原因（包括未参加或者未在某一合理时限内达成和解）未果，或者争议一方或双方请求直接进入程序下一阶段，这一阶段即可启动。

42. 程序的协助下调解阶段启动时，可取的做法是，由网上解决管理人指定一位中立人，通知各方当事人该指定事宜，并提供下文第 46 段所说明的关于中立人身份的某些具体情况。

43. 在协助下调解阶段，可取的做法是，中立人与各方当事人沟通，设法达成和解。

44. 未能在合理时限内实现协助下和解的，程序可以进入最后阶段。

第九节 最后阶段

45. 中立人协助调解未成功的，可取的做法是，网上解决管理人或中立人向当事人告知最后阶段的性质以及这一阶段可能采取的形式。

第十节 中立人的指定、权力和职能

46. 为提高效率和降低成本，可取的做法是，网上解决管理人仅在按照适用的网上解决规则需要为争议解决程序提供中立人时指定中立人。在需要为争议解决程序提供中立人的网上解决程序的时间节点，可取的做法是，网上解决管理人“迅速”指定中立人（即一般在程序的协助下调解阶段启动之时）。一经指定，可取的做法是，网上解决管理人迅速将中立人的姓名以及与该中立人有关的其他任何相关信息或身份识别信息通知当事人。

47. 可取的做法是，中立人拥有使其能够处理有关争议的相关专业经验和争议解决技巧。然而，在遵守任何专业条例的前提下，网上解决中立人不一定必须是有资格律师。

48. 关于中立人的指定和职能，可取的做法是：

（a）中立人接受对其指定，即为确认其可专门为进行程序而投入必要时间；

（b）要求中立人就其公正性和独立性作出声明，并随时披露或许导致对其公正性和独立性产生可能的疑问的任何事实或情形；

（c）网上解决系统为当事人提供对中立人的指定提出反对的方法；

（d）在对中立人的指定提出反对的情况下，要求网上解决管理人就是否替换中立人作出裁定；

（e）为成本效益起见，不论何时，每次争议只应指定一名中立人；

（f）一方当事人有权对中立人接收谈判期间产生的信息提出反对；并且

（g）如果中立人在网上解决程序过程中辞职或者被替换，要求网上解决管理人指定一名替换人，但需符合指定初始中立人期间所规定的同样保障条件。

49. 关于中立人的权力，可取的做法是：

（a）在不违反任何适用的网上解决规则的前提下，使中立人能够以其认为适当的方式进行网上解决程序；

（b）要求中立人在进行程序时避免不必要的延迟或费用；

（c）要求中立人为解决争议提供公平、高效的程序；

（d）要求中立人在程序全过程中保持独立、公正，平等对待双方当事人；

（e）要求中立人根据中立人在程序期间收到的通信进行程序；

（f）使中立人能够允许当事人提供与程序相关的补充信息；并且

（g）使中立人能够将任何适用的网上解决规则中载明的任何最后期限展延一段合理时间。

50. 虽然为网上解决程序指定中立人的程序须符合非网上环境下此种程序所适用的同样的正当程序标准，但可取的做法是，使用简化的指定和质疑程序，以顾及对于网上解决以简单、省时且具成本效益的办法替代传统争议解决办法的需要。

第十一节 语　　文

51. 网上解决可利用的技术工具能够为程序所使用的语文提供极大灵活性。即使网上解决协议或网上解决规则指明了程序使用的语文，可取的做法是，程序的一方当事人仍然能够在通知或答复中表示其希望以另一种语文进行程序，以使网上解决管理人能够确定可供当事人选择的其他语文。

第十二节 管　　理

52. 可取的做法是，订有关于网上解决平台和网上解决管理人行为的准则［和（或）最低限要求］。

53. 可取的做法是，网上解决程序须符合非网上环境下争议解决程序所适用的同样的保密标准和正当程序标准，特别是在独立性、中立性和公正性方面。

附录三 欧盟相关法律（薛虹翻译）

欧盟消费者争议替代性解决指令

（欧盟议会与欧盟理事会 2013 年 5 月 21 日通过）

鉴于

（1）《欧盟运行条约》第 169（1）条和第 169（2）条（a）点规定，规定欧盟通过采取符合《欧盟运行条约》第 114 条规定的措施，以便于获得高水平的消费者保护。《欧盟基础权利宪章》第 38 条规定欧盟政策将确保高水平的消费者保护。

（2）根据《欧盟运行条约》第 26（2）条的规定，统一市场是由一个确保产品自由流动、不存在内部界限的区域构成。统一市场应当向消费者提供具有附加值、优质的、多品种的、具备合理价格和高安全标准的商品和服务，这样将会促进高水平的消费者保护。

（3）统一市场的分散不利于欧盟内部的竞争，成长和工作获取。消除对统一市场正常运行造成直接或间接的障碍以及提高居民的信用对统一市场的形成至关重要。

（4）对销售或者服务合同中产生的国内和跨境争议，确保采取简易、有效、快速和低成本的解决方式，将会使消费者受益，并因此提振他们对市场的信心。采取的方式应当适用于线上和线下，当消费者境外消费时，这些解决方式尤为重要。

（5）替代性纠纷解决（ADR）为消费者和商家之间的纠纷提供了一种简易、快速和低成本的庭外解决方式。然而，欧盟范围内 ADR 的发展仍不充分和持续。虽然，1988 年 3 月 30 日通过了适用于负责消费者争议庭外解决机构原则的委员会建议（98/257/EC），2001 年 4 月 4 日通过了在消费者争议一致解决中涉及的庭外机构原则的委员会建议（2001/310/EC），遗憾的是 ADR 并未准确建立，在欧盟的所有区域或商业部门中其运行并不令人满意，消费者和商家对现行的庭外解决机制并不清楚，只有较少比例的居民知道如何向 ADR 机构提交投诉。在

ADR 程序能够使用时其质量水平在各成员国内千差万别，并且 ADR 对跨境争议并不能进行有效处理。

（6）成员国内 ADR 的范围、质量和意识的差异对统一市场形成了阻碍，成为众多消费者放弃跨境消费，并对和商家之间的争议能够以简便、快速和廉价的方式获得解决丧失信心的原因。基于同样的原因在无法充分获得高质量的 ADR 程序时，商家也会放弃向其他成员国的消费者所进行的销售，而且，和能够获得这些程序并快速廉价解决与消费者争议的商家相比，未能充分获得高质量 ADR 程序的成员国内设立的商家将处于竞争的劣势。

（7）为了使消费者能够充分利用市场的潜力，ADR 应当适用于本指令规定的所有类型的国内和跨境争议，ADR 程序应当符合在欧盟适用的持续的质量条件，消费者和商家应当清楚这些程序的存在，由于跨境贸易的增长和人员的流动，ADR 机构有效处理跨境纠纷也很重要。

（8）如欧洲议会 2011 年 10 月 25 日就民事、经济和家庭事务替代性纠纷解决和 2010 年 5 月 20 日就向消费者和公民提供单一市场的动议中所倡导的，在为公民带来成果的单一市场的整体解决方案中，应当优先建立简单、低廉、有利、可获得的救济体系。

（9）在委员会 2011 年 4 月 13 日发布的名为“单一市场法令—促进增长和加强信心的十二个手段—‘共同努力创造新发展’”的通报中其规定了包含电子商务方面的 ADR 立法，作为促进增长、增强信心和取得成效从而构建单一市场的十二个手段之一。

（10）在其 2011 年 3 月 24—25 日和 10 月 23 日的结论中，欧洲理事会要求欧洲议会和欧盟理事会在 2012 年年底通过一系列的优先措施来推动单一市场。而且在其 2011 年 5 月 30 日就重新启动单一市场的重点的结论中欧盟理事会阐述了电子商务的重要性，并同意消费者 ADR 机制能够为消费者和商家双方提供低廉、简易和快捷的救济。这些机制的成功执行需要来自所有部门持久性的政治保障和支持，在本指令的范围内不损害 ADR 机构所作出决策的承受性、透明性、灵活性、速度和质量。

（11）由于在线贸易特别是跨境交易作为欧盟经济活动支柱的重要性不断增强，为了在统一市场达到单一市场法令之提振公民信心的目的，消费者争议 ADR 基础设施的正常运行和来自在线交易的消费者争议解决框架的完整很有必要。

（12）本指令与欧洲议会和理事会2013年5月21日消费者在线争议解决条例（524/2013）是具有内在联系并相互补充的法律条文。第524/2013号条例规定了ODR平台的设立，其为消费者和商家就在线争议的庭外解决提供了一个简易入口，其通过ADR机构和平台相连并通过合格的ADR程序来提供ADR。在欧盟范围内合格ADR机构的存在是ODR平台正常运行的先决条件。

（13）本指令不应当适用于一般利益的非经济服务。非经济服务是指非为经济考量而提供的服务。因此，由国家或代表国家免费提供的一般利益的非经济服务不应当适用本指令，而不论提供服务的法律形式。

（14）本指令不应适用于欧洲议会和欧盟理事会2011年3月9日在跨境卫生医疗患者权利适用的指令第3（a）条点定义的卫生医疗服务。

（15）在欧盟范围内发展ADR机制的正常功能对于增强消费者对统一市场的信心，包括对在线贸易方面的信心、发挥跨境和在线交易的潜力和机会很有必要。此种发展应当建立在成员国内现存的ADR程序上，并尊重其法律传统。符合本指令规定的合格条件的，现存和新成立的运行正常的争议解决机构，应当被认定为本指令语义中的“ADR机构”。在一些成员国内存在着大量中止审理的案件，阻碍着欧盟公民在合理的时间内行使其要求公正审判的权利。ADR机制的传播在这些成员国中也证明是重要的。

（16）本指令应当适用于消费者和商家之间涉及源自销售或服务合同的合同义务纠纷，包括线上和线下，在所有经济部门，没有例外。本指令应当包括因电子内容的有偿销售或提供引起的争议。本指令应当适用于消费者提起的针对商家的投诉。本指令不应适用于商家提起的针对消费者的投诉或商家之间的争议。然而，本指令不应阻止成员国通过或维持此类争议庭外解决程序的有效条款。

（17）成员国应当被允许在国内法中维持或通过本指令未规定的程序，如商家运作的内部投诉解决程序。此类内部投诉解决程序能够构成解决早期消费者争议的有效方式。

（18）消费者的定义应当包括在其贸易、商业、手艺或行业之外消费的自然人。然而，如果缔结合同的目的部分处于某人的交易之内（双重合同目的），交易的目的有限，在全部的供应情况中并不处于主要地位，则某人也应当被认定为消费者。

（19）一些现行的欧盟法律条文已经包含涉及ADR条款。为了保证法律的确定性，其应当规定，在出现法律冲突时，除法律有明确规定外，优先适用本指令。特别是，本指令不应当违反欧洲议会和理事会 2008 年 5 月 21 日在民事和经济事务中调解的某些方面的指令（2008/52/EC），其已经在欧盟层面建立了跨境争议调解的系统框架，在内部调解系统中并不禁止上述调解指令的适用。本指令打算全面适用于所有类型的 ADR 程序，包括第 2008/52/EC 号指令规定的 ADR 程序。

（21）ADR 机构不仅在欧盟，而且在成员国内亦千差万别。本指令应当规制符合本指令规定、列明的机构，其成立时间较长、通过 ADR 程序，就消费者和商家之间的争议提供解决方案。如果成员国如此规定，本指令也应当规制提出约束各方的强制解决方案的争议解决机构。然而，为消费者和商家之间的单一争议而临时创制的庭外程序不应当被认为是 ADR 程序。

（21）ADR 程序在欧盟和各成员国内也存在着很大不同。其可以采取 ADR 机构将争议各方聚在一起的程序方式，以有利争议的解决；或采取 ADR 机构提出建议解决方案的程序；或采取 ADR 机构提出强制解决方案的程序。其还可以采取两种或多种此类程序混合的形式。本指令应当不损害成员国国内 ADR 程序所采取的形式。

（22）如果负责争议解决的自然人由商家雇佣或接受商家单独的任何形式的报酬，争议解决机构的程序可能会面临利益冲突。因此这些程序原则上应当排除在本指令范围之外，除非成员国决定此类程序能被认定为本指令下的 ADR 程序，并且规定此类程序完全符合本指令规定的独立性和公正性的特别要求。通过此类程序提供争议解决的 ADR 机构应当就其是否符合本指令规定的质量条件，接受常规评估，包括确保其独立性的特别附加条件。

（23）本指令不应适用于商家操作的消费者投诉处理系统的程序，也不应适用于各方之间的直接谈判。而且，本指令也不应当适用于在涉及纠纷的司法诉讼程序中法官为解决争议所做的尝试。

（24）成员国应当保证本指令规定的争议能够提交至符合本指令规定条件的 ADR 机构。成员国应当有可能在现存的正常运行的 ADR 机构上履行义务，并调整其适用范围，如果需要的话，可以建立新的 ADR 机构。如果国家官员负责争议的解决，本指令不应当排除在成员国国内消费者保护当局框架内运作的现存争议解决机构的功能发挥。国家官员应当被认定为消费者和商家利益的共同代表。本指令不应强制成员国在每一个零售部门都设立特别 ADR 机构。在必要时，为了保证所有的部门和区域都能够覆盖和获得 ADR，成员国应当需要就没有具体

ADR 机构负责的争议的处理，规定设立其他的 ADR 机构。其他的 ADR 机构应成为消费者和商家的保障，以保证 ADR 机构的适用不存在漏洞。

（25）本指令不应禁止成员国维持或进行程序立法，以解决符合本指令规定条件的消费者合同争议的庭外解决。而且为了保证 ADR 机构能够有效运转，根据其设立国的法律这些机构应当需要维持或制定程序规则，以允许其拒绝处理特定情形下的争议，如争议过于复杂通过法庭能够获得较好的解决的情况。然而，允许 ADR 机构拒绝处理争议的程序规则不应明显妨害消费者获得 ADR 程序，包括跨境争议的情形。因此，当设定资金门槛时成员国应当充分考虑到在成员国中争议的实际价值存在差异，因此在一个成员国内设定不适当的高门槛将会阻碍消费者从其他成员国获取 ADR 程序。当接到首次投诉的 ADR 机构由于其程序规则拒绝处理纠纷时，不应要求成员国保证消费者能够将其投诉至另一 ADR 机构。此种情况下成员国应当认定为已经履行了保证 ADR 机构全面覆盖的义务。

（26）本指令应当允许设立于一个成员国的商家能够获得成立于另一成员国的 ADR 机构的服务，为了提高消费者在欧盟内使用 ADR 的范围，当来自不同成员国的商家获得设立在另一成员国或区域、跨国或跨欧洲的 ADR 机构的服务时，成员国应当需要决定依赖此 ADR 机构，借助成立于另一成员国或跨国、跨欧洲的 ADR 机构，但 ADR 机构应当不违反成员国确保 ADR 全面覆盖和获得服务的义务。

（27）本指令应当不违反成员国就联合处理一个商家和多个消费者之间相同或近似争议而维持或制定的 ADR 程序，在欧盟层面提出此类争端解决之前应当对集体庭外解决进行全面影响评估。对 ADR 的集体请求和简便求助的有效体系应当作为补充，而不应成为共同的专有程序。

（28）与本指令规定的与争议相关的信息处理应当符合成员国通过的法律、规章和行政性条文中规定的个人数据保护规定，其应当和 1995 年 10 月 24 日欧洲议会和欧盟理事会关于个人数据处理和自由流动方面的个人保护指令（95/46/EC）相一致。

（29）在执行 ADR 程序的所有时间内应当尊重机密性和隐私。在随后的民事或经济司法诉讼或仲裁中应当鼓励成员国保护 ADR 程序的机密性。

（30）尽管如此，成员国应当保证 ADR 机构向公众披露频繁发生、导致消费者和商家产生争议的系统性或重大问题。为了提升商家的标准、促进信息和良好措施的交流，应当在此方面信息之后附上关于将来如何避免和解决此类问题的建议。

（31）成员国应当保证 ADR 机构在对提出的投诉和涉及各方权利的状况进行客观评估的基础之上，公平、切实可行的、均衡解决消费者和商家之间的争议。

（32）为了使欧盟的公民相信 ADR 机制将会带给他们一个公平和独立的结果，ADR 机构的独立性和完整性就非常重要，负责 ADR 的个人或合议机构应当独立于那些对结果存在利益的群体或个人，且与阻碍其以公平、公正和独立的方式作出决定不存在利益冲突。

（33）负责 ADR 的自然人应当被认定为是公正的，如果其能够克服对其处理争议的态度产生潜在影响的压力。为了保证其行为的公正性，这些人应当给予一个较长期限的任命，且不应当接受任一方或其代表的指示。

（34）为了确保不存在利益冲突，负责 ADR 的自然人应当披露影响其公正性和独立性，或与要求其处理争议的任一方存在利益冲突的情形。在 ADR 程序的结果或在任职前的三年内与一方或多方存在私人或商业联系，包括在 ADR 目的之外的任何范围中，在 ADR 中任职的个人为一方或多方、或为一方是专业组织或商业联合体的成员之一或其他组织的成员进行工作，应当属于存在着直接或间接的经济利益。

（35）在负责 ADR 的自然人被雇佣或从商家处接受任何形式的报酬时确保不存在此类压力很有必要。因此，在成员国决定此类情况下争议解决程序符合本指令下的 ADR 程序时，应当规定具体的条件。当负责 ADR 的自然人专门被雇佣或接受商家是其成员之一的专业组织或商业联合体的任何形式的报酬时，其应当进行剥离，并准备充足的专门预算以完成其任务。

（36）对于 ADR 的成功，特别是为了保证对 ADR 程序必要的信任，负责 ADR 的自然人应当具有必要的技能，包括对法律的普遍理解，非常必要。特别是为了理解争议的法律含义，这些人应当对法律事务具有充分、广泛的理解，但不必具有职业法律资格。

（37）具体质量原则在 ADR 程序的应用增强了消费者和商家对这些程序的信心。这些质量原则在第 98/257/EC 号和第 2001/310/EC 号建议中首次在欧盟层面得以确立。通过在委员会建议中规定这些原则，使之产生约束力，本指令规定了一系列适用于 ADR 程序的质量条件，这些 ADR 程序是由 ADR 机构执行的，并通知委员会。

（38）本指令应当规定 ADR 机构的质量条件，以保证在国内和跨境争议中，消费者能够获得同等水平的保护和权利。本指令不应阻碍成员国通过或维持本指令规定范围以外的条文。

（39）ADR 机构应当可使用并透明。为了保证 ADR 机构和 ADR 程序的透明，为了在进行 ADR 程序之前能够作出知情的决定，各方接收其所需要的清晰、可使用的信息是必要的。当其是根据国内法的授权参与 ADR 程序时，不应当要求向商家提供此类信息。

（40）正常履职的 ADR 机构应当在 90 日内迅速完成线上和线下争议解决程序，这一时间段是从收到所有与投诉有关的材料之日起到作出 ADR 程序结果之日止。在收到进行 ADR 程序必须的所有材料后，收到投诉的 ADR 机构应当通知各方。在特别复杂的具体例外案件中，包括一方当事人基于正当理由不能参与 ADR 程序，为了检查正在处理的案件，ADR 机构应当延长这一时间段并通知当事人这一延长和解决争议所需的大概预期时长。

（41）ADR 程序最好对消费者免费。在收取费用时，ADR 程序应当使消费者能够获得、富有吸引且廉价。为此，收费不应超过象征性费用。

（42）ADR 程序应当公平，争议各方能被充分告知在 ADR 程序中其所享有的权利和其做出决定的后果。ADR 机构应当在消费者同意或履行建议的解决方案之前告知其权利。各方在未实际到场的情况下应当可以提交信息和证据。

（43）如果消费者和商家之间将争议提交至 ADR 机构的协议缔结于争议产生之前，剥夺了消费者向法院提起诉讼的权利，则该协议对消费者没有约束力。而且，在旨在通过提出强制解决方案来解决争议的 ADR 程序中，只有各方被提前告知并明确接受提出的强制解决方案的约束力，其才对各方有约束力。如果国内法规定此类强制解决方案对商家具有约束力，则不应规定商家的明确接受。

（44）在旨在通过向消费者提出强制解决方案来解决争议的 ADR 程序里，当不存在法律冲突的情形时，提出的强制解决方案不应当使消费者丧失法律条文对其提供的保护，这些条文不能违反根据消费者和商家是惯常居民的成员国法律签订的协议。在存在法律冲突的情形下，如果适用于销售或服务合同的法律是根据欧洲议会和委员会于2008 年6 月17 日适用于合同义务的法律规章第6（1）条和第6（2）条制定，ADR 机构提出的解决方案不应当使消费者丧失法律条文对其提供的保护，这些条文不能违反根据消费者是惯常居民的成员国法律签订的协议。在存在法律冲突的情形下，如果适用于销售或服务合同的法律是根据 1980 年6 月19 日关于适用于合同义务的法律《罗马公约》第5（1）条至第5（3）

条制定，ADR 机构提出的强制解决方案不应当使消费者丧失消费者是惯常居民的成员国法律强制性条款对其提供的保护。

（45）有效救济权和公正审判权是《欧盟基础权利宪章》第 47 条规定的基础权利。因此，不应当设计 ADR 程序用以代替司法程序，不应当使消费者和商家丧失获得司法救济的权利。本指令不应当阻止各方行使其进入司法系统的权利。一旦争议不能通过既定的 ADR 程序获得解决，其结果也不具有约束力时，不应阻止各方随后启动与争议有关的司法诉讼。成员国应当能够自由选择适当的形式来实现这一目标。成员国应当有可能规定，除其他项外，在 ADR 程序期间，时效期间不会终止。

（46）为了有效运行，ADR 机构应当有可供使用的充足的人、财、物资源。成员国应当确定适当的方式，为其疆域内的 ADR 机构提供资金支持，而不应限制已经运营的机构的资金支持。本指令应当不影响 ADR 机构是由公共或私人资金支持、或公共或私人资金联合支持的问题。然而，应当鼓励 ADR 机构特别考虑私人形式的资金支持，只有成员国可自行决定使用公共资金支持。本指令不应当影响企业、专业组织或商业联合体资助 ADR 机构的可能性。

（47）当产生争议时，必须使消费者能够快速确认哪家 ADR 机构能够处理其投诉，了解所涉商家是否参与 ADR 机构组织的程序。打算使用 ADR 程序解决争议，和消费者之间争议的商家应当通知消费者涵盖其的 ADR 机构的地址和网址。如果这些信息存在、适用于消费者和商家之间销售和服务合同一般条款时，这些信息应当以清晰、全面和易于获得的方式提供在商家的网站上。为了解决和消费者之间的争议，而不提交至 ADR 机构，商家应当有可能在其网站上包含相关合同的条款、内部投诉处理程序的附加信息或直接联系商家的其他方式。当争议未能直接获得解决时，商家应当以纸质或其他持久性媒介向消费者提供相关 ADR 机构的信息，并指明其是否使用这些机构。

（48）商家有义务通知消费者其所使用的 ADR 机构，这一义务应当不违反其他欧盟法律条文中包含的庭外救济程序有关消费者信息的条款，除此之外，其应当适用于本指令规定的相关信息义务。

（49）当消费者对商家提起投诉时，本指令不应要求商家强制性参与 ADR 程序或 ADR 程序的结果对商家具有约束力。然而，为了保证消费者能够获得救济，不会被迫放弃投诉，应当鼓励商家尽可能参与 ADR 程序。因此，本指令应当不违背国内法中强制、鼓励或制裁商家参与此类程序，或使其结果对商家具有约束力的规定，只要此类立法没有阻碍各方行使《欧盟基础权利宪章》第 47 条规定的其获得司法救济的权利。

（50）为了避免给 ADR 机构造成不必要的负担，成员国应当鼓励消费者在向 ADR 机构提交投诉之前，联系商家努力双向解决争议。在大多数情况下，这种做法将使消费者能够在初期阶段快速解决争议。

（51）成员国在成立 ADR 时，特别是涉及公正和独立原则时，应当包含专业组织、企业联合体和消费者组织的代表。

（52）成员国应当保证 ADR 机构开展跨境争议解决的合作。

（53）ADR 机构的网络，如金融纠纷解决网络，在金融服务领域内的“金融网”，应当在欧盟范围内予以加强。成员国应当鼓励 ADR 机构成为此类网络的组成部分。

（54）ADR 机构和国家机关的紧密合作能够增强欧盟有关消费者保护法律的有效适用。为了鼓励良好措施和技术专长的交流，探讨 ADR 程序运行中产生的问题，委员会和成员国应当为 ADR 机构之间的合作提供便利。此类合作应当通过欧盟未来消费者项目获得支持。

（55）为了保证 ADR 机构能够正常有效运行，应当对其进行严密监控。基于此目的，各成员国应当任命一个或多个负责机构来履行此项功能。委员会和本指令下的负责机构应当公布和更新符合本指令的 ADR 机构名单。成员国应当保证 ADR 机构、欧洲消费者中心网络，如果合适的话，包括根据本指令任命的机构通过向委员会提供网址链接的方式在长久保存的介质的前提下在其网址上公布这一名单。而且，成员国还应当鼓励消费者组织和企业联合体公布这一名单。成员国还应当保证消费者在和商家发生争议时，能够获得如何行事的确切信息。另外，负责机构应当发布其国 ADR 机构成立和运行的定期报告。ADR 机构应当向负责机构通报报告形成原因的具体信息。成员国应当鼓励 ADR 机构提供使用 2010 年 5 月 12 日关于使用一致性方法区分和报告消费者投诉和查询委员会建议（2010/304/EU）的信息。

（56）成员国必须制定规则，对违反根据本指令通过的国内法的行为进行处罚，并保证这些规则得以实施。处罚应当有效、适当和起到劝阻作用。

（57）欧洲议会和理事会 2004 年 10 月 27 日关于负责执行消费者保护法律的国内机构的合作的第 2006/2004 号规章（消费者保护合作规章）应当进行修订，将对本指令的引用纳入其附录，以巩固执行本指令的跨境合作。

（58）欧洲议会和理事会2009年4月23日关于保护消费者利益禁令第2009/22/EC号指令（禁令指令）应当进行修订，将对本指令的引用纳入其附录，以保证本指令规定的消费者集体利益获得保护。

（59）根据2011年9月28日成员国和委员会解释文件的联合政治宣言，在合理的情况下，成员国已经将其转换措施的通知和一项或多项法律文件放在一起，这些文件是用来解释指令的组成部分和国内转换法律条文相应部分之间的关系。涉及本指令，立法者认为这种法律文件的转换是正当的。

（60）本指令的目标旨在通过建立高水平的消费者保护，不限制消费者诉至法院，即有助于统一市场的正常运行，其通过成员国并不能充分达到，因此在欧盟层面可以更好地达到。欧盟可以根据《欧盟条约》第5条规定的辅助性原则采取措施。根据该条规定的均衡性原则，为了达到该目标，本指令不得超过必要限度。

（61）本指令尊重基础权利，遵守特别是《欧盟基础权利宪章》及其第7条、第8条、第38条和第47条承认的原则。

（62）根据2000年12月18日欧洲议会和欧盟理事会关于共同体各机构处理个人数据以及数据自由流动的第45/2001号规章第28（2）条的规定，欧洲数据保护监督局接受咨询，并于2012年1月12日发表了意见。

通过本指令：

第一章　一般条款

第1条　主体

本指令的目标是通过建立高水平的消费者保护，通过确保消费者能够自愿将对商家的投诉提交至提供独立、公正、透明、有效、快速和公平替代性纠纷解决程序的机构，以促进统一市场的正常运行。本指令不违反国内强制参与此种程序的立法，只要此类立法不妨碍各方行使其进入诉讼系统的权利。

第2条　范围

1. 本指令应当适用于国内和跨境争议庭外解决程序，这些争议涉及欧盟内设立的商家和欧盟内居住的消费者之间销售合同或服务合同中产生的合同义务，通过ADR机构的介入，采取提出建议或强制解决方案，或将各方聚在一起的方式以期纠纷的和解解决。

2. 本指令不适用于：

（a）争议解决机构的程序，如果其负责争议解决的自然人仅受雇于或仅接受单一商家的报酬，除非成员国决定根据本指令将此类程序作为 ADR 程序，并且第二章中规定的条件，包括第 6（3）条中规定的独立性和透明性的特别要件得以满足；

（b）由商家操控的消费者投诉解决系统程序；

（c）一般利益的非经济性服务；

（d）商家之间的争议；

（e）消费者和商家之间的直接协商；

（f）在涉及争议的司法程序中法官为解决争议所做的尝试；

（g）商家发起的针对消费者的投诉程序；

（h）卫生专业人士向患者提供的卫生服务，以评估、维持或恢复其健康状态，包括诊疗、配方和提供药品、医疗设备；

（i）公共提供者提供的继续或高等教育。

3. 本指令规定了 ADR 机构和 ADR 程序统一的质量要件，以保证在其实施后，消费者能够获得高质、透明、有效和公正的庭外救济机制，而不论其居住在欧盟的何处。成员国为了保证更高水平的消费者保护，可以维持或制定高于本指令规定之上的规则。

4. 本指令认可成员国有权决定在其境内设立的 ADR 机构是否有权力提出强制解决方案。

第 3 条　与欧盟其他法条的关系

1. 除本指令中有特殊规定外，如果本指令的条款和另一欧盟法律条文规定的条款冲突，涉及消费者发起的针对商家的庭外救济程序，则本指令的条款优先适用。

2. 本指令不应当违反第 008/52/EC 号指令。

3. 本指令第 13 条不应违反特别适用于本条的欧盟其他法律条文中庭外救济程序中消费者信息的规定。

第 4 条　定义

1. 为本指令之目的：

（a）“消费者”是指非为其贸易、商业、行业或职业的目的进行活动的自然人；

（b）“商家”是指为其贸易、商业、行业或职业相关的目的，开展经营活动的自然人、或公司所有的法人，包括通过以其名义或代表其个人开展经营活动。

(c)“销售合同”是指商家转移或准备向消费者转移货物所有权，消费者支付或贮备支付对价的合同，包括合同标的为货物和服务的合同。

(d)“服务合同”是指销售合同之外的合同，商家据此提供或准备向消费者提供服务，消费者支付或准备支付对价。

(e)“国内争议”是指消费者订购货物或服务时，销售或服务合同中产生的合同争议，消费者和商家住所地在同一成员国；

(f)“跨境争议”是指消费者订购货物或服务时，销售或服务合同中产生的合同争议，消费者和商家住所地不在同一成员国；

(g)“ADR 程序”是指第 2 条所指的程序，其符合本指令规定的条件，通过 ADR 机构来实施；

(h)“ADR 机构”是指建立在长期基础之上，通过 ADR 程序提供争议解决方案，并根据第 20（2）条进行列明的机构；

(i)“负责机构”是指为本指令之目的由成员国任命，在国家、区域或当地成立的公共机构。

2. 商家成立于：

——如果商家是自然人，其在经营地，

——如果商家是公司或其他法人，或自然人或法人的联合体，其在注册地、中央管理或经营地，包括分支、代理或其他实体。

3. ADR 机构成立于：

——如果其是由自然人运营，其在进行 ADR 活动的地方，

——如果其是由法人，或自然人或法人的联合体运营，其在法人，或自然人或法人的联合体进行 ADR 活动的地方或其注册地，

——如果其是由机构或其他公共机构运营，其在机构或其他公共机构所在地。

第二章　ADR 机构和 ADR 程序的获得和适用条件

第 5 条　ADR 机构和 ADR 程序的获得

1. 成员国应当帮助消费者获得 ADR 程序，应当保证符合本指令规定、涉及各自国内的商家的争议能够提交至符合本指令规定条件的 ADR 机构。

2. 成员国应当保证 ADR 机构：

（a）维持一个更新的网站，以使各方易于获得涉及 ADR 程序的信息，能使消费者提交投诉和获得必要的在线文件支持；

（b）应各方要求，在易于存储的媒介上向其提供涉及（a）项的信息；

（c）如果适用的话，能使消费者线下提交投诉；

（d）能够在各方之间通过电子方式进行信息交流，如果可行的话，通过邮寄的方式；

（e）接受国内和跨境争议，包括欧盟第 524/2013 号规章规定的争议；

（f）在处理本指令规定的争议时，采取必要措施保证个人数据的处理符合 ADR 机构所在国为实施第 95/46/EC 号指令，在其国内立法中规定的个人数据保护的条文。

3. 成员国可以履行第一段中的义务，保证最少一家 ADR 机构的存在，以负责处理第一段中所涉及的争议，解决没有 ADR 机构负责的问题。成员国也可以通过依靠在另一成员国成立的 ADR 机构或区域性、跨国或泛欧洲争议解决机构来履行这一义务，这一 ADR 机构可以涵盖不同成员国的商家，而不违反其保证 ADR 机构的全面覆盖和获得的义务。

4. 成员国可以自行允许 ADR 机构维持或规定程序规则，以允许其拒绝处理特定争议，基于：

（a）消费者并不打算联系相关商家，以讨论其投诉并首先试图直接解决与商家的争议；

（b）争议属于无理缠绕；

（c）争议正在或已经被另一 ADR 机构或法院处理；

（d）索赔的价值低于或高于预先设定的货币门槛；

（e）在预定的时限内消费者未将投诉提交至 ADR 机构，从消费者向商家提交投诉之日起，该时限不应少于一年；

（f）对此类争议的处理将不会严重破坏 ADR 机构的有效运行。在这种情况下，根据其程序性规则，ADR 机构不能处理已经提交给其的争议，ADR 机构应当在收到投诉文件三周内向双方提交未能处理争议的合理解释。

这些程序规则不应严重损害消费者获得 ADR 程序，包括在跨境争议中。

5. 成员国应当保证允许 ADR 机构设立预先设定的货币门槛，以限制对 ADR 程序的获取，不应将这些门槛设定在显著破坏消费者获得 ADR 机构处理争议的水平。

6. 在这种情况下，根据第 4 段中所涉及的程序规则，ADR 机构不能处理已经提交给其的投诉，不应要求成员国保证消费者能够将其投诉提交至另一 ADR 机构。

7. 当在具体经济领域处理争议的 ADR 机构能够处理涉及在该领域运营，但并不构成或资助 ADR 机构的组织或联合体成员的商家的争议时，成员国应当被认定为已经履行了第 1 段项下涉及该商家的争议的义务。

第 6 条　专业技能、独立和公正

1. 成员国应当保证负责 ADR 机构的自然人拥有必要的专业技能、独立和公正。这些应当予以保证，通过确保这些人：

（a）在替代性或司法解决消费者争议领域，拥有必要的知识和技能，以及对法律具有基本理解；

（b）获得充分期限的任期以保证其行动的独立，非因公正原因不被免去职务；

（c）不受任一方或其代表的指示；

（d）获得报酬并不和程序结果相关；

（e）未经无故迟延地向 ADR 机构披露影响或可能影响其独立和公正性，或与任一方就要求解决的争议产生利益冲突的情形。披露此类情形的义务在 ADR 程序的过程中应当是一种持续的义务。在 ADR 机构仅由一个自然人构成时此义务并不适用。

2. 成员国应当保证 ADR 机构有备用程序，以确保在第 1 段（e）点所涉的情形时：

（a）相关自然人被授权处理 ADR 程序的另一自然人替换；否则

（b）相关自然人不再处理 ADR 程序，如果可能，ADR 机构提议各方向另一有权处理争议的 ADR 机构提交争议；否则

（c）只要在各方被告知情况和反对的权利后并不反对，可向各方披露情况，并允许相关自然人继续处理 ADR 程序。本段规定不应违反第 9（2）条（a）点的规定。

当 ADR 机构仅由一个自然人构成时，本段第一小段只有（b）点和（c）点能够适用。

3. 如成员国决定允许将第 2（2）条（a）点所涉的程序作为本指令下的 ADR 程序，其应当保证除第 1 段和第 5 段规定的一般条件外，这些程序还应符合

下列具体条件：

（a）同等数量的消费者组织代表和商家代表组成一个合议机构，负责争议解决的自然人由其提名或构成其组成部分，并作为透明程序的结果被任命；

（b）负责争议解决的自然人被授予最低三年的任期，以保证其行动的独立性；

（c）负责争议解决的自然人在其结束在争议解决机构任职的三年内不得为商家，或商家为其成员的专业组织或商业联合体工作；

（d）争议解决机构不应与商家具有层级或功能性联系，明确区别于商家的运营机构，并拥有区别于商家一般预算的充足预算，供其完成任务。

4. 当负责 ADR 自然人仅由商家作为成员的职业组织或商业联合体雇佣或付酬时，成员国应当保证，除第 1 段和第 5 段规定的一般条件外，其还应有独立、专有的充足预算，供其完成任务。当由同等数量的专业组织或商业联合体代表（其受上述组织雇佣或接受其酬劳），以及消费者组织代表组成的合议机构是由相关自然人部分构成时，本段规定不适用。

5. 成员国应当保证，在负责争议解决的自然人部分构成一个合议机构时，ADR 机构在此机构中提供同等数量的消费者和商家利益的代表。

6. 为第 1 段（a）点之目的，成员国应当鼓励 ADR 机构为负责 ADR 的自然人提供培训。如果提供此类培训，负责机构应当根据第 19（3）条（g）点向其通报的信息基础上，监督 ADR 机构建立的培训机制。

第 7 条　透明性

1. 成员国应当保证 ADR 机构能够应要求，通过耐存储的介质，在其网站上以其认为适当、清晰、易懂的方式向公众公开信息：

（a）其联系细节，包括邮寄地址和电邮地址；

（b）根据第 20（2）条列明 ADR 机构的事实；

（c）负责 ADR 的自然人，其任命方式和任期；

（d）负责 ADR 自然人的专业技能、公正和独立性，如其仅由商家雇佣或付酬；

（e）促进跨境争议解决的 ADR 机构在网络上的资质，如果可行的话；

（f）其有权处理的争议类型，如果可行的话应包括处理的门槛；

（g）规制争议处理的程序规则和 ADR 机构根据第 5（4）条拒绝处理特定争议的理由；

（h）提交至 ADR 机构的投诉语言和处理 ADR 程序的语言；

（i）作为争议解决的基础，ADR 机构适用的规则类型（如法律条文、公正考量和行为准则）；

（j）在 ADR 程序建立之前，各方应当卯足的前置条件，包括消费者为直接解决和商家的纠纷所做尝试的条件；

（k）各方是否能够撤销程序；

（l）各方承担的费用，包括在程序结束时费用分担规定；

（m）ADR 程序的平均时长；

（n）ADR 程序结果的法律效力，包括未遵守对各方发生约束力的决定时的处罚，如果可行的话；

（o）ADR 决定的执行，如果相关的话。

2. 成员国应当保证 ADR 机构能够应要求，通过耐存储的介质，在其网站上以其认为适当的方式向公众提供年度活动报告。这些报告应当包括下列与国内和跨境争议有关的信息：

（a）收到的争议数量和与其相关的投诉类型；

（b）频繁发生并导致消费者和商家之间争议的系统性或重大问题；为了提升商家的服务标准，帮助信息和良好做法的交流，应当附随此类问题将来如何避免或解决的建议；

（c）ADR 机构拒绝处理争议的比率和第 5（4）条所涉及的此类争议拒绝处理的原因类型的比重；

（d）在第 2（2）条（a）点涉及的程序中，提出的建议或强制争议解决方案中支持消费者和支持商家的比重，以及以和解方式解决争议的比重；

（e）中断的 ADR 程序的比重，如果知道的话，中断的原因；

（f）解决争议的平均时间；

（g）履行率，如果知道的话，以及 ADR 程序的结果；

（h）ADR 机构在有助于跨境争议解决的 ADR 机构网络中的合作，如果可行的话。

第 8 条　有效

成员国应当保证 ADR 程序有效并满足下列条件：

（a）无论在何处，双方在线上和线下均容易获得 ADR 程序；

（b）各方并不需要聘请律师或法律顾问来获得 ADR 程序，但在程序的任一阶段，其都不能剥夺各方独立建议、或获得来自第三方的代表或帮助的权利；

（c）ADR 程序不收取费用，或仅向消费者收取象征性费用；

（d）一旦 ADR 机构收到包含所有涉及投诉的相关信息的文件后，其将通知各方参与争议；

（e）ADR 程序的结果应当在 ADR 机构收到全部投诉文件之后的 60 日内做出。对于非常复杂的争议，负责的 ADR 机构可以自行延长 90 日。应当通知各方延长的期限和结束争议可能需要的时长。

第 9 条　公正

1. 成员国应当保证在 ADR 程序中：

（a）在合理的期限内，各方都可以表达其观点，获得 ADR 机构提供的由对方提交的观点、证据、文件和事实，专家发表的观点和意见，并对上述内容进行评论。

（b）通知各方其毋需强制聘请律师或法律顾问，但在程序的任一阶段，其可以寻求独立建议或由第三方代表或帮助；

（c）以书面形式或可存储的介质形式通知各方 ADR 程序的结果和做出结果的原因陈述。

2. 在 ADR 程序中通过提出解决方案来解决争议，成员国应当保证：

（a）如果各方对程序的处理或运行不满意，其可以在任何阶段撤销程序。在程序开始之前应当通知各方这项权利。如果国内法规定商家强制参与 ADR 程序，这一点仅适用于消费者；

（b）各方在同意或接受建议的解决方案前，应当被告知：

（i）其能够选择是否同意或接受建议的解决方案；

（ii）参与程序并不排除通过司法程序获取救济的可能性；

（iii）建议的解决方案可以不同于法院适用法律条文做出的裁决。

（c）各方在同意或接受建议的解决方案前，应当被告知同意或接受建议的解决方案的法律效力。

（d）各方在对建议的解决方案或和解协议表示同意之前，应当给予一定合理期限来进行考虑。

3. 根据国内法，如果 ADR 程序规定一旦消费者接受建议的解决方案，其结果对商家具有约束力，第 9（2）条应当被认为仅适用于消费者。

第 10 条 自由

1. 成员国应当保证消费者和商家之间签订的有关将投诉提交至 ADR 机构的协议不对消费者产生约束力，如果其缔结于争议实际发生之前，且其具有剥夺消费者为解决争议诉至法庭的权利的效果。

2. 成员国应当保证在旨在通过提出强制解决方案来解决争议的 ADR 程序中，提出的强制解决方案对各方具有约束力，只要提前通知各方约束力的特点并获得特别接受。如果国内法规定强制争议解决方案对商家具有约束力，则不需要商家的特别接受。

第 11 条 合法

1. 成员国应当保证旨在通过向消费者提出强制解决方案以解决争议的 ADR 程序：

(a) 在不存在法律冲突的情况下，强制解决方案将不会剥夺法律条文对消费者提供的保护，法律条文也不会违反根据消费者和商家是惯常居民的成员国法律签订的协议；

(b) 在存在法律冲突的情况下，当适用于销售或服务合同的法律是根据欧盟第 593/2008 号规章第 6（1）条和第 6（2）条制定时，ADR 机构提出的强制解决方案将不会剥夺法律条文对消费者提供的保护，法律条文也不会违反根据消费者是惯常居民的所在国法律签订的协议；

(c) 在存在法律冲突的情况下，当适用于销售或服务合同的法律是根据 1980 年 6 月 19 日罗马公约适用于合同义务的法律第 5（1）条至第 5（3）条制定时，ADR 机构提出的强制解决方案将不会剥夺消费者是惯常居民的成员国法律的强制性条文对其提供的保护。

2. 为本条之目的，“惯常居住地”应当根据欧盟第 593/2008 号规章确定。

第 12 条 ADR 程序的限制和时效期间的影响

1. 成员国应当保证，试图通过结果不具有约束力的 ADR 程序来解决争议的各方，在 ADR 程序的限制和时效期间期满后，并不因此阻碍其启动涉及该争议的司法程序。

2. 第一段不违反成员国作为成员签订的国际协定中有关限制或时效的规定。

第三章　信息和合作

第 13 条　商家持有的消费者信息

1. 成员国应当保证，在其境内设立的商家承诺或有义务使用 ADR 机构来解决和消费者的争议时，其应当通知消费者涵盖其的 ADR 机构。这一信息应当包括相关 ADR 机构的网址。

2. 第 1 段中所涉信息如果存在的话，应当在商家的网站上以清晰、全面和易于获得的方式进行提供，并且如果可行的话，应当置于商家和消费者签订的销售或服务合同的一般条款中。

3. 成员国应当保证，在消费者将其和在其境内设立的商家之间的争议，在直接提交投诉给商家而不能获得解决的情况下，商家应当向消费者提供第 1 段中所涉信息，标明其是否使用相关 ADR 机构来解决争议。这一信息应当以书面或其他耐存储的介质进行提供。

第 14 条　消费者援助

1. 成员国应当保证，对于在跨境销售或服务合同中产生的争议，消费者能够得到另一成员国运行的 ADR 机构援助，其有权处理其跨境争议。

2. 成员国应当就第 1 段中所涉任务赋予欧洲消费者网中心、消费者组织或其他机构以责任。

第 15 条　一般信息

1. 成员国应当保证 ADR 机构、欧洲消费者网中心以及根据第 14（2）条任命的机构，能够通过提供委员会网址的链接，使公众获得其网址。在可能的时候，通过耐存储的介质，在其营业场所公布第 20（4）条所涉的 ADR 机构的名单。

2. 成员国应当鼓励相关消费者组织和商业联合体向公众公布其网址，通过其认为适当的方式公布第 20（4）条所涉的 ADR 机构的名单。

3. 委员会和成员国应当保证就消费者如何获得本指令规制的解决争议的 ADR 程序的信息获得充分传播。

4. 委员会和成员国应当在欧盟和国家层面采取附随措施，鼓励消费者组织和专业组织加深对 ADR 机构和程序的认识，提高商家和消费者对 ADR 的使用率。还应当鼓励这些机构在收到来自消费者的投诉时，向消费者提供负责 ADR 机构的信息。

第 16 条　ADR 机构之间的合作和经验交流

1. 成员国应当保证 ADR 机构在跨境争议解决中的合作及就跨境及国内争议解决方面的良好做法进行定期交流。

2. 委员会应当支持和帮助国内 ADR 机构的网络建设，及其良好做法和经验的交流与传播。

3. 在欧盟的特定领域存在着有助于跨境争议解决的 ADR 机构的网络时，成员国应当鼓励在该领域处理争议的 ADR 机构成为该网络的成员。

4. 委员会应当公布包含第 3 段所涉及的网络名称和联系方式细节的名单。委员会在必要时应当更新该名单。

第 17 条　ADR 机构和国内执行欧盟消费者保护法令的机构之间的合作

1. 成员国应当保证 ADR 机构和国内被授权执行欧盟消费者保护法令的机构之间的合作。

2. 合作应当特别包括消费者多次提出投诉的相关商业部门做法的相互信息交流。还应当包括此类国家机构向 ADR 机构提供的技术评估和信息，其对个体争议的解决很有必要且已经存在。

3. 成员国应当保证第 1 段和第 2 段所涉的合作和相互信息交流符合第 95/46/EC 号指令就个人信息保护所做出的规定。

4. 本条款应当不违反适用于执行欧盟有关消费者保护法令的国家机构的职业和商业秘密的规定。ADR 机构应当遵守职业秘密规定和其成立所在成员国法律所规定的其他相关保密性义务。

第四章　负责机构和委员会的作用

第 18 条　负责机构的任命

1. 各成员国应当任命一个负责机构来执行第 19 条和第 20 条规定的功能。各成员国可以任命多个负责机构。如果一成员国作出任命，其可以决定哪个任命的负责机构是委员会的单一联系点。各成员国应当将其一个负责机构，如果合适的话，可以将多个负责机构，包括其所任命的单一联系点报告给委员会。

2. 委员会应当设立负责机构名单，如果可行的话，应包括根据第 1 段向其报告的单一联系点，并在欧盟官方公报中公布这一名单。

第 19 条　争议解决机构向负责机构通报的信息

1. 成员国应当保证设立于其境内的争议解决机构，若想成为本指令项下的合格 ADR 机构并列入第 20（2）条规定的名单，其向负责机构通报下列内容：

（a）其名称、联系方式和网址；

（b）其结构和资助信息，包括负责争议解决的自然人、其酬劳、任期和雇主信息；

（c）程序规定；

（d）费用，如果存在的话；

（e）争议解决程序的平均时长；

（f）提交争议和处理争议解决程序的语言；

（g）争议解决程序所处理的争议类型的说明；

（h）根据第 5（4）条争议解决机构拒绝处理特定争议的理由；

（i）机构是否属于符合本指令规定的 ADR 机构，是否符合第二章规定的质量要件的合理说明。

在出现第（a）点至第（h）点的变化时，ADR 机构应当毫不迟延地通知负责机构这些变化。

2. 在成员国决定允许将程序作为第 2（2）条（a）点所指的程序时，其应当保证适用此类程序的 ADR 机构通知负责机构，除第 1 段所涉的信息和声明外，评估应符合第 6（3）条规定的独立性和透明性及其他特别要件的必要信息。

3. 成员国应当保证 ADR 机构每两年向负责机构报告下列信息：

（a）收到的争议数量和涉及的投诉类型；

（b）在达成结果之前中止 ADR 程序的比重；

（c）解决收到争议所花费的平均时间；

（d）ADR 程序结果的服从率，如果知道的话；

（e）频繁发生的导致消费者和商家争议的系统性、重大问题。这方面通报的信息应当附上将来如何避免或解决此类问题的建议；

（f）如果适用的话，便利跨境争议解决的 ADR 机构网络内合作的有效性评估；

（g）如果适用的话，根据第 6（6）条向负责 ADR 的自然人提供的培训；

（h）机构提供的 ADR 程序的有效性评估和促进其行动的可能方式的评估。

第 20 条　负责机构和委员会的作用

1. 各负责机构应当，特别是在根据第 19（1）条其收到的信息基础上，评估向其报告的争议解决机构是否符合本指令规定范围内的合格 ADR 机构，是否符合第二章规定的质量要求，包括根据欧盟法律，国内法中超过本指令要求之上的规定。

2. 各负责机构应当在第 1 段所涉的评估基础之上，列明所有向其通报并履行第 1 段规定条件的 ADR 机构。列表应当包括下列内容：

（a）第一分段中所涉及的 ADR 机构的名称、联系方式和网址；

（b）费用，如果适用的话；

（c）提交投诉和处理 ADR 程序的语言；

（d）ADR 程序规制的争议类型；

（e）各个 ADR 机构处理的争议种类和范围；

（f）需要各方或其代表的实际到场，如果适用的话，包括 ADR 机构就 ADR 程序作为口头或书面程序能否进行处理作出说明；

（g）程序的结果有约束力或无约束力；

（h）根据第 5（4）条 ADR 机构拒绝处理特定争议的理由。各个负责机构应当将本段第一分段所涉及的列表通知委员会。如果根据第 19（1）条第 2 分段，任何变化通知到负责机构，列表应当毫不延迟地进行更新并将相关信息通知委员会。

如果列明中的争议解决机构作为本指令下的 ADR 机构不再符合第 1 段中所涉及的条件，相关负责机构应当通知争议解决机构，说明其不符合的条件，并要求其立即满足条件。

如果争议解决机构在三个月后仍未履行第 1 段中所涉条件，负责机构应当将争议解决机构移出本段第一分段所涉的列表。列表应当毫不延迟地进行更新并将相关信息通知委员会。

3. 如果成员国任命了多个负责机构，第 2 段中所涉的列表和其更新应当通过第 18（1）条所涉的单一联系点通知委员会。列表和其更新应当与在成员国中设立的所有 ADR 机构相关。

4. 委员会应当建立根据第 2 段向其报告的 ADR 机构列表，并在向其通知变化时更新列表。委员会应当在网站和耐存储的媒介上向公众提供列表和其更新。委员会应当向负责机构传送列表和更新。当成员国根据第 18（1）条任命单一联系点时，委员会应当向单一联系点传送列表和更新。

5. 各个负责机构应当在其网站上通过提供到相关委员会网址链接的方式，向公众提供第 4 段所涉及的整理过的 ADR 机构列表。另外，各个负责机构应当通过耐存储的介质向公众提供整理过的 ADR 机构列表。

6. 截止到 2018 年 7 月 9 日，以及之后的每四年，各个负责机构应当就 ADR 机构的发展和运行公布报告并传递至委员会。这一报告应当特别包括：

（a）确认 ADR 机构的良好做法；

（b）通过数据支持，指出阻碍 ADR 机构国内和跨境争议解决运行的缺点，如果适当的话；

（c）对如何促进 ADR 机构的高效运行提出建议，如果适当的话。

7. 如果成员国根据第 18（1）条任命了多个负责机构，本条第 6 段所涉及的报告应当由第 18（1）条所涉的单一联系点公布。这一报告应当和该成员国内设立的所有 ADR 机构相关。

第五章　最后条款

第 21 条　处罚

成员国应当规定特别是根据第 13 条通过的国内条款，适用于侵权的处罚规则，并采取所有必要措施以保证其得以实施。规定的处罚应当有效、适当并具有劝诫作用。

第 22 条　第 2006/2004 号规章的修正案

在第 2006/2004 号规章的附录中，增加下点：

“20. 2013 年 5 月 21 日欧洲议会和欧盟理事会消费者替代性争议解决第 2013/11/EU 号指令（OJ L 165, 18. 6. 2013, p. 63）：Article 13。”

第 23 条　第 2009/22/EC 号指令的修正案

在第 2009/22/EC 号指令的附录中，增加下点：

“14. 2013 年 5 月 21 日欧洲议会和欧盟理事会消费者替代性争议解决第 2013/11/EU 号指令（OJ L 165, 18. 6. 2013, p. 63）：Article 13。”

第 24 条　报告

1. 截止到 2015 年 7 月 9 日，成员国应当向委员会报告：

（a）如果适当的话，根据第 14（2）条任命机构的名称和联系方式；

（b）如果适当的话，负责机构，包括根据第 18（1）条任命的单一联系点。

成员国应当通知委员会信息的下列变化。

2. 截止到 2016 年 1 月 9 日，成员国应当向委员会报告第 20（2）条所涉的第一个列表。

3. 委员会应当向成员国传送第 1 段（a）点所涉的信息。

第 25 条 过渡安排

1. 在 2015 年 7 月 9 日之前，成员国为了遵守本指令，应当将法律、规章和行政性法规生效。其应当向委员会通报这些条文的文本。在成员国通过这些条文时，应当包含对本指令的引用，并在出版官方公报时附在其后。成员国应当决定如何进行引用。

2. 成员国应当向委员会通报国内法在本指令规制领域通过的主要条文的文本。

第 26 条 报告

截止到 2019 年 7 月 9 日，以及在此之后的每四年，委员会应当向欧洲议会、欧盟理事会和欧洲经济和社会委员会提交本指令适用的报告。报告应当认定 ADR 机构的使用和发展、本指令对消费者和商家的影响、特别是对消费者的了解和商家采取 ADR 程序级别的影响。如果适当的话，本报告应当附随本指令的修改建议。

第 27 条 生效

本指令将于欧盟官方公报公布之日起的第 20 日开始生效。

第 28 条 受约束方

本指令受约束方为各成员国。

欧盟消费者在线争议解决条例

（欧盟议会与欧盟理事会于 2013 年 5 月 21 日通过）

鉴于

(1)《欧盟运行条约》第 169（1）条和第 169（2）条（a）点规定，欧盟通过采取符合《欧盟运行条约》第 114 条规定的措施，以便于获得高水平的消费者保护。《欧盟基础权利宪章》第 38 条规定欧盟政策将确保高水平的消费者保护。

(2) 根据《欧盟运行条约》第 26（2）条，统一市场是由一个确保产品自由流动、不存在内部界限的区域构成。为了使消费者能够对统一市场的数字模式产生信心并从中受益，其有必要获得简易、有效、快速和低成本的方式，以解决在线货物销售或服务提供中产生的争议。在消费者跨境消费时，这一点尤为重要。

（3）在委员会2011年4月13日发布的名为“单一市场法令—促进增长和加强信心的十二个手段—‘共同努力创造新发展’”的通报中，其规定了包含电子商务方面的ADR立法，作为促进增长、增强信心和取得成效从而构建单一市场的十二个手段之一。

（4）统一市场的分散阻碍了促进竞争和发展的努力。而且对欧盟范围内货物销售和服务提供中所产生的争议解决方式属于简易、有效、快速和低成本的方式，在统一市场构成障碍，削弱了消费者和商家跨境买卖的信心。

（5）在其2011年3月24—25日和10月23日的结论中，欧洲理事会要求欧洲议会和欧盟理事会在2012年年底通过一系列的优先措施来推动单一市场。

（6）统一市场在消费者旅行、购物和付款时，已成为其日常生活的一部分。消费者是统一市场的重要参与者，因此应当至关重要。统一市场的数字模式对消费者和商家来说正变得异常重要。消费者在线购买和商家在线销售正不断增长。消费者和商家应当对网上交易充满信心，因此清除现存障碍、促进消费者信心非常关键。可靠、有效的在线争议解决的可用性能够对这一目标的达成助力甚多。

（7）简易、低成本的争议解决方案能够提升消费者和商家对数字单一市场的信心。然而，消费者和商家依然在寻找跨境在线交易中产生争议的庭外解决方案方面存在障碍。因此，现存的此类争议经常无法解决。

（8）ODR能够为在线交易中产生的争议提供简易、有效、快速和低成本的庭外解决方案。然而，现在帮助消费者和商家通过电子方式解决此类争议机制的缺乏，对消费者造成损害，特别是对跨境在线交易造成障碍，给商家造成不均衡的竞争，并对在线商务的全面发展造成阻碍。

（9）本条例适用于欧盟内居住的消费者针对欧盟内成立的商家提起争议的庭外解决，欧洲议会和欧盟理事会2013年5月21日关于消费者争议的替代性争议解决的第2013/11/EU号指令规制了此种争议。

（10）为了保证ODR平台能够用于允许商家提起针对消费者投诉的ADR程序，本条例也应当适用于商家针对消费者提起争议的庭外解决方案，相关的ADR程序是由根据第2013/11/EU号指令第20（2）条列明的ADR机构提供。本条例对此类争议的适用不应当对成员国强加任何义务，以保证 ADR 机构提供此类程序。

（11）虽然特别是从事跨境在线贸易的消费者和商家可以从 ODR 平台获益，但本条例也应当适用于国内在线贸易，以允许在线贸易领域存在真实水平的竞争。

（12）本条例不违反欧洲议会和欧盟理事会 2008 年 5 月 21 日关于在民事和经济事项中特定方面调解的第 2008/52/EC 号指令。

（13）消费者的定义应当包括在其贸易、商业、手艺或行业之外消费的自然人。然而，如果缔结合同的目的部分处于某人的交易之内（双重合同目的），交易的目的有限，在全部的供应情况中并不处于主要地位，则某人也应当被认定为消费者。

（14）"在线销售或服务合同"的定义应当包括商家或商家的代理人通过网站或其他电子形式提供商品或服务，消费者通过网站或其他电子形式订购商品或服务的销售或服务合同。还应当包括消费者通过移动电子设备，如手机，获得网站或其他信息社会服务。

（15）本条例不应适用于线下缔结的销售或服务合同中产生的消费者和商家之间以及商家与商家之间的争议。

（16）本条例应当结合第 2013/11/EU 号指令进行考量，上述指令要求成员国保证能够将在货物销售或服务提供中产生的欧盟范围内成立的商家和消费者居民之间的所有争议提交至 ADR 机构。

（17）在通过 ODR 平台将其投诉提交至 ADR 机构之前，成员国应当鼓励消费者通过适当的方式联系商家，以和解的方式解决争议。

（18）本条例旨在欧盟层面建立 ODR 平台。ODR 平台应当采取交互式网站形式，向消费者和商家提供单一点入口，以促成在线交易中产生争议的庭外解决。ODR 平台应当提供有关在线销售和服务合同中产生的商家和消费者之间合同争议的庭外解决的一般信息。其应当允许消费者和商家通过可靠的电子投诉的方式，以欧盟机构的官方语言填写电子投诉表格。平台应当将投诉传至负责的 ADR 机构以解决相关争议。ODR 平台应当免费提供电子案件管理工具，使 ADR 机构能够通过 ODR 平台和各方一起处理争议解决程序。ADR 机构不应被强制使用案例管理工具。

（19）委员会应当负责 ODR 平台的成立、运行和维护，为平台的运行提供所有必要的技术设备。ODR 平台应当提供电子翻译功能，如果可行的话，使各方当事人和 ADR 机构能够获得通过 ODR 平台交换的、争议解决所必须翻译的信息。这一功能应当能够处理所有必需的翻译，如果可行的话，应当获得人工干预的支持。委员会还应当在 ODR 平台上向被告提供从 ODR 联系点获取帮助的信息。

（20）ODR 平台应当确保与 ADR 机构之间数据的安全交换，尊重根据欧洲议会和欧盟理事会 2004 年 4 月 21 日关于向公共机构、企业和居民进行全欧洲电子政府服务互通性传输的第 2004/387/EC 号决议通过的欧洲互通性框架的基本原则。

（21）特别是根据第 2004/387/EC 号决议的附录二建立的"你的欧洲之门"应当能够使用 ODR 平台，其向欧盟内的企业和居民提供进入全欧洲的机会、多语种在线信息和交互式服务。在"你的欧洲之门"上应当突出 ODR 平台。

（22）欧盟层面的 ODR 平台应当建立在成员国内现存的 ADR 机构之上，尊重成员国的法律传统。通过 ODR 平台接受投诉的 ADR 机构也应当适用其自己的程序规定，包括费用规定。然而，本条例试图建立一些适用于这些程序的普遍性规则，以保证其有效性。这应当包括确保争议的解决不要求各方及其代表实际到达 ADR 机构的规定，除非其程序规则规定了这一可行性且各方同意。

（23）保证根据第 2013/11/EU 号指令第 20（2）条列明的所有 ADR 机构在 ODR 平台上注册，应当形成对在线销售或服务合同中产生争议的在线庭外解决的全面覆盖。

（24）本条例不应禁止在欧盟范围内运行在线或 ODR 机制的现存争议解决机构的运行。其不应禁止争议解决机构或机制处理已直接提交至其的在线争议。

（25）在各成员国应当指定至少包含两名 ODR 顾问的 ODR 联系点。ODR 联系点应当支持各方通过 ODR 平台参与所提交的争议，而不负有翻译与争议相关文件的义务。成员国应当尽可能就欧洲消费者网赋予 ODR 联系点职责。成员国应当利用这种可能性，使 ODR 联系点从欧洲消费者网的中心经验中完全受益，从而有助于消费者和商家之间争议的解决。委员会应当建立 ODR 联系点的 网络，以便利其合作和工作、在和成员国的合作中向 ODR 联系点提供适当的培训。

（26）有效救济权和公正审判权是《欧盟基础权利宪章》第 47 条规定的基础权利。ODR 不打算，也不可能用来替换司法程序，也不应剥夺消费者或商家寻求司法救济的权利。因此，本条例不应禁止各方行使其获得司法救济的权利。

（27）本条例中信息的处理应当严格确保秘密性，应当符合欧洲议会和欧盟理事会1995年10月24日关于个人数据处理和自由流动的个人保护的第95/46/EC号指令、欧洲议会和欧盟理事会2000年12月18日关于社区机构和团体处理个人数据和数据的自由流动的个人保护的第45/2001号条例规定的个人数据保护的规定。这些规定应当适用于ODR平台的不同处理者根据本条例所进行的个人数据处理，无论其单独或和其他处理者联合进行。

（28）根据第45/2001号条例第10条、第11条和根据第95/46/EC号指令第11条、第12条通过的成员国法律，应当告知并征得数据主体的同意，在ODR平台上处理其个人数据，应当以简明的语言，通过全面的隐私通知，使公众可以了解涉及数据处理的权利，并向其解释平台的不同操作者执行操作处理的职责。

（29）本条例应当不违反国内法中涉及ADR的保密性规定。

（30）为了保证消费对ODR平台的广泛了解，在欧盟内成立的、履行在线销售和服务合同的商家应当在其网站上提供ODR平台的电子链接。商家还应当提供其邮箱地址，以便消费者进行初步联系。大量的在线销售和服务合同使用在线市场进行缔结，其将消费者和商家聚在一起，有助于其之间的在线交易。在线市场属于在线平台，其允许商家向消费者提供其商品或服务。此类在线市场也有义务提供ODR平台的电子链接。这一义务不应违反第2013/11/EU号指令第13条所涉及的条件，即商家应当通知消费者覆盖商家的ADR程序，以及其是否适用ADR程序来解决和消费者之间的争议。

而且，这一义务不应违反欧洲议会和欧盟理事会于2011年10月25日通过的消费者权利的第2011/83/EU号指令第6（1）条和第8条的规定。第2011/83/EU号指令第6（1）条的（t）点为远程或事前签订的消费者合同规定了，在消费者受合同约束之前，商家要通知消费者有权提出约束商家的庭外投诉和救济机制，以及获得的途径。为了使消费者了解同一原因，成员国应当鼓励消费者联合体和企业联合体提供ODR平台的电子链接。

（31）为了考虑到ADR机构划定其各自适用的范围的标准，根据《欧洲运行条约》第290条通过法令的权力应当授予委员会，使其修改投诉者在ODR平台上，通过电子投诉的方式所提供的信息。委员会在其准备工作期间，包括在专家层面进行适当的磋商非常重要。委员会在准备和起草授权法令时，应当向欧洲议会和欧盟理事会同步、及时和适当传送相关文件。

（32）为了保证本条例实施条件的统一，在ODR平台运行、提交投诉的形式和 ODR 联系点网络内的合作等方面实施的权力应当授予委员会。应当根据欧洲议会和欧盟理事会2011 年2 月16 日第182/2011 号条例规定的关于成员国对委员会实施权利行使的控制机制的规则和一般原则行使这些权力。咨询程序应当根据其技术特点，用于修改与电子投诉表格相关的执行法令。检查程序应当用于通过与 ODR 联系点网络的 ODR 顾问之间合作形式相关的规定。

（33）在本条例适用的过程中，委员会应当在适当的时间与欧洲数据保护监督员进行磋商。

（34）由于成员国不能充分完成本条例的目标，即为了建立由统一规则规制的在线争议的欧洲 ODR 平台，而在欧盟层面，根据其规模和效果，可以更好地完成。所以欧盟应当根据《欧盟条约》第 5 条规定的辅助性原则采取措施。根据本条中规定的适当性原则，本条例不能超越为实现这一目标所必需的规定。

（35）本条例尊重基础权利、维持特别是《欧盟基础权利宪章》认可的原则，特别是宪章的第 7 条、第 8 条、第 38 条和第 47 条。

（36）根据第 45/2001 号条例第 28（2）条和 2012 年 1 月 12 日发表的意见与欧洲数据保护监督员进行了磋商。

通过本条例：

第一章　一般条款

第 1 条　主体

本条例的目的在于通过高水平的消费者保护，有助于统一市场的正常运行，通过提供欧洲 ODR 平台，有助于其数字规模的扩大，以利于在线消费者和商家之间争议的有效、快速和公平的庭外解决。

第 2 条　范围

1. 本条例应当适用于欧盟内居住的消费者和成立的商家之间在线销售和服务合同中产生的涉及合同义务的争议，根据涉及 ODR 平台使用的第 2011/11/EU 号指令第 20（2）条，通过列明的 ADR 机构的参与，对其进行庭外解决。

2. 本条例应当适用于第 1 段中所涉的，由商家针对消费者提起的争议的庭外解决，只要消费者居住地所在国的法律允许此类争议通过 ADR 机构参与的方式予以解决。

3. 成员国应当通知委员会其立法是否允许第 1 段中所涉的，由商家针对消费者提起的争议通过 ADR 机构参与的方式予以解决。在负责机构通报第 2013/

11/EU 号指令第20（2）条所涉的列表时，其应当通知委员会哪些 ADR 机构处理此类争议。

4. 本条例对第1段中所涉及的，由商家针对消费者提出的争议的适用，不应强加于成员国保证 ADR 机构为此类争议庭外解决提供程序的义务。

第3条　和其他欧盟法律的关系

本条例不违反第2008/52/EC 指令。

第4条　定义

1. 为本条例之目的：

（a）“消费者”是指第2013/11/EU 号指令第4（1）条（a）点中定义的消费者；

（b）“商家”是指第2013/11/EU 号指令第4（1）条（b）点中定义的商家；

（c）“销售合同”是指第2013/11/EU 号指令第4（1）条（c）点中定义的销售合同；

（d）“服务合同”是指第2013/11/EU 号指令第4（1）条（d）点中定义的服务合同；

（e）“在线销售或服务合同”是指商家或商家的代理在网站或通过其他电子形式提供货物或服务，消费者通过该网站或其他电子形式订购货物或服务的销售或服务合同；

（f）“在线市场”是指欧洲议会和欧盟理事会2000年6月8日在统一市场信息社会服务，特别是电子商务的具体法律事项的第2000/31/EC 号指令（电子商务指令）第2条（b）项定义的服务提供者，其允许消费者和商家在在线市场网站缔结在线销售和服务合同；

（g）“电子形式”是指通过有线、无线、光学形式或其他电磁形式传播、传送和接收的数据处理（包括数字压缩）和存储的电子设备；

（h）“替代性争议解决程序”（“ADR 程序”）是指本条例第2条所指的争议庭外解决的程序；

（i）“替代性争议解决机构”（“ADR 机构”）是指第2013/11/EU 号指令第4（1）条（h）点定义的 ADR 机构；

（j）“投诉方”是指通过 ODR 平台提出投诉的消费者或商家；

（k）“被投诉方”是指通过 ODR 平台消费者或商家提出争议的针对方；

（l）“负责机构”是指第2013/11/EU 号指令第4（1）条（i）点中定义的

公共机构；

（m）“个人数据”是指与识别或能够识别的自然人相关的任何数据（“数据主体”）；能够识别的个人是指能够通过一个识别的数字或一项或多项具体到个人身体、生理、精神、经济、文化 或社会特征直接或间接被识别的人。

2. 商家或 ADR 机构的成立地应当根据第 2013/11/EU 号指令第 4（2）条和第 4（3）条分别认定。

第二章　ODR 平台

第 5 条　ODR 平台的设立

1. 委员会应当设立 ODR 平台负责其运行（包括为本条例之目的所必需的翻译功能）、维护、资助数据安全。ODR 平台应当易于掌握。ODR 平台的设立、运行和维护应当保证在设计阶段就尊重使用者的隐私（“设计的隐私”），所有人能够获得和使用 ODR 平台，如果可能的话，包括有缺陷的使用者（“为所有人设计”）。

2. ODR 平台应当成为消费者和商家寻求本条例规则的争议庭外解决的单一入口。其应当是能以欧盟机构的所有官方语言、以电子形式获得、免费的交互式网站。

3. 如果适当的话，委员会应当通过其网站使公众获得 ODR 平台，向欧盟内居民和企业提供信息，特别是根据第 2004/387/EC 号决议设立的“你的欧洲之门”。

4. ODR 平台应具有以下功能：

（a）提供根据第 8 条由投诉方填写的电子投诉表格；

（b）将投诉通知被投诉方；

（c）确认负责的 ADR 机构、将投诉传送至根据第 9 条各方同意使用的 ADR 机构；

（d）免费提供电子案例管理工具，其能够使各方和 ADR 机构通过 ODR 平台在线处理争议解决程序；

（e）向各方和 ADR 机构提供争议解决所必需的信息的翻译，并通过 ODR 平台进行交流；

（f）提供电子表格，ADR 机构应当通过这些表格传送第 10 条（c）项所涉的信息；

（g）提供反馈系统，允许各方表达其对 ODR 平台运行和处理其纠纷的 ADR 机构的意见；

（h）使公众可以获得下列信息：

（i）ADR 作为庭外争议解决的一种方式的一般信息；

（ii）根据第 2013/11/EU 指令第 20（2）条列明的，负责处理本条例规制争议的 ADR 机构的信息；

（iii）对于如何通过 ODR 平台提交投诉的在线指导；

（iv）根据本条例第 7（1）条成员国指定的 ODR 联系点，包括联系细节在内的信息；

（v）通过 ODR 平台传送至 ADR 机构的争议处理结果的统计数据。

5. 委员会应当保证第 4 段（h）项所涉的信息准确、更新，以清晰、易懂和易于获得的方式提供。

6. 根据第 2013/11/EU 指令第 20（2）条列明的，负责处理本条例规制争议的 ADR 机构应当在 ODR 平台进行电子登记。

7. 委员会应当就本条第 4 段规定的功能运行形式，通过执行法令采取措施。根据本条例第 16（3）条所涉的检查程序应当通过这些执行法令。

第 6 条　ODR 平台的测试

1. 委员会应当于 2015 年 1 月 9 日之前测试 ODR 平台和投诉形式，包括翻译的技术运行和使用便利性。测试应当由来自成员国、消费者和商家代表的 ODR 内的专家合作进行和评估。委员会应当向欧洲议会和欧盟理事会就测试结果提交报告，采取适当措施解决潜在问题，以保证 ODR 平台的有效运行。

2. 在本条第 1 段所涉的报告中，委员会还应当说明其打算采取的技术和组织措施，以保证 ODR 平台符合第 45/2001 号条例中规定的隐私条件。

第 7 条　ODR 联系点的网络

1. 各个成员国应当指定一个 ODR 联系点，并向委员会通报其名称和联系细节。成员国可以就欧洲消费者网的中心、消费者联合体或其他机构授予 ODR 联系点职权。各个 ODR 联系点至少应当有两位 ODR 顾问。

2. ODR 联系点应当为通过 ODR 平台提交的投诉相关的争议解决提供支持，履行下列职能：

（a）如果应要求，为各方和负责 ADR 机构之间的交流提供便利，可能会包括，特别是：

（i）为提交投诉，以及相关的文档提供帮助；

（ii）为各方和ADR机构提供就与销售和服务合同相关的消费者权利的一般信息，这些合同在拥有ODR顾问的ODR联系点的成员国适用；

（iii）提供ODR平台运行的信息；

（iv）向各方解释经过验证的ADR机构所适用的程序规定；

（v）在争议通过ODR平台无法获得解决时，通知投诉方其他的救济方式；

（b）基于运行中获得的实践经验，每两年向委员会和成员国提交活动报告。

3. 在争议各方均位于同一成员国时，ODR联系点无义务履行第2段所列功能。

4. 尽管第3段考虑到成员国的情况，成员国在争议各方所在地都在同一成员国的情况下，可以决定ODR联系点可以执行第2段中的一项或多项功能。

5. 委员会应当建立联系点网络（“ODR联系点网”），促进联系点之间的合作，有利于第2段中列明功能的履行。

6. 委员会一年中应当至少召集两次ODR联系点网络成员会议，以允许交流良好做法，讨论在ODR平台运行中遇到的多次发生的问题。

7. 委员会应当通过执行法令的方式，制定涉及ODR联系点之间合作形式的规则。根据第16（3）条所涉的检查程序应当通过这些执行法令。

第8条　投诉的提交

1. 为了向ODR平台提交投诉，投诉方应当填写电子投诉表格。投诉表格应当易于使用，并在ODR平台上易于获得。

2. 投诉方提交的信息应当能够充分决定负责的ADR机构。这些信息列于本条例的附录中。为了支持投诉，投诉方可以后附文件。

3. 为了考虑ADR机构定义其各自适用范围的标准，其根据第2013/11/EU号指令第20（2）条列明，并处理本条例规制的争议，应当授权委员会根据本条例第17条制定授权法令，以修改本条例附录中列明的信息。

4. 委员会应当通过执行法令的形式制定有关电子投诉表格形式的规则。根据第16（2）条所涉的咨询程序应当通过这些执行法令。

5. 只有与其收集目的有关的准确、相关、非过度的数据才能通过电子投诉表格和其附件进行处理。

第 9 条 投诉的处理和传送

1. 如果电子投诉表格的所有必要部分都已经完成，提交至 ODR 平台的投诉应当被处理。

2. 如果投诉表格未全部完成，应当通知投诉方如未提供欠缺信息，投诉不能进行下一步处理。

3. 在收到完整的投诉表格后，ODR 平台应当以投诉方选择的欧盟机构的官方语言之一，以易于理解的方式，毫不延迟地传送至被投诉方，投诉包括以下数据：

（a）为传送投诉至 ADR 机构，各方同意的 ADR 机构的信息，以及在各方未达成协议或确认负责的 ADR 机构时，投诉不再进行处理的信息。

（b）负责处理投诉的 ADR 机构的信息，如果其与电子投诉表格有关或在表格中提供的信息基础上，经 ODR 平台确认；

（c）在被投诉方是商家的情形下，要求成员国在 10 日内：

——商家是否准备或有义务使用特定的 ADR 机构解决与消费者的争议，

——如商家无义务使用特定的 ADR 机构，商家是否愿意使用（b）点中所涉的 ADR 机构；

（d）在被投诉方是消费者，商家有义务使用特定的 ADR 机构的情况下，要求其在 10 日内同意此 ADR 机构，或在商家无义务使用特定 ADR 机构的情况下，要求其从（b）点中所涉的 ADR 机构中选择一家或多家。

（e）成员国中 ODR 联系点的名称和联系细节、被投诉方的所在地或居住地，以及对第 7（2）条（a）点所涉功能的简要说明。

4. 在收到投诉方与第 3 段（c）或（d）点有关的信息后，ODR 平台应当以投诉方选择的欧盟机构官方语言，以易于理解的方式，毫不延迟地通知投诉方下列信息：

（a）第 3 段（a）点所涉的信息；

（b）在投诉方是消费者的情况下，商家根据第 3 段（c）点所提出的 ADR 机构的信息，要求其在 10 日内同意 ADR 机构。

（c）在投诉方是商家，其无义务使用特定 ADR 机构的情形下，消费者根据第 3 段（d）点提出的 ADR 机构的信息，要求其在 10 日内同意 ADR 机构；

（d）成员国中 ODR 联系点的名称和联系细节、投诉方的所在地或居住地，以及对第 7（2）条（a）点所涉功能的简要说明。

5. 第3段（b）点和第4段（b）点和（c）点中所涉的信息应当包括每个ADR机构下列特征的说明：

（a）ADR机构的名称、联系细节和网址；

（b）ADR机构的费用，如果有的话；

（c）处理ADR程序的语言；

（d）ADR程序的平均时长；

（e）ADR程序结果的约束力或无约束力的特点；

（f）ADR机构根据第2013/11/EU号指令第5（4）条拒绝处理特定争议的理由。

6. ODR平台应当自动并毫不延迟地将争议传送至根据第3段和第4段各方同意使用的ADR机构。

7. 争议提交至的ADR机构应当毫不延迟地通知各方根据第2013/11/EU号指令第5（4）条其是否同意或拒绝处理争议。同意处理争议的ADR机构还应当通知各方程序规则，如果有的话，以及相关争议处理程序的费用。

8. 如果各方在提交投诉表格的30日内不同意ADR机构，或ADR机构拒绝处理争议，争议不应当进一步处理。应当告知投诉方联系ODR顾问以获得其他救济方式的一般信息。

第10条　争议的解决

根据本条例第9条同意处理争议的ADR机构应当；

（a）在第2013/11/EU号指令第8条（e）点相关的期限内完成ADR程序；

（b）不要求各方或其代表的实际到场，除非程序规则予以规定，且各方同意；

（c）毫不延迟地将下列信息传送至ODR平台：

（i）收到投诉文件的日期；

（ii）争议的主体；

（iii）结束ADR程序的日期；

（iv）ADR程序的结果；

（d）不被要求通过ODR平台处理ADR程序。

第11条　数据库

委员会应当采取必要措施建立和维护电子数据库，以根据第5（4）条和充分考量第13（2）条的第10条（c）点，存储处理的信息。

第 12 条　个人数据的处理

1. 获得包括个人数据在内的，与争议有关的信息，以及存储在与第 11 条相关的数据库中应当为第 10 条所涉的目的，仅授权给根据第 9 条争议被提交至的 ADR 机构。还应当为第 7（2）条和第 7（4）条所涉的目的，如果必要的话，授权给 ODR 联系点获得相同的信息。

2. 为监督 ODR 平台运行和使用，以及起草第 21 条所涉的报告之目的，委员会应当获得根据第 10 条处理的信息。委员会应当为运行和维护 ODR 平台之必需，包括监督 ADR 机构和 ODR 联系点使用 ODR 平台的目的，处理 ODR 平台使用者的个人数据。

3. 与争议有关的个人数据应当保存在第 1 段所涉的数据库中，其时间仅为达到收集数据的目的，保证数据主体为行使权利能够获得其个人数据，在根据第 10 条（c）点的（iii）点传送至 ODR 平台的争议解决后的六个月内，自动删除个人数据。保存期限还应当适用于由 ADR 机构或处理相关争议的 ODR 联系点保存在国家文件中的个人数据，除非 ADR 机构适用的程序规则或国内法中的特别条款规定了较长的保存期限。

4. 根据第 95/46/EC 号指令第 2 条（d）点，应当将各个 ODR 顾问认定为与本条例中数据处理活动相关的控制者，其应当保证这些活动符合拥有 ODR 顾问的 ODR 联系点的成员国内，根据第 95/46/EC 号指令制定的国内法。

5. 根据第 95/46/EC 号指令第 2 条（d）点，应当将各个 ADR 机构认定为与本条例中数据处理活动相关的控制者，其应当保证这些活动符合 ADR 机构成立的成员国内，根据第 95/46/EC 号指令制定的国内法。

6. 涉及本条例和相关个人数据处理项下的职责，应当根据第 45/2001 号条例第 2 条（d）点将委员会认定为控制者。

第 13 条　数据保密性和安全性

1. ODR 联系点应当遵守专业秘密的规定或相关成员国立法中规定的其他同等的保密性义务。

2. 委员会应当根据第 45/2001 号条例第 22 条，采取适当的技术和组织措施，以保证本条例下处理信息的安全，包括适当的数据获取控制、安全计划和安全事件管理。

第 14 条　消费者信息

1. 在欧盟内设立、从事在线销售或服务的商家，或在欧盟内设立的在线市场应当在其网站上提供ODR平台的电子链接。此链接应当使消费者易于获得。在欧盟内设立、从事在线销售或服务的商家还应当公布其邮箱地址。

2. 在欧盟内设立、从事在线销售或服务，其准备或有义务使用一家或多家ADR机构来解决与消费者有争议的商家，应当通知消费者ODR机构的存在和使用ODR平台来解决争议。其应当在其网站上提供ODR平台的电子链接。如果建议是通过电子邮件发出，则应当在电子邮件中提供。如果可行的话，还应当在适用于在线销售和服务合同的一般条款中提供这些信息。

3. 本条第1段和第2段应当不违反第2013/11/EU号指令第13条及包含在其他欧盟法令中的庭外救济程序的消费者信息的规定，其应当特别适用于本条。

4. 第2013/11/EU号指令第20（4）条所涉的ADR机构的名单和其更新应当在ODR平台上公布。

5. 成员国应当保证ADR机构、欧洲消费者网中心、第2013/11/EU号指令第18（1）条规定的负责机构，如果适当的话，根据2013/11/EU号指令第145（2）条指定的机构提供ODR平台的电子链接。

6. 成员国应当鼓励消费者联合体和商业联合体提供ODR平台的电子链接。

7. 在商家根据第1段、第2段和第3段相关的规定，有义务提供信息时，如果可能的话，其应当提供上述信息。

第15条　负责机构的作用

各成员国的负责机构应当评估在国内成立的ADR机构是否遵守本条例中规定的义务。

第三章　最后条款

第16条　委员会程序

1. 欧盟委员会应当得到委员会的帮助，这一委员会应当是欧盟第182/2011号条例含义内的委员会。

2. 当参照本段时，第182/2011号条例第4条应当适用。

3. 当参照本段时，第182/2011号条例第5条应当适用。

4. 在第2段和第3段中委员会意见以书面程序作出时，应当无结果地终止这一程序，在作出意见的时限内，委员会主席作出决定或根据委员会成员的简单多数作出要求。

第17条　授权的行使

1. 通过授权法令的权利根据本条规定的条件授予委员会。

2. 第8（3）条有关的通过授权法令的权利应当自2013年7月8日起在不确定期限内授予。

3. 涉及第8（3）条的权力授予可由欧洲议会或欧盟理事会随时撤销。撤销决议应当终止决议中列明的权力授权。其应当在欧盟官方公报刊登争议的次日或决定中指明的随后日期生效。其不应当影响已经实施的授权法令的效力。

4. 一旦通过授权法令，委员会应当同时通知欧洲议会和欧盟理事会。

5. 只有欧洲议会或欧盟理事会在收到通知后的两个月内未表示反对或在到期之前，欧洲议会或欧盟理事会表示不反对，根据第8（3）条制定的授权法令将生效。在欧洲议会和欧盟理事会主动表示不反对的情况下，此期限将延长两个月。

第18条　处罚

成员国应当规定适用本条例侵权的罚金条款。应当采取所有必要措施以保证处罚得以执行。规定的处罚应当有效、适当和具有劝诫作用。

第19条　第2006/2004号条例的修正案

在欧洲议会和欧盟理事会第2006/2004号条例的附录中，增加以下点：

“21. 2013年5月21日欧洲议会和欧盟理事会消费者争议在线争议解决第524/2013号条例（消费者ODR条例）　（OJ L 165，18.6.2013，p. 1）：Article 14.”

第20条　第2009/22/EC号指令的修正案

欧洲议会和欧盟理事会第2009/22/EC号指令修订如下：

（1）在第1（1）条和第1（2）以及第6（2）（b）点中，“附录I中列出的指令”替换成“附录I中列出的欧盟法令”；

（2）在附录I的标题中，“指令列表”替换成“欧盟法令列表”；

（3）在附录I中，增加以下点：

“15. 2013年5月21日欧洲议会和欧盟理事会消费者争议在线争议解决第524/2013号条例（消费者ODR条例）　（OJ L 165，18.6.2013，p. 1）：Article 14.”

第21条　报告

1. 委员会应当在每年度和ODR平台投入运行后的一年内首次向欧洲议会和

欧盟理事会报告 ODR 平台的运行情况。

2. 截止到 2018 年 7 月 9 日，以及在此之后的每三年，委员会应当向欧洲议会、欧盟理事会提交本条例适用的报告。包括特别是投诉表格的易使用性和本条例附录中列明的信息修改的可能需要。如果适当的话，本报告应当附上本条例的修改建议。

3. 在提交第 1 段和第 2 段提交报告的同一年内，应当只提交一份联合报告。

第 22 条　生效

1. 本条例将于欧盟官方公报公布之日起的第 20 日开始生效。

2. 本条例应当从 2016 年 1 月 9 日开始适用，除以下条款外：

——第 2（3）条、第 7（1）条和第 7（5）条从 2015 年 7 月 9 日开始适用，

——第 5（1）条和第 5（7）条、第 6 条、第 7（7）条、第 8（3）条和第 8（4）条和第 11 条、第 16 条、第 17 条从 2013 年 7 月 8 日开始适用。

本条例在其完全直接适用于所有成员国时具有约束力。

欧盟统一市场电子交易中电子认证和可信服务条例

（欧盟议会与欧盟理事会于 2014 年 7 月 23 日通过）

鉴于

（1）在线环境中信用建设对经济和社会发展非常关键。信用的缺乏，特别是由于法律确定性的明显欠缺，使得消费者、企业和公共部门不敢进行电子交易而采用新的服务。

（2）本条例试图通过为公民、企业和公共部门之间的安全电子交流提供一个通用的基础，以加强统一市场电子交易中的信用，从而增加欧盟内公共和私人在线服务、电子贸易和电子商务的效能。

（3）欧洲议会和欧盟理事会第 1999/93/EC 号指令规制了电子签名，并没有为安全、可靠和便于使用的电子交易建立一个全面跨界、跨部门的机制。本条例加强和拓展了上述指令的范围。

（4）2010 年 8 月 26 日发布的题为“欧洲数字议程”的通报指出数字市场的

分散、互通性的缺乏和网络犯罪的抬头已成为数字经济有序运行的重要障碍。在题为“消除欧盟公民权利障碍”的欧盟公民权报告2010中，委员会进一步强调需要解决阻碍欧盟公民享有数字单一市场和跨境数字服务利益的主要问题。

（5）在其2011年2月4日和2011年10月23日的结论中，欧洲理事会请求委员会最迟于2015年设立一个数字单一市场，通过为在线服务的跨境使用提供便利，着重注意为安全电子身份识别和认证提供便利，以期在数字经济的关键领域取得迅速进步，促进完全统一的数字单一市场的形成。

（6）在其2011年5月27日的结论中，欧盟理事会请求委员会为单一数字市场提供助力，为跨境关键助推器的互认创造适当条件，如电子身份识别、电子文件、电子签名和电子传输服务以及欧盟范围内电子政务的互通。

（7）欧洲议会，在其2010年9月21日完成电子商务统一市场的动议中强调了电子服务安全，特别是电子签名安全，以及需要在全欧洲建设公共基础设施的重要性；要求欧洲委员会建立欧洲验证机构通道，以保证电子签名的跨境互通，增加使用网络进行交易的安全。

（8）欧洲议会和欧盟理事会第2006/123/EC号指令要求成员国建立“单一联系点”，以保证通过适当的“单一联系点”和适当的机构，能够远程以电子方式轻易完成涉及服务活动参与和运行的所有程序和手续。很多通过“单一联系点”可提供的在线服务需要电子身份识别、电子认证和签名。

（9）多数情况下，公民在另一成员国不能使用电子身份识别来认证其身份，因为本国的国内电子身份识别模式并不为其他成员国所认可。这一电子障碍使得服务提供者不能享有统一市场的全部利益。电子身份识别的互认方式将有助于在统一市场提供大量的跨境服务，使企业从事跨境贸易时，无须面对与公共机构交流中的诸多障碍。

（10）欧洲议会和欧盟理事会第2011/24/EU号指令建立了一个负责电子医疗的国家机构网络。为了增强跨境医疗的安全性和连续性，此网络需要制定跨境获取电子医疗数据和服务的指南，包括提供“普通证书和认证措施促进跨境医疗数据的流动”。电子身份识别和认证的互认对于欧洲公民跨境医疗成为现实非常关键。当人们旅游生病需要治疗时，在治疗所在国需要获得其医疗数据。这就需要一个稳健、安全和可靠的电子身份识别框架。

（11）本条例的适用完全符合欧洲议会和欧盟理事会第95/46/EC号指令规定的有关个人数据保护的原则。在此方面，考虑到本条例制定的互认原则，在线服务的认证应当只涉及那些适当、相关、不超越授权获得在线服务的认证数据的处理。而且，第95/46/EC号指令涉及处理机密性和安全性的要求应当得到可信服务提供者和监管机构的尊重。

（12）本条例的目标之一是消除至少为公共服务提供认证而在成员国使用的电子身份识别方式的跨境使用中的现存障碍。本条例并不打算干涉成员国设立的电子认证管理系统和相关基础设施。本条例的目标是保证获得成员国提供的跨境在线服务，安全的电子身份识别和认证。

（13）成员国为获得在线服务电子身份识别应当始终自由使用或引进工具。成员国应当也能够决定私营部门是否参与到那些工具的提供。成员国应当无义务将电子身份识别模式通知委员会。是否将为获得至少公共在线服务或具体服务在全国范围使用电子身份识别模式的全部、部分情况通知委员会的选择权在于成员国。

（14）在本条例中需要规定一些要件，涉及何种电子身份识别方式应当被认可以及电子身份识别模式应当如何被通知。这些要件可以帮助成员国在各自的电子身份识别模式中建立必要的信用，互相承认符合通知机制的电子身份识别方式。如果通知国的电子身份识别模式符合通知的要件，并且通知被公布在欧盟的官方公报上，应当适用互认的原则。然而，互认的原则应当只和在线服务的认证相关。在国内法规定的要件下，接触这些在线服务以及最后提供给申请者应当和接收这些服务的权利紧密相连。

（15）承认电子身份识别方式的义务应当只和等于或高于正在要求在线服务的水平相当的身份保证水平的工具相关。另外，只有当公共部门机构涉及获得在线服务，使用“相当”或“高”保证水平时，这一义务方可适用。根据欧盟法律，成员国应当始终承认具有较低身份保证水平的电子身份识别方式。

（16）在规定个人身份识别时，保证水平应当区分对电子身份识别方式的信赖程度。因此，对声称拥有一个特别身份的个人实际上就是得到分配身份之人提供保证。保证水平依赖于电子身份识别提供的对主张或宣称的个人身份识别的信任程度，要考虑过程（如身份证明、验证和认证）、管理活动（如发放电子身份识别方式的机构和发放此类工具的程序）和所实施的技术控制。不同的技术定义和保证水平的种类作为欧盟资助的大规模试点、标准化和国际活动的结果而存在。特别是，大规模试点STORK和ISO 29115尤其涉及2、3、4级水平，应当最大限度地考虑在本条例的语义内为低、相当和高保证水平创建最小技术要件、标准和程序。同时，特别是在涉及为发放资格证书进行身份证明相关的高保证水平时，应保证本条例的持续适用。创设的要件应当是技术中立。通过不同的技术获得必须的安全要件应当是可能的。

（17）当需要在线服务或电子交易时，成员国应当鼓励私营部门为身份识别目的自愿使用通知模式下的电子身份识别手段。此类电子身份识别手段的使用将可能促使私营部门依赖于已在很多成员国为公共服务而大面积使用的电子身份识别和认证，并使企业和公民获得跨境线上服务更为容易。为了有利于私营部门跨境使用此类电子身份识别手段，成员国之外设立的私营部门依赖方获得成员国提供的认证条件应当和成员国内设立的私营部门依赖方获得认证的条件相同。因此，涉及私营部门依赖方，通报的成员国可以规定获得认证手段的条件。此类条件可以包括私营部门依赖方当前是否可以使用与通知模式相关的认证手段 。

（18）本条例应当规定通报的成员国、发放电子身份识别手段方和运行认证程序方未遵守本条例相关义务的责任。但是，本条例应当符合国内法有关责任的规定。因此，其并不影响国内法的此类规定，如损害的定义或相关适用程序规定，包括举证责任。

（19）电子身份识别模式的安全是电子身份识别手段获得可靠跨境互认的关键。在这种情况下，各成员国应当在国家层面就电子身份识别模式的安全和互通性开展合作。当电子身份识别模式要求依赖方在国家层面适用具体的硬件或软件时，跨境互通性要求各成员国禁止将此类条件和相关费用强加于设立于成员国之外的依赖方。在此种情况下，在互通性的框架范围内将讨论和产生合适的解决方案。然而，源于国内电子身份识别手段的内在标准和可能影响此类电子身份识别持有者的技术条件（如智能卡）不可避免。

（20）成员国的合作应当便利于被通知的电子身份识别模式的技术互通性，以期培育与风险等级相对应的高水平信用和安全。成员国之间为了互认进行的信息交流和良好做法的分享将有助于此类合作。

（21）本条例也应当为使用可信服务建立一般法律框架。然而其不应为使用或设立所有现有可信服务访问点而创制一般义务。特别是，本条例不应当规定在一些特定的参与者之间，在封闭的系统内，对第三方并不产生影响的提供服务的排他性使用。例如，为管理利用可信服务的内部程序而在企业或公共行政机构内建立的体系不应当受本条例条件的限制。只有向公众提供的、影响第三方的可信服务应当符合本条例规定的条件。在涉及国内或欧盟法律规定的形式要件时，本条例也不应当规定与合同的缔结、有效或其他法律义务相关的方面。此外，本条例不应当影响与公共登记，特别是商业和土地登记相关的国内形式要件。

（22）为了有助于跨境的普遍使用，在所有成员国的法律诉讼中可信服务应当能够作为证据使用。除本条例另有规定外，国内法应当规定可信服务的法律效力。

（23）只要本条例创制了承认可信服务的义务，只有是接收者控制之外的技术原因导致可信服务未能被读取或验证时，可信服务才能够被拒绝接受。这一义务本身禁止要求公共机构为所有现存可信服务的技术可读性而去获取必要的硬件和软件。

（24）只要可信服务未符合本条例的规定，成员国可以就此保持或制定和欧盟法律相一致的国内规定。然而，符合本条例规定的可信服务应当在统一市场自由流通。

（25）为了在国家层面获得作为合格可信服务的认可，除纳入本条例规定的可信服务的封闭名单外，成员国应当始终自由规定可信服务的各种类型。

（26）由于技术革新的速度，本条例应当对创新采取开放的方式。

（27）本条例应当采取技术中立。只要符合本条例规定的条件，任何技术手段都应当具有法律效力。

（28）为加强特别是国内市场中小型企业和消费者的信用，和提高可信服务和产品的使用，应当制定合格可信服务和合格可信服务提供者的定义，以期表明保证适用或提供合格可信服务和产品的高水平安全的条件和义务。

（29）理事会第2010/48/EC号决议批准的《联合国残疾人权利公约》项下的义务，特别是该公约第9条，残疾人应当在和其他消费者平等的基础上，在此类服务的提供中，使用可信服务和终端产品。因此，如果可行的话，残疾人在此类服务的提供中，应当可以获得提供的可信服务和使用终端产品。可行性评估应当包括技术和经济因素。

（30）根据本条例，成员国应当任命一个或多个监管机构来执行监管任务。成员国也应当可以依据和另一成员国签订的相互协议决定在另一成员国国内任命一个监管机构。

（31）监管机构应当和数据保护机关进行合作，如一旦出现违反数据保护规定的情形，通知其对合格可信服务提供者的检查结果。提供的信息应当特别包括安全事件和对个人信息的破坏。

（32）为了在单一市场提高使用者的信用，所有的可信服务提供者应当有责任适用与其任务相关的风险对应的良好安全措施。

（33）证书中匿名的使用规定不应阻碍成员国规定和欧盟或国内法一致的个人身份识别。

（34）为了保证合格可信服务的同等安全水平，所有成员国应当遵守共同的必要监管条件。为了减缓这些条件在欧盟范围内的持续适用，成员国应当采取类似的程序并就监管信息和良好措施进行交流。

（35）所有可信服务提供者应当遵守本条例的条件，特别是为了保证其经营和服务尽责、透明和问责的安全和责任条件。然而，考虑到可信服务提供者提供的服务类型，就这些条件而言，在合格和不合格可信服务提供者之间进行区分是适当的。

（36）为所有可信服务提供者建立监管机制应当保证其运行和服务的安全和问责存在公平竞争的环境，从而有助于对使用者的保护和统一市场的运行。不合格可信服务提供者应当遵守规定，根据其服务和运行的特点来被动接受事后监管活动。监管机构因此应当没有监督不合格服务提供者的一般义务。监管机构只应当在被通知（如不合格可信服务提供者自己、另一监管机构、使用者或商业伙伴的通知或在其自己调查的基础上）不合格可信服务提供者未遵守本条例规定的条件时，才可采取行动。

（37）本条例应当规定所有可信服务提供者的责任，特别是所有可信服务提供者因未履行本条例规定的义务给自然人或法人造成的损失应当承担责任，进行责任机制规定。为了促进可信服务提供者应当承担的或保险政策规定的财政风险的评估，本条例允许可信服务提供者在特定情形下，对使用其所提供的服务设定限制，对超过限制之外使用服务所产生的损害不承担责任。应当提前充分告知消费者这些限制。这些限制应当被第三方认可，如在提供服务的条款中告知限制的信息或通过其他认可的方式。为了发挥这些原则的作用，本条例应当根据国内法有关责任的规定进行适用。因此，本条例并不影响国内法有关规定，如损害、故意、过失的定义或相关适用的程序规定。

（38）在出现破坏安全或诚信缺失的情况下，为了向相关方提供适当信息，进行破坏安全和安全风险评估的通知不可或缺。

（39）为了使委员会和成员国可以对本条例制定的违反通知机制的效果进行评估，应当要求监管机构向委员会和欧洲网络和信心安全局提供总结信息。

(40) 为了使委员会和成员国能够对本条例制定的增强监管机制的效果进行评估，应当要求监管机构报告其活动。对促进监管机构之间交流良好措施起到重要作用，能够保证在所有成员国中对重要监管条件的持续、有效实施进行验证。

(41) 为了保证合格可信服务的持续性和稳定性，鼓励用户对持续使用合格可信服务的信心，在合格可信服务提供者停止其活动时，监管机构应当验证终止计划条款的存在和正确适用。

(42) 为了便利对合格可信服务提供者的监管，如当提供者在另一成员国境内提供服务，不受监管；或提供者的计算机位于一成员国境内，而不在其注册地时，在成员国的监管机构之间应当建立相互援助体系。

(43) 为了保证合格可信服务提供者和其提供的服务符合本条例中规定的条件，应当由一致性评估机构进行一致性评估，合格可信服务提供者应当将由此产生的一致性评估报告提交至监管机构。当监管机构要求合格可信服务提供者提交特别一致性评估报告时，应当尊重特别是良好行政原则（包含解释作出决定的理由的义务），以及均衡性原则。因此，监管机构应当对其要求作出特别一致性评估的决定作出充分解释。

(44) 本条例旨在确保一个连贯性框架，以期提供一个高水平的安全和具有法律确定性的可信服务。在这一方面，当进行产品和服务的一致性评估时，如果适当的话，委员会应当和现有的相关欧洲和国际模式一起发挥协同作用，如欧洲议会和欧盟理事会关于规定一致性评估机构认证和产品市场监管条件的条例（第765/2008 号）

(45) 为了使合格可信服务提供者和合格可信服务列入信用名单的程序有效启动，应当鼓励在潜在的合格可信服务提供者和负责的监管机构之间进行初步沟通，以促进产生提供合格可信服务的尽职调查。

(46) 在信用建设中，市场主体之间的信用名单属于不可或缺的要素，因为其表明在监管中服务提供者的合格身份。

(47) 对在线服务的信心和其便利对用户全面受益和自觉依靠电子服务来说至关重要。为此，应当创制欧盟信用标识来识别合格可信服务提供者所提供的合格可信服务。用以识别合格可信服务的此类欧盟信用标识将清晰区分合格可信服务和其他可信服务，以增强市场中的透明度。合格可信服务提供者使用欧盟信用标识应当是自愿的，且不应规定本条例规定之外的任何条件。

(48) 尽管为保证电子签名的互认需要高水平的安全保证，但在特定情形下，如委员会第2009/767/EC号决议规定的情形中，具有低水平安全保证的电子签名也应当予以接受。

（49）本条例应当规定原则，即电子签名不应因其电子形式或未符合合格电子签名的条件而否认其法律效力。然而，除本条例规定的合格电子签名和手写签名具有同等法律效力的条件外，国内法可以定义电子签名的法律效力。

（50）由于成员国内的负责机构现在使用不同形式的高级电子签名来签署电子文件，当其签署电子文件时，有必要保证至少一些高级电子签名格式能够得到成员国的技术支持。同理，当成员国内的负责机构使用高级电子戳，其有必要至少支持一些高级电子戳格式。

（51）只要实施的机制和程序合适，能够保证签名人对其电子签名创制数据的使用具有单独的控制，对设备的使用符合合格电子签名的条件，签名人将合格电子签名创制设备委托给第三方管理是可能的。

（52）当可信服务提供者代表签字人管理电子签名创制环境时，远程电子签名的创制将会根据其多重经济利益而增长。然而，为了保证此类电子签名和在完全由用户管理的环境中创制的电子签名具有相同法律承认，远程电子签名服务提供者应当采用特定的管理和行政安全程序，使用可靠的体系和产品，包括安全电子通信通道，以确保电子签名创制环境可靠，并在签字人的单独控制下使用。如果合格电子签名是使用远程电子签名创制设备创制，本条例规定的适用于合格可信服务提供者的条件应当适用。

（53）合格证书的中止是在部分成员国规定的可信服务提供者的运行措施，其不同于撤销，导致证书有效期的暂时缺失。法律确定性要求证书的中止状态能够始终进行清楚标示。为此，可信服务提供者应当有责任清楚标示证书的状态，如果中止的话，应当标明证书中止的精确期间。本条例不应当强制要求可信服务提供者或成员国使用中止，但应当对实施此项措施的时间和地点进行明确规定。

（54）跨境互通和合格证书的认可是合格电子签名跨境承认的前提条件。因此，合格证书不应当适用超过本条例规定条件之外的任何强制条件。然而，在国内层面，应当允许将具体特征，如独特的鉴定人，纳入合格证书，只要此具体特征不妨碍合格证书和电子签名的跨境互通和承认。

（55）基于国际标准（如ISO15408）、相关评估方法和互认制度的信息技术安全证书是验证合格电子签名创制设备安全的重要工具，应当进一步提升。然而，由于安全标准仍不可用或首张信息技术安全证书尚在研发，诸如移动签名和云签名的创新方案和服务依赖于合格电子签名创制工具的技术和组织解决方案。当安全标准仍不可用或首张信息技术安全证书尚在研发之时，此类合格电子签名创制工具只能通过其他替代性程序进行评估。由于安全等级相当，这些程序应当和信息技术安全证书的标准具有可比性。同业审查能够促进这些程序。

（56）本条例应当规定合格电子签名创制设备使用的条件，以保证高级电子签名的运行。本条例不应当规定此类设备运行的完全系统环境。因此，合格电子签名创制设备的证书范围应当限制在用于管理、保护在签名创制设备中创制、存储和处理的签名创制数据的硬件和系统软件。如相关标准的详述，证书义务的范围应当排除签名创制申请。

（57）为了保证签名验证的法律确定性，规定合格电子签名的组成非常重要，应当由执行验证的依赖方进行评估。而且，规定合格可信服务提供者向不愿或不能自行进行合格电子签名验证的依赖方提供合格验证服务的条件应当鼓励私营和公共部门投资此类服务。这两个要素将会使欧盟范围内各方进行合格电子签名验证简单和便捷。

（58）当交易需要法人的合格电子印章时，法人授权代表的合格电子签名应当同样被接受。

（59）电子印章应当作为法人发放电子文件的证据，以保证文件来源和完整的确定性。

（60）当在司法或行政程序中自然人身份识别在国内层面是必要时，为电子印章发放合格证书的可信服务提供者应当采取必要措施，以对获得电子印章合格证书的法人的代表—自然人进行身份识别。

（61）为了保证在较长时间内电子签名和电子印章的法律确认，确保不考虑未来科技变化，能够对其进行验证，本条例应当保证信息的长期保存。

（62）为了保证合格电子时间戳的安全，本条例应当规定高级电子印章、高级电子签名或其他同等方式的使用。可预见的是创新将会催生新技术，可以保证时间戳具有同等安全水平。当使用高级电子印章或高级电子签名之外的方式时，在一致性评估报告中，应当由合格可信服务提供者说明此种方式保证同等安全水平，并符合本条例规定的义务。

（63）电子文件对于在统一市场进一步发展跨境电子交易非常重要。本条例应当规定原则，即电子文件不应因其电子形式而否认其法律效力，以保证电子交易不会仅因文件是电子形式而被拒绝。

（64）在处理高级电子签名和印章的格式时，委员会应当在现存的措施、标准和法律上构建，特别是委员会第 2011/130/EU 号决议。

（65）除验证法人发出的文件外，电子印章能够用于验证法人的任意数字资产，如软件代码或服务器。

（66）提供法律框架以促进与电子登记发送服务相关的现有国内法律体系之间的跨境承认至关重要。这一框架也能够为欧盟可信服务提供者开放新的市场机遇，提供新的全欧洲电子登记发送服务。

（67）网站认证服务提供一种方式，通过这一方式网站的访问者能够确信网站的背后存在着真实、合法的实体。由于用户对经过认证的网站怀有信心，这些服务有助于线上交易中信用和信心的构建。网站认证服务的使用和提供完全是自愿的。然而，为了使网站认证成为一种促进信用、向用户提供良好体验和在统一市场加速增长的手段，本条例应当为服务提供者和其服务规定最低限度的安全和责任义务。为此，现有产业引导的首创的结果（如证书机关/浏览者论坛，CA/B 论坛），已被考虑在内。另外，本条例不应阻碍使用本条例未规定的方式或手段认证网站，也不应阻碍第三国网站认证服务的提供者在欧盟内向消费者提供其服务。然而，如果欧盟和服务者的设立国之间已缔结国际协议，第三国提供者应只提供根据本条例规定认定为合格的网站认证服务。

（68）根据《欧盟运行条约》设立的规定，“法人”的定义为给予经营者自由选择其认为适当的法律形式来开展活动。因此，在《欧盟运行条约》的语境里，“法人”是指根据成员国的法律构成或受其管辖的所有机构，不问其法律形式。

（69）为了行政合作，特别是利用现有的良好措施和本条例规定的区域内研究项目的结果，鼓励欧盟的组织、实体、办事处和机构承认本条例规定的电子认证和可信服务。

（70）为了以灵活、迅捷的方式补充本条例某些详细的技术方面，根据《欧盟运行条约》第 290 条的规定，关于就负责合格电子签名创制设备证书的机构符合标准而通过法令的权力应当授予委员会。委员会在其准备工作中，包括在专家层面进行适当磋商非常重要。委员会在准备和起草授权法令时，应当保证向欧洲议会和欧盟理事会进行相关文件的同步、及时和适当的传输。

（71）为了保证本条例实施的统一条件，应当将实施的权力授予委员会，特别是规定对相关标准的参考，使用参考将会产生符合本条例规定的具体要求的推定。将会根据欧洲议会和理事会第182/2011号条例的规定行使这些权力。

（72）在通过授权或实施法令时委员会应当适当考虑欧洲标准组织和机构，特别是欧洲标准委员会、欧洲电信标准协会、国际标准组织和国际电信联盟起草的标准和技术规范，以期确保电子认证和可信服务安全及互通的高水平。

（73）为了法律的确定性和透明度，第1999/93/EC号指令应当被废止。

（74）根据第1999/93/EC号指令，为了保证市场经营者使用发放给自然人的合格证书的法律确定性，为过渡的目的规定一个充分的期限非常必要。同样，应当为安全签名创制设备、根据第1999/93/EC号指令作出决定的一致性以及在2016年7月1日之前发放合格证书的证书服务提供者制定过渡措施。最后，也有必要在此期限之前向委员会提供方式以通过实施法令和授权法令。

（75）本条例规定的适用日期并不影响根据欧盟法律各成员国已有的现存义务，特别是根据第2006/123/EC号指令。

（76）虽然各成员国不能充分达到本条例的目标，但由于行动的范围，在欧盟层面能够更好地达到这一目标。根据《欧盟条约》第5条规定的辅助性原则，欧盟可以采取措施。根据《欧盟条约》第5条规定的恰当性原则，本条例不会超越为达到目标而采取的必要措施。

（77）根据欧洲议会和理事会第45/2001号条例第28（2）条的规定和2012年9月27日发表的意见讨论欧洲数据保护监管者，

已通过本条例：

第一章　一般条款

第1条　主体

为了保证统一市场的正常运行，同时为了保证电子认证方式和可信服务适当水平的安全性。本条例：

（a）规定了成员国承认的符合另一成员国被通知电子认证模式的自然人和法人的电子认证方式的条件；

（b）规定了可信服务，特别是电子交易的规则；

（c）建立了网站验证的电子签名、电子印章、电子时间戳、电子文档、电子登记传输和证书服务的法律框架。

第2条　范围

1. 本条例适用于成员国通知的电子认证模式，和在欧盟内设立的可信服务提供者。

2. 本条例不适用于根据国内法或一些具体参与者之间签订的协议，在封闭的系统内独家使用的可信服务。

3. 本条例并不影响国内法或欧盟法有关合同的订立和效力，或其他与形式有关的法律或程序义务。

第3条　定义

为本条例之目的，适用以下定义：

（1）电子身份识别是指使用只代表个人或法人，或代表法人的自然人的电子形式的个人身份识别数据的过程；

（2）电子身份识别方式是指包含个人身份识别数据和用于在线服务认证的有形或无形的装置；

（3）个人身份识别数据是指能够对自然人或法人，或代表法人的自然人的身份进行识别的一些数据；

（4）电子身份识别模式是指向个人或法人，或代表法人的自然人发放的电子身份识别方式的电子身份识别系统；

（5）认证是指能够对自然人或法人的电子身份或电子形式的数据的来源和完整性进行确认的电子程序；

（6）依赖方是指信赖电子身份识别或可信服务的自然人或法人；

（7）公共部门机构是指国家、区域或当地机关、受公法规制的机构，或由一个或多个此类机关、一个或多个此类受公法规制的机构组成的联合体，或由上述至少一个机关、机构或联合体授权的提供公共服务的私人机构；

（8）受公法规制的机构是指根据欧洲议会和理事会第2014/24/EU号指令第2（1）条（4）点定义的机构；

（9）签字人是指创制电子签名的自然人；

（10）电子签名是指用于签字人签字，隶属于其他电子数据或和其他电子数据逻辑关联的电子形式的数据；

（11）高级电子签名是指符合第26条规定条件的电子签名；

（12）合格电子签名是指根据电子签名的合格证书，由合格电子签名创制设备创制的高级电子签名；

（13）电子签名创制数据是指签字人用于创制电子签名的独有数据；

（14）电子签名证书是指连接电子签名验证数据和自然人，并确认自然人的姓名或匿名的电子证明；

（15）电子签名合格证书是指由合格可信服务提供者发放，符合附录1规定条件的电子签名证书；

（16）可信服务是指通常有偿提供的电子服务，包括：

（a）电子签名、电子印章、电子时间戳、电子注册传输服务和与这些服务相关证书的创制、验证和确认；

（b）网站认证证书的创制、验证和确认；

（c）与此类服务相关的电子签名、印章或证书的保存；

（17）合格可信服务是指符合本条例规定的适用条件的可信服务；

（18）一致性评估机构是指第765/2008号条例第2条（13）点规定，经该条例委任，有权对合格可信服务提供者和其所提供的合格可信服务进行一致性评估的机构；

（19）可信服务提供者是指作为合格或不合格可信服务提供者提供一项或多项信用服务的自然人或法人；

（20）合格可信服务提供者是指提供一项或多项合格可信服务，并经监管机构授予合格身份的可信服务提供者；

（21）产品是指将被用于提供可信服务的硬件或软件，或硬件或软件的相关部分；

（22）电子签名创制工具是指用于创制电子签名而配置的软件或硬件；

（23）合格电子签名创制设备是指符合附录2规定条件的电子签名创制设备；

（24）印章的创制者是指创制电子印章的法人；

（25）电子印章是指隶属于其他电子数据或和其他电子数据有逻辑关联，为了保证上述数据来源和完整的电子形式的数据；

（26）高级电子印章是指符合第36条规定条件的电子印章；

（27）合格电子印章是指基于电子印章的合格证书，由合格电子印章创制设备创制的高级电子印章；

（28）电子印章创制数据是指电子印章创制者用于创制电子印章的独有数据；

（29）电子印章证书是指连接电子印章确认数据和法人，确认法人名称的电子证明；

（30）电子印章合格证书是指由合格可信服务提供者发放，符合附录3规定条件的电子印章证书；

(31) 电子印章创制设备是指用于创制电子印章而配置的软件或硬件;

(32) 合格电子印章创制设备是指符合经过修改的附录 2 规定条件的电子印章创制设备;

(33) 电子时间戳是指将电子形式的数据绑定到具体时间，以证明上述数据在那一时间已经存在的电子形式的数据;

(34) 合格电子时间戳是指符合第 42 条规定条件的电子时间戳;

(35) 电子文档是指以电子形式存储的内容，特别是指文本、声音、图像或视听记录;

(36) 电子注册传输服务是指使第三方之间通过电子方式传输数据成为可能，并提供与传输数据相关证据的服务，包括发送和接收数据的证据，保护传输的数据免受丢失、被盗、损坏或任何未经授权更改的风险;

(37) 合格电子注册传输服务是指符合第 44 条规定条件的电子注册传输服务;

(38) 网址认证证书是指使认证网址成为可能，并将网址和获得发放证书的自然人或法人绑定的证明;

(39) 网址认证的合格证书是指由合格可信服务提供者发放，符合附录 4 规定条件的网址认证证书;

(40) 确认数据是指用于确认电子签名或电子印章的数据;

(41) 认证是指验证和确认电子签名或印章有效的过程。

第 4 条　统一市场原则

1. 对于在一成员国内成立的可信服务提供者在另一成员国内提供的可信服务不应当进行限制，只要其在符合本条例规定的范围内活动。

2. 符合本条例的产品和可信服务应当允许在统一市场自由流动。

第 5 条　数据处理和保护

1. 个人数据处理应当根据第 95/46/EC 号指令进行。

2. 如果国内法中未减损匿名的法律效力，在电子交易中使用匿名不应当被禁止。

第二章　电子身份识别

第 6 条　互认

1. 当国内法或行政惯例要求使用电子身份识别方式和认证的电子身份识别

在一成员国内获得由在线公共部门机构提供的服务时，为了在线服务跨境认证的目的，在另一成员国内发放的电子身份识别方式在上一成员国内应当予以认可，只要以下条件能够满足：

（a）根据第9条委员会公布的列表中包含的电子身份识别模式而发放的电子身份识别方式；

（b）只要电子身份识别方式的保证水平属于相当或高水平，电子身份识别方式的保证水平就等于或高于相关公共部门机构为获得在上个成员国内的在线服务所要求的保证水平；

（c）在涉及获取在线服务时，相关公共部门机构使用相当或高水平保证；

在委员会公布第一小段（a）点提及的列表后的12个月内，将实施此类认可。

2. 为了公共部门机构提供在线服务跨境认证的目的，根据第9条委员会公布的列表中包含的电子身份识别模式而发放的，符合低保证水平的电子身份识别方式此类机构可以予以认可。

第7条　电子身份识别模式通知的资格

根据第9（1）条的规定，电子身份识别模式应当有资格通知，只要以下所有条件予以满足：

（a）电子身份识别模式中的电子身份识别方式被以下各方发布；

（i）由发布通知的成员国；

（ii）根据发布通知的成员国的授权；

（iii）独立于发布通知的成员国，但得到其认可；

（b）电子身份识别模式中的电子身份识别方式能被用来获得由公共部门机构提供的至少一种服务，在发布通知的成员国内其要求电子身份认证；

（c）电子身份识别模式和电子身份识别方式符合第8（3）条涉及的实施条例中规定的至少一种保证水平的条件；

（d）发布通知的成员国保证根据符合第8（3）条涉及的实施条例中规定的相关保证水平的技术参数、标准和程序，仅代表某个个人的身份识别数据，是由于在模式下的电子身份认证方式发布时，与第3条第（1）点相关的自然人或法人；

（e）根据符合第8（3）条涉及的实施条例中规定的相关保证水平的技术参数、标准和程序，模式下发布电子身份识别方式的一方保证电子身份识别方式是由于本条（d）点中涉及的个人；

（f）发布通知的成员国保证在线认证的可行性，因此在另一成员国境内成立的依赖方能够确认以电子形式接收的个人身份识别数据。发布通知的成员国为了依赖方，而非公共部门机构，可以规定进行认证的条件。在涉及公共部门机构提供在线服务时，进行的跨境认证应当免费。

成员国不应当对意图实施此类认证的依赖方设置具体的不适当的技术条件，只要此类条件阻止或明显妨碍被通知的电子身份识别模式的互通性；

（g）根据与第12（7）条相关的实施法令所规定的程序及安排，在第9（1）条规定的通知之前的至少6个月内，发布通知的成员国，为了履行第12（5）条项下的义务，应当向另一成员国提供模式的说明；

（h）电子身份识别模式符合与第12（8）条有关的实施法令所规定的条件。

第8条　电子身份识别模式的保证水平

1. 根据第9（1）条通知的电子身份识别模式应当为模式下电子身份识别方式规定低、相当和高保证水平。

2. 低、相当和高保证水平应当分别符合下列标准：

（a）低保证水平是指在电子身份识别模式中，对个人要求或主张的身份识别，提供限制等级的信任，以及为了降低滥用或篡改身份识别的风险，根据相关的技术参数、标准和程序，包括技术控制，进行分类的电子身份识别方式；

（b）相当保证水平是指在电子身份识别模式中，对个人要求或主张的身份识别，提供相当等级的信任，以及为了降低滥用或篡改身份识别的相当的风险，根据相关的技术参数、标准和程序，包括技术控制，进行分类的电子身份识别方式；

（c）高保证水平是指在电子身份识别模式中，对个人要求或主张的身份识别，提供高于相当保证水平电子身份识别方式等级的信任，以及为了阻止身份识别的滥用或篡改，根据相关的技术参数、标准和程序，包括技术控制，进行分类的电子身份识别方式。

3. 截止到2015年9月18日，考虑到相关国际标准和第2段的规定，委员会将借助实施条例，规定最低技术参数、标准和程序，基于此，为了第1段之目的，为电子身份识别方式规定了低、相当和高保证水平。

这些最低技术参数、标准和程序应当根据以下部分的可靠度和质量来制定：

（a）对申请发放电子身份识别方式的自然人或法人的身份进行证明和验证的

程序；

（b）发放要求的电子身份识别方式的程序；

（c）通过认证机制，自然人或法人使用电子身份识别方式来确认依赖方的身份识别；

（d）发放电子身份识别方式的机构；

（e）在申请发放电子身份识别方式中涉及的其他机构；

（f）发放的电子身份识别方式的技术和安全参数。

根据第48（2）条所涉及的审查程序，这些实施条例应当被通过。

第9条　通知

1. 发布通知的成员国应当向委员会通知下列信息，未经不当延误，通知下列改变：

（a）电子身份识别模式的说明，包括其保证水平、模式下电子身份识别方式的发放者；

（b）适用的监管体制和下列相关的责任体制的信息：

（i）电子身份识别方式的发放方；

（ii）认证程序的操作方；

（c）负责电子身份识别模式的机关；

（d）管理唯一个人身份识别数据登记的机构信息；

（e）符合涉及第12（8）条实施条例规定条件的说明；

（f）涉及第7条（f）点认证的说明；

（g）通知的电子身份识别模式或认证或所涉受损部分中止或撤销的安排。

2. 涉及第8（3）条和第12（8）条的实施条例适用之日起以内，委员会应当在欧盟官方公报中公布根据本条第1段通知的电子身份认证模式的名单和所涉基础信息。

3. 如果委员会在第2段所涉的期限截止后受到通知，其应当在收到通知之日的两个月内在欧盟官方公报中公布第2段所涉名单的修正案。

4. 成员国可以向委员会提出从第2段涉及的名单中移除其通知的电子身份认证模式的要求。委员会应当在收到通知之日的一个月内在欧盟官方公报中公布名单的相应修正案。

5. 委员会可以利用实施条例规定第1段项下通知的条件、格式和程序。这些实施条例应当在经过第48（2）条规定的审查程序后予以通过。

第 10 条　安全违反

1. 如果第 9（1）条涉及的被通知的电子身份识别模式或第 7 条（f）点涉及的认证被违反或部分背离，以致影响此模式跨境认证的可靠性，发布通知的成员国应当未经延迟的中止或撤销跨境认证或所涉违反部分，并通知其他成员国和委员会。

2. 当第 1 段中所涉违反或背离行为得到纠正，发布通知的成员国应当重新规定跨境认证，并未经不当延迟地通知其他成员国和委员会。

3. 如果第 1 段中所涉违反或背离行为在中止或撤销后的 3 个月内未得到纠正，发布通知的成员国应当通知其他成员国和委员会取消电子身份识别模式。

委员会应当未经不当延迟地在欧盟官方公报中公布涉及第 9（2）条名单的相关修正案。

第 11 条　责任

1. 发布通知的成员国应当因其在跨境贸易中未遵守第 7 条（d）点和第 7 条（f）点规定的义务，对故意或过失给任何自然人或法人造成的损失承担赔偿责任。

2. 电子身份识别方式的发放方应当因其在跨境贸易中未遵守第 7 条（e）点规定的义务，对故意或过失给任何自然人或法人造成的损失承担赔偿责任。

3. 认证程序的操作方应当因其在跨境贸易中未确保第 7 条（f）点规定的认证的正确操作，对故意或过失给任何自然人或法人造成的损失承担赔偿责任。

4. 第 1 段、第 2 段、第 3 段应当根据国内法有关责任的规定进行适用。

5. 第 1 段、第 2 段、第 3 段不违反国内法中交易各方责任的规定，在交易中，符合第 9（1）条通知的电子身份识别模式中的电子身份识别方式得以使用。

第 12 条　合作和互操作性

1. 符合第 9（1）条规定通知的国内电子身份识别模式应当具备互操作性。

2. 为第 1 段之目的，应当建立互操作性框架。

3. 互操作性框架应当符合下列标准：

（a）旨在技术中立，在一个成员国内并不对电子身份识别的具体国内技术解决方案进行区分；

（b）如果可能，遵循欧洲和国际标准；

（c）有助于规定的隐私原则的实施；

（d）保证个人数据的处理符合第 95/46/EC 号指令的规定。

4. 互操作性框架应当包括：

（a）对第 8 条项下保证水平相关最小化技术条件的参照；

（b）对第 8 条项下保证水平对应的被通知的电子身份识别模式的国内保证水平；

（c）对互操作性最小化技术条件的参照；

（d）对仅代表自然人或法人的最小化个人身份识别数据的参照，其从电子身份识别模式中能够获得；

（e）程序规定；

（f）争议解决方式；

（g）通常操作的安全性标准。

5. 成员国应当进行下列合作：

（a）符合第 9（1）条规定通知的电子身份识别模式的互操作性和成员国意图通知的电子身份识别模式；

（b）电子身份识别模式的安全性。

6. 成员国之间的合作应当包括：

（a）有关电子身份识别模式的信息、经验和良好措施，特别是与互操作性和保证水平相关的技术条件的交流；

（b）有关第 8 条项下电子身份识别模式的保证水平下工作信息、经验和良好措施的交流；

（c）符合本条例规定的电子身份识别模式的详细审查；

（d）在电子身份识别部门对相关发展的检查。

7. 截止到 2015 年 3 月 18 日，委员会应当利用实施条例，规定必要的程序计划，以有助于第 5 段、第 6 段涉及的成员国之间的合作，以期培养和风险级别相对应的高水平信用和安全服务。

8. 截止到 2015 年 9 月 18 日，为了给第 1 段项下条件的实施设立统一的条件，委员会应当按照第 3 段规定的标准，考量成员国之间合作的结果，通过第 4 段规定的互操作性框架的实施条例。

9. 根据第 48（2）条规定的检查程序，应当通过关于本条第 7 段、第 8 段涉及的实施条例。

第三章 可信服务

第一节 一般条款

第13条 责任和举证责任

1. 不违反第2段的规定，可信服务提供者应当对因为未遵守本条例规定的义务，故意或过失给自然人或法人造成的损失承担赔偿责任。

不合格可信服务提供者故意或过失的举证责任应当由第1小段中主张损失的自然人或法人承担。

应当推定合格可信服务提供者存在故意或过失，除非证明其对第1小段中涉及的损害发生不存在故意或过失。

2. 如果可信服务提供者在限制使用其所提供的服务之前，向消费者进行了充分告知，且第三方认可这些限制，则可信服务提供者对超出标明的限制之外因使用服务而导致的损害不承担赔偿责任。

3. 根据国内法有关责任的规定，第1段、第2段应当适用。

第14条 国际方面

1. 在第三国设立的可信服务提供者提供的可信服务应当得到认可，在法律上等同于在欧盟范围内设立的合格可信服务提供者提供的合格可信服务，只要来源于第三国的可信服务被欧盟与第三国或国际组织之间根据《建立欧洲共同体条约》第218条规定签订的协议所认可。

2. 第1段中涉及的协议应当保证，特别是：

（a）第三国或国际组织中的可信服务提供者应当依据其所签订的协议和依靠其所提供的可信服务满足设立于欧盟内的合格可信服务提供者和其所提供的合格可信服务的条件；

（b）在欧盟范围内设立的合格可信服务提供者提供的合格可信服务应当得到认可，在法律上等同于依据签署的协议，在第三国或国际组织中可信服务提供者提供的可信服务。

第15条 残疾人士的可操作性

如果可行的话，在此类服务的提供过程中，残疾人士应当能够使用所提供的可信服务和终端用户的产品。

第16条 罚金

成员国应当规定适用本条例侵权的罚金条款。规定的罚金应当有效、适当和具有劝诫作用。

第二节 监 管

第17条 监管机构

1. 成员国应当在其境内指定设立监管机构，或依据和其他成员国签署的协议，指定在其他成员国境内设立监管机构。此机构应当在指定的成员国内负责监管任务。为执行任务，应当授予监管机构必要权力和适当资源。

2. 成员国应当通知委员会其分别指定的监管机构的名称和联系地址。

3. 监管机构应当发挥以下作用：

（a）监督在指定的成员国境内设立的合格可信服务提供者，通过事前和事后的监督活动，以确保这些合格可信服务提供者和其所提供的合格可信服务符合本条例规定的条件；

（b）对于在指定的成员国境内设立的不合格可信服务提供者，通过事后监督活动，当得知这些不合格可信服务提供者和其声称所提供的可信服务不符合本条例规定的条件时，如有必要，将采取行动。

4. 为第3段之目的，遵守其中对项的限制，监管机构的任务应当包括，特别是：

（a）根据第18条的规定和其他监管机构进行合作并提供帮助；

（b）分析第20（1）条和第21（1）条涉及的一致性评估报告；

（c）根据第19（2）条的规定，向其他监管机构和社会公众通报违反安全和损害完整性的行为；

（d）根据本条第6段向委员会报告其主要活动；

（e）根据第20（2）条，进行审计或要求一致性评估机构对合格可信服务提供者进行一致性评估；

（f）和数据保护机构进行合作，特别是当个人数据保护规定可能已被违反时，未经不当延迟地向其通报合格可信服务提供者审计的结果；

（g）授予可信服务提供者和其所提供的服务合格地位，并根据第20条、第21条规定撤销这一合格地位；

（h）通知负责涉及第22（3）条规定的国内信用名单的机构其授予或撤销合格地位的决定，除非该机构亦是监管机构；

（i）在合格可信服务提供者停止其活动时，验证存在、更正终止计划条款的适用，包括根据第24（2）条（h）点的规定信息如何获得；

（j）要求可信服务提供者更正未履行本条例规定的条件的行为。

5. 成员国可以根据国内法的条款，要求监管机构建立、维护和更新信用基础设施。

每年 3 月 31 日，各监管机构应当向委员会提交其上一年度主要活动以及根据第 19（2）条规定其从可信服务提供者处获得的违反通知行为的总结。

6. 委员会应当向各成员国提供涉及第 6 段的年度报告。

7. 委员会可以利用实施条例，规定第 6 段涉及的报告的格式和程序。根据第 48（2）条规定的检查程序，这些实施条例应当予以适用。

第 18 条　互助

1. 为了交流好的做法，监管机构应当进行合作。在收到另一监管机构的合理要求时，机关机构应当向其提供帮助，这样，监管机构的活动就能够以连贯的方式进行下去。互助应当重点包括信息请求和监管措施，如要求对与第 20 条、第 21 条有关的涉及一致性评估报告进行检查。

2. 请求帮助的相对方监管机构可以拒绝基于以下理由的请求：

（a）监管机构不负责提供请求的帮助；

（b）请求的帮助与第 17 条规定的监管机构执行的监管活动不相称；

（c）应请求提供的帮助不符合本条例的规定。

3. 在适当的情况下，成员国可以授权其各自的监管机构进行由其他成员国监管机构人员参与的联合调查。此类联合行动的制度和程序应当由相关成员国根据其国内法同意和制定。

第 19 条　适用于可信服务提供者的安全条件

1. 合格以及不合格可信服务提供者应当采取适当的技术和组织措施来管理影响其所提供的可信服务安全的风险。关于最新的技术发展，这些措施应当保证安全水平和风险的登记相当。特别是，所采取的措施应当防止并将安全事件的影响最小化，应当将此类事件的不利后果通知利益相关方。

2. 合格以及不合格可信服务提供者应当在知晓事件后的 24 小时内未经不适当延迟地通知监管机构对提供的可信服务或持有的个人数据造成重大影响的破坏安全和缺乏诚信的情形，如果可行的话，还应通知其他相关机构，如负责信息安全或数据保护当局的国内机构。

当破坏安全和缺乏诚信的情形可能对提供可信服务的自然人或法人造成不利的影响时，可信服务提供者还应当未经不当延迟地通知破坏安全和缺乏诚信的自然人或法人。

在适当的时候，特别是破坏安全和缺乏诚信的情形涉及两个或多个成员国时，接到通知的监管机构应当通知其他相关成员国的监管机构和欧洲网络及信息安全局。在得到通知的监管机构判定破坏安全和缺乏诚信的披露涉及公共利益时，其应当通知公众或要求可信服务提供者进行通知。

3. 监管机构应当每年度向欧洲网络及信息安全局提交从可信服务提供者处获得的破坏安全和缺乏诚信通知的总结。

4. 委员会可以利用实施条例：

（a）对第 1 段中涉及的措施进行进一步的规定；

（b）对格式和程序进行定义，包括最后期限、适用第 2 段的目的。根据第 48（2）条中涉及的检查程序应当通过这些实施条例。

第三节　合格可信服务

第 20 条　对合格可信服务提供者的监管

1. 一致性评估机构应当至少每 24 个月对合格可信服务提供者进行审计，由其自行付费。审计的目的应当是确认合格可信服务提供者和其所提供的合格可信服务履行了本条例规定的条件。合格可信服务提供者应当在其收到一致性评估结果报告三个工作日内向监管机构提交报告。

2. 在不违反第 1 段规定的情况下，监管机构可以在任何时间审计或要求一致性评估机构对合格可信服务提供者进行一致性评估，以确认其和其所提供的合格可信服务符合本条例规定的条件，相关费用由可信服务提供者承担。当可能出现违反个人数据保护的规定时，监管机构应当通知数据保护机关其审计的结果。

3. 当监管机构要求合格可信服务提供者采取措施纠正未履行本条例规定的条件，而在监管机构规定的时限内提供者未予以纠正的，监管机构将考虑情节，特别是其未履行的程度、时长和结果，撤销提供者和其所提供服务的合法地位并通知第 22（3）条所涉及的机构，以对第 22（1）条所涉及的信用名单进行更新。监管机构应当通知合格可信服务提供者对其合法地位或相关服务合法地位的撤销。

4. 委员会可以通过实施条例规定对下列一些标准的参照：

（a）对第 1 段所涉及一致性评估机构和一致性评估报告的认证；

（b）一致性评估机构对合格可信服务提供者进行第 1 段所提及的一致性评估所依据的审计规定。

根据第 8（2）条所涉及的检查程序，这些实施条例将被通过。

第 21 条　合格可信服务的启动

1. 当不具备合格身份的可信服务提供者想要开始提供合格可信服务，其应当向监管机构提交一份附有一致性评估机构发放的一致性评估报告的意向通知。

2. 监管机构应当检验可信服务提供者和其所提供的可信服务是否符合本条例的条件，特别是否符合合格可信服务提供者和合格可信服务的条件。

如果监管机构认为可信服务提供者和其所提供的服务符合第一分段中涉及的条件，其将根据本条第 1 段的规定，在得到通知后的三个月内，授予可信服务提供者和其所提供服务的合格地位，并通知第 22（3）条所涉及的机构，以对第 22（1）条所涉及的信用名单进行更新。

如果在得到通知后的三个月内未作出验证，监管机构将通知可信服务提供者，说明延迟的原因，并告知作出验证的期限。

3. 在合格可信服务提供者的合格地位在第 22（1）条所涉及的信用名单上标明后，其可以开始提供合格可信服务。

4. 对第 1 段、第 2 段而言，委员会可以通过实施条例规定格式和程序。根据第 8（2）条所涉及的检查程序，这些实施条例将被通过。

第 22 条　信用名单

1. 各成员国应当设立、维持和公布信用名单，包括与其负责的合格可信服务提供者相关的信息，以及与其提供的合格可信服务相关的信息。

2. 成员国应当以安全的方式，建立、维持和公布与第 1 段相关的电子签名或印章信用名单，其形式应当适合自动处理。

3. 成员国应当未经不适当延迟地通知委员会，负责建立、维持和公布国内信用名单的机构信息，以及名单公布、用于在信用名单上签字或签章的证书、对其改变的细节。

4. 委员会应当使公众能够通过安全的通道获得第 3 段涉及的信息，其签名或签章的电子形式应当适合自动处理。

5. 截止到 2015 年 9 月 18 日，委员会应当通过实施条例，规定第 1 段相关的信息，对适用于第 1—4 段目的的信用名单的技术参数和格式进行定义。根据第 48（2）条中涉及的检查程序应当通过这些实施条例。

第 23 条　合格可信服务的欧盟信用标志

1. 在第 21（2）条第 2 小段中涉及的合格地位在第 22（1）条中涉及的信用

名单中进行标明后，合格可信服务提供者可以使用欧盟信用标志，以简洁、可识别、清晰的方式标明其所提供的合格可信服务。

2. 在第1段中所涉及的合格可信服务使用欧盟信用标志时，合格可信服务提供者应当保证在其网站上可以查询到和相关信用名单的链接。

3. 截止到2015年7月1日，委员会应当通过实施条例，规定用于合格可信服务欧盟信用标志的形式，特别是与其外观、构图、尺寸和设计有关的参数。根据第48（2）条中涉及的检查程序应当通过这些实施条例。

第24条　合格可信服务提供者的条件

1. 在向可信服务发放合格证书时，合格可信服务提供者应当根据国内法，以适当的方式验证身份，以及获得合格证书的自然人或法人的具体特征（如果适用的话）。

应当由合格可信服务提供者直接或依靠信赖的第三方根据国内法对第1小段中涉及的信息进行验证：

（a）自然人或法人的授权代表实际到场；

（b）为了使用远程电子身份识别方式，在发放合格证书之前，保证自然人或法人的授权代表实际到场，并在“相当”和“高”保证水平方面符合第8条规定的条件；

（c）通过根据（a）（b）点发放的合格电子签名或合格电子签章证书；

（d）通过使用国内认可的其他身份识别方式，其在可靠性方面和实际到场具有同等的保证水平。相同的保证水平应当得到一致性评估机构的确认。

2. 提供合格可信服务的合格可信服务提供者应当：

（a）通知监管机构在提供合格可信服务中的变化和停止这些服务的打算；

（b）雇用工作人员和分包商，如果可行的话，其应当具有必要的技能、可靠的经验和资格，接受过有关安全和个人数据保护规则的适当培训，并适用符合欧洲和国际标准的行政和管理程序；

（c）根据国内法，维持充分的财政资源，和/或获得适当的责任保险，以应对第13条规定的损害赔偿责任的风险；

（d）在签订合同之前，以清晰和全面的方式通知打算使用合格可信服务的任何人，涉及使用服务，包括使用限制在内的精确条款；

（e）使用免受篡改的可靠系统和产品，保证其所支撑程序的技术安全和可靠性；

（f）以可验证的方式，使用可靠系统来存储提供的数据，以便：

（i）在经过获得数据的相关人的同意下，公众进行检索可以获得；

（ii）只有经过授权的人才能进入并改变存储的数据；

（iii）数据能够检验确认。

（g）采取适当措施防止数据伪造和盗窃；

（h）在适当的期限内，包括合格可信服务提供者已经停止其服务后，记录和获取合格可信服务提供者发放和收到的数据所有相关信息，特别是为了在法律诉讼中提供证据，或为了保证服务的持续性。此类记录应当通过电子方式进行；

（i）根据第17（4）条（i）点监管机构验证的条款，实行最新终止计划以保证服务的连续性；

（j）保证根据第95/46/EC号指令进行个人数据的法律诉讼；

（k）一旦合格可信服务提供者发放合格证书，建立和更新证书数据库。

3. 如果发放合格证书的合格可信服务提供者决定撤销证书，其应当在其证书数据库中登记这一撤销，并在收到撤销请求后的24小时内及时公布证书的撤消状态。撤销在公布后立即生效。

4. 关于第3段，发放合格证书的合格可信服务提供者应当向依赖方提供其所发放的合格证书的认证或撤销状态的信息。在任何时间和证书的认证期之外，这些信息至少在每个证书上应当是能够可靠、免费和有效地以自动的方式获得。

5. 委员会可以通过实施条例为一些可靠系统和产品的标准规定符合本条第2段（e）点和（f）点规定条件的参照。当可靠的系统和产品符合这些标准时，应当推定符合本条规定的条件。根据第48（2）条中涉及的检查程序，这些实施条例应当获得通过。

第四节 电子签名

第25条 电子签名的法律效力

1. 一个电子签名不应当仅因为其电子形式或未符合合格电子签名的条件而否认其在法律诉讼中作为证据的法律效力并拒绝接受。

2. 一个合格电子签名应当和手写签名具有同等法律效力。

3. 在一成员国内发放的合格证书基础之上的合格电子签名在其他成员国内作为合格电子签名也应当予以确认。

第26条 高级电子签名的条件

高级电子签名应当符合下列条件：

(a) 其仅和签字人相连;

(b) 其能够用来识别签名人的身份;

(c) 其是使用电子签名创制数据进行创制，签名人对其具有较高的信任，能够在其单独控制下使用;

(d) 其和签署的数据相连，随后对数据的任何改变都能够觉察。

第 27 条　公共服务中的电子签名

1. 如果成员国规定一个高级电子签名使用由一个公共部门机构或代表其提供的在线服务，此成员国应当承认高级电子签名、基于电子签名合格证书的高级电子签名，以及第 5 段中有关实施条例中规定的至少在格式上或使用方式的合格电子签名。

2. 如果成员国规定一个基于合格证书的高级电子签名使用由一个公共部门机构或代表其提供的在线服务，此成员国应当承认基于合格证书的高级电子签名，以及第 5 段中有关实施条例中规定的至少在格式或使用方式上合格的电子签名。

3. 在跨境使用中，成员国不应当规定公共部门机构提供的在线服务中使用的电子签名的安全水平高于合格电子签名。

4. 委员会可以通过实施条例规定一些高级电子签名标准的参照。当高级电子签名符合这些标准时，可以推定其符合本条第 1 段、第 2 段和第 26 条有关的高级电子签名的条件。根据第 48（2）条中涉及的检查程序，这些实施条例应当获得通过。

5. 截止到 2015 年 9 月 18 日，考虑到现行做法，委员会应当通过实施条例规定高级电子签名的参照格式或使用替代格式时的参照方法。根据第 48（2）条中涉及的检查程序，这些实施条例应当获得通过。

第 28 条　电子签名的合格证书

1. 电子签名的合格证书应当符合附录 1 中规定的条件。

2. 电子签名的合格证书应当不适用超过附录 1 中规定条件之外的任何强制性条件。

3. 电子签名的合格证书可以包括非强制性附加具体特征。这些特征不应当影响合格电子签名的互操作性和承认。

4. 如果电子签名的合格证书在开始发放后被撤销，其将从被撤销之时丧失有效性，其状态在任何条件下都不会恢复。

5. 根据上述条件，成员国可以就电子签名合格证书的临时中止规定国内法:

（a）如果电子签名的合格证书已经被临时中止，证书在中止期内将丧失其有效性；

（b）中止期将会清晰标示在证书数据库中，在中止期限内，从提供证书状态的信息服务上应当可以看到中止状态。

6. 委员会可以通过实施条例，规定一些电子签名合格证书标准的参照。当电子签名的合格证书符合这些标准时，应当推定其符合附录 1 中规定的条件。根据第 48（2）条中涉及的检查程序，这些实施条例应当获得通过。

第 29 条　合格电子签名创制设备的条件

1. 合格电子签名创制设备应当符合附录 2 中规定的条件。

2. 委员会可以通过实施条例，规定一些合格电子签名创制设备标准的参照。当合格电子签名创制设备符合这些标准时，应当推定其符合附录 2 中规定的条件。根据第 48（2）条中涉及的检查程序，这些实施条例应当获得通过。

第 30 条　合格电子签名创制设备的证书

1. 符合附录 2 规定条件的合格电子签名创制设备的一致性应当由成员国指定的适当公共或私人机构进行认证。

2. 成员国应当通知委员会第 1 段涉及的公共或私营机构的名称和地址。委员会应当使成员国可以获得这些信息。

3. 第 1 段设计的证书应当基于下列：

（a）根据第 2 小段设立的名单中包含的信息技术产品的安全评估标准之一进行的安全评估程序；

（b）除（a）点中涉及程序外的程序，只要其使用可比的安全水平，而且第 1 段所涉及的公共或私人机构向委员会通知这一程序，这一程序只能用于（a）点中涉及标准不存在，或当（a）点中涉及安全评估程序正在进行。委员会应当通过实施条例，规定（a）点中涉及信息技术产品安全评估的标准名单。根据第 48（2）条中涉及的检查程序，这些实施条例应当获得通过。

4. 根据涉及本条第 1 段的指定机构规定符合具体标准，委员会应当有权通过符合第 47 条的授权法案。

第 31 条　经过认证的合格电子签名创制设备清单的公布

1. 成员国应当在作出认证证书不超过一个月内，未经不当延迟的通知委员会第 30（1）条涉及的机构以完成对合格电子签名创制设备认证的信息。其应当在撤销认证证书不超过一个月内，未经不当延迟地通知委员会不再认证电子签名创制设备的信息。

2. 在收到信息的基础上，委员会应当设立、公布和维持经过认证的合格电子签名创制设备清单。

委员会应当通过实施条例对适用第 1 段的格式和程序进行规定。根据第 48（2）条中涉及的检查程序，这些实施条例应当获得通过。

第 32 条　合格电子签名认证的条件

1. 合格电子签名认证的程序应当确认合格电子签名的有效，只要：

（a）在签名时，支持签名的证书是符合附录 1 的电子签名的合格证书；

（b）合格证书是由合格可信服务提供者发放，签名时是有效的；

（c）签名认证数据和提供给依赖方的数据是一致的；

（d）在证书里代表签字人的唯一的数据组正确地提供给依赖方；

（e）如果在签字时使用匿名，其可以清晰地标识给依赖方；

（f）电子签名是由合格电子签名创制设备创制完成；

（g）签署数据的完整性并未被破坏；

（h）在签字时，第 26 条里规定的条件得以满足。

2. 为认证合格电子签名而使用的系统应当提供给依赖方认证过程的正确结果，并允许依赖方观察任何安全性相关事件。

3. 委员会可以通过实施条例，规定一些合格电子签名认证标准的参照。当合格电子签名的认证符合这些标准时，应当推定其符合第 1 段中规定的标准。根据第 48（2）条中涉及的检查程序，这些实施条例应当获得通过。

第 33 条　合格电子签名的合格认证服务

1. 合格电子签名的合格认证服务只能由合格可信服务提供者提供，其中：

（a）根据第 32（1）条提供认证；

（b）允许依赖方以自动的方式接收认证程序的可靠、有效的结果，带有合格认证服务提供者的高级电子签名或高级电子印章。

2. 委员会可以通过实施条例，规定一些合格认证服务标准的参照。当合格电子签名的认证服务符合这些标准时，应当推定其符合第 1 段中规定的标准。根据第 48（2）条中涉及的检查程序，这些实施条例应当获得通过。

第 34 条　合格电子签名的合格保存服务

1. 合格电子签名的合格保存服务只能由合格可信服务提供者提供，其使用在技术有效期之外，能够拓展合格电子签名可靠性的程序和技术。

2. 委员会可以通过实施条例，规定一些合格电子签名的合格保存服务标准的参照。当合格电子签名的合格保存服务符合这些标准时，应当推定其符合第1段中规定的标准。根据第48（2）条中涉及的检查程序，这些实施条例应当获得通过。

第五节　电子印章

第35条　电子印章的法律效力

1. 一个电子印章不应当仅因为其电子形式或未符合合格电子印章的条件而否认其在法律诉讼中作为证据的法律效力并拒绝接受。

2. 一个合格电子印章应当满足与其相连的数据完整性和来源正确性的推定。

3. 基于一个成员国内发放的合格证书的合格电子印章在其他成员国内作为合格电子印章应当予以承认。

第36条　高级电子印章的条件

一个高级电子印章应当满足下列条件：

（a）其仅和印章的创制者相连；

（b）其能够识别印章创制者的身份；

（c）其是使用电子印章创制设备进行创制，印章的创制者对其具有较高的信任，能够在其控制下为创制电子印章而使用；

（d）其和相关联的数据相连，从而数据随后的任何改变都能被察觉。

第37条　公共服务中的电子印章

1. 如果成员国为了使用由一个公共部门机构或代表其提供的在线服务，规定一个高级电子印章。此成员国应当承认高级电子印章、基于电子印章合格证书的高级电子印章以及第5段中有关实施条例中规定的至少在格式或使用方式上合格的电子印章。

2. 如果成员国为了使用由一个公共部门机构或代表其提供的在线服务而规定一个基于合格证书的高级电子印章，此成员国应当承认基于合格证书的高级电子印章以及第5段中有关实施条例中规定的至少在格式或使用方式上合格的电子印章。

3. 在跨境使用中，成员国不应当规定公共部门机构提供的在线服务中使用的电子印章的安全水平高于合格电子印章。

4. 委员会可以通过实施条例规定一些高级电子印章标准的参照。当高级电子印章符合这些标准时，可以推定其符合本条第1段、第2段和第36条有关的高级电子印章的条件。根据第 48（2）条中涉及的检查程序，这些实施条例应当获得通过。

5. 截止到 2015 年 9 月 18 日，考虑到欧盟的现行做法、标准和法律条文，委员会应当通过实施条例，规定高级电子印章的参照格式或使用替代格式时的参照方法。根据第 48（2）条中涉及的检查程序，这些实施条例应当获得通过。

第 38 条　电子印章的合格证书

1. 电子印章的合格证书应当符合附录 3 中规定的条件。

2. 电子印章的合格证书应当不适用超过附录 3 中规定条件之外的任何强制性条件。

3. 电子印章的合格证书可以包括非强制性附加具体特征。这些特征不应当影响合格电子印章的互操作性和承认。

4. 如果电子印章的合格证书在开始发放后被撤销，其将从被撤销之时丧失有效性，其状态在任何条件下都不会恢复。

5. 根据上述条件，成员国可以就电子印章合格证书的临时中止在国内法中进行规定：

（a）如果电子印章的合格证书已经被临时中止，证书在中止期内将丧失其有效性；

（b）中止期将会清晰标示在证书数据库中，在中止期限内，从提供证书状态的信息服务上应当可以看到中止状态。

6. 委员会可以通过实施条例，规定一些电子印章合格证书标准的参照。当电子印章的合格证书符合这些标准时，应当推定其符合附录 1 中规定的条件。根据第 48（2）条中涉及的检查程序，这些实施条例应当获得通过。

第 39 条　合格电子印章创制设备

1. 第 29 条应当参照适用合格电子印章创制设备的条件。

2. 第 30 条应当参照适用合格电子印章创制设备证书。

3. 第 31 条应当参照适用经过认证的合格电子印章创制设备清单的出版物。

第 40 条　合格电子印章的认证和保存

第 32 条、第 33 条、第 34 条应当参照适用合格电子印章的认证和保存。

第六节　电子时间戳

第 41 条　电子时间戳的法律效力

1. 一个电子时间戳不应当仅因为其电子形式或未符合合格电子时间戳的条

件而否认其在法律诉讼中作为证据的法律效力并拒绝接受。

2. 一个合格电子时间戳应当满足与其标示的日期和时间的精确、与日期和时间绑定的数据完整的推定。

3. 在一个成员国内发放的合格电子时间戳在所有成员国内应当作为合格电子时间戳予以承认。

第 42 条 合格电子时间戳的条件

1. 一个合格电子时间戳应当满足下列条件：

（a）其将日期和时间绑定到数据上，以这样的方式合理排除数据未被觉察的被改变的可能性；

（b）其基于和协调时间时相联系的精确时间源；

（c）其是由合格可信服务提供者使用高级电子签名进行签名或使用高级电子签章进行签章，或使用其他等同的方式。

2. 委员会可以通过实施条例，规定一些将日期和时间绑定于数据、精确时间源的标准的参照。当日期和时间绑定于数据、精确时间源符合这些标准时，应当推定其符合第 1 段中规定的条件。根据第 48（2）条中涉及的检查程序，这些实施条例应当获得通过。

第七节 电子登记传输服务

第 43 条 电子登记传输服务的法律效力

1. 使用电子登记传输服务发送和接收的数据不应当仅因为其电子形式或未符合合格电子登记传输服务的条件而否认其在法律诉讼中作为证据的法律效力并拒绝接受。

2. 使用合格电子登记传输服务发送和接收的数据应当满足数据完整性、认证的发送者对数据的发送、认证的接收者对数据的接收、合格电子登记传输服务标明发送和接收日期和时间的精确性的推定。

第 44 条 合格电子登记传输服务的条件

1. 合格电子登记传输服务应当符合下列条件：

（a）其是由一个或多个合格可信服务提供者提供；

（b）其保证对发送者的身份识别具有高水平的信心；

（c）在数据传输前，其保证对接收者的身份识别；

（d）合格可信服务提供者的高级电子签名或高级电子印章保障数据发送和接受的安全，能够排除数据以未觉察的方式被改变的可能性；

(e) 为数据的发送或接收之需而进行的数据改变能够清楚地显示给数据的发送者和接收者；

(f) 发送和接收的日期和时间，以及数据的任意改变通过合格电子时间戳予以显示。当数据在两个或多个合格可信服务提供者之间传输时，(a) 点至 (f) 点的条件应当适用于所有合格可信服务提供者。

2. 委员会可以通过实施条例，规定一些发送和接收数据程序标准的参照。当发送和接收数据程序符合这些标准时，应当推定其符合第 1 段中规定的条件。根据第 48 (2) 条中涉及的检查程序，这些实施条例应当获得通过。

第八节　网 址 认 证

第 45 条　网址认证合格证书的条件

1. 网址认证合格证书应当符合附录 4 中规定的条件。

2. 委员会可以通过实施条例，规定一些网址认证合格证书标准的参照。当网址认证合格证书符合这些标准时，应当推定其符合第 1 段中规定的条件。根据第 48 (2) 条中涉及的检查程序，这些实施条例应当获得通过。

第四章　电 子 文 档

第 46 条　电子文档的法律效力

电子文档不应当仅因为其电子形式而否认其在法律诉讼中作为证据的法律效力并拒绝接受。

第五章　权力的授权和实施条款

第 47 条　授权的实施

1. 根据本条规定的条件，通过授权法案的权利被授予委员会。

2. 通过第 30 (4) 条涉及的授权法案的权力应当自 2014 年未明确的期限内授予委员会。

3. 欧洲议会或欧盟理事会可以随时撤销涉及第 30 (4) 条涉及的权力授权。撤销的决定可以终止上述规定中的权力授权。在欧盟官方公报公布决定的次日或公报中规定的最后日期，决定生效。其不影响已发生效力的授权条文的有效性。

4. 一旦通过授权法令，委员会将同时通知欧洲议会和欧盟理事会。

5. 只要欧盟议会或理事会在得到给予其通知的两个月内未提出明确反对，在到期之前，欧盟议会和理事会通知委员会其将不反对法案，根据第 30 (4) 条通过的授权法案将生效。在欧洲议会或理事会倡议下，此期限将延长两个月。

第 48 条　委员会程序

1. 欧盟委员会应当得到委员会的帮助，这一委员会应当是欧盟第 182/2011 号条例含义内的委员会。

2. 当参照本段时，第 182/2011 号条例第 5 条应当适用。

第六章　最后条款

第 49 条　检查

委员会应当检查本条例的适用，应当不晚于 2020 年 7 月 1 日向欧洲议会和理事会进行报告。

考虑到本条例在使用中获得的经验，以及技术、市场和法律的发展，委员会应当评估特别是是否合适修改本条例的范围或其具体条款，包括第 6 条、第 7 条（f）点和第 34 条、第 43 条、第 44 条、第 45 条。

如果合适的话，第 1 段中涉及的报告应当附上法律议案。另外，委员会应当在提交第一段中涉及的报告后每四年向欧洲议会和理事会提交有关达到本条例的目标进展的报告。

第 50 条　废止

1. 第 1999/93/EC 号指令从 2016 年 7 月 1 日废止其效力。

2. 对废止指令的参照应当解释为本条例的参照。

第 51 条　过渡措施

根据第 1999/93/EC 号指令第 3（4）条，一致性已经被确定的安全签名创制设备应当被解释为符合本条例的合格电子签名创制设备。

2. 根据第 1999/93/EC 号指令向自然人发放的合格证书应当被解释为符合本条例的电子签名的合格证书，直至其期满。

3. 根据第 1999/93/EC 号指令发放合格证书的证书服务提供者应当不晚于 2017 年 7 月 1 日前尽早向监管机构提交一致性评估报告。直到提交一致性评估报告和监管机构完成评估，证书服务提供者应当被解释为符合本条例的合格可信服务提供者。

4. 如果根据第 1999/93/EC 号指令发放合格证书的证书服务提供者在第 3 段涉及的时间内未向监管机构提交一致性评估报告，该证书服务提供者从 2017 年 7 月 2 日起不应当被解释为符合本条例的合格可信服务提供者。

第52条　生效

1. 本条例应当自其在欧盟官方公报公布之日起第20日生效。

2. 本条例从2016年7月1日开始适用，除以下情况：

（a）第8（3）条、第9（5）条、第12（2）条至第（9）条、第17（8）条、第19（4）条、第20（4）条、第21（4）条、第22（5）条、第23（3）条、第24（5）条、第27（4）条和第27（5）条、第28（6）条、第29（2）条、第30（3）条和第30（4）条、第31（3）条、第32（3）条、第33（2）条、第34（2）条、第37（4）条和第37（5）条、第38（6）条、第42（2）条、第44（2）条、第45（2）条、第47和第48条从2014年9月17日开始适用。

（b）第7条、第8（1）条和第8（2）条、第9条、第10条、第11条和第12（1）条应当从与第8（3）条和第12（8）条有关的实施条例适用之日开始适用；

（c）第6条应当从与第8（3）条和第12（8）条有关的实施条例适用之日起三年后开始适用；

3. 在本条第2段（c）点涉及的日期之前，根据第9条，如果被通知的电子身份识别模式包含在委员会公布的名单里，根据第6条本模式下电子身份识别方式的承认将会在本模式公布后的12个月内进行，但不早于本条第2段（c）点所涉的日期。

4. 虽然根据本条第2段（c）点的规定，成员国可以决定由另一成员国根据第9（1）条通知的电子身份识别模式下的电子身份识别方式从第8（3）条和第12（8）条有关的实施条例适用之日起在第一个成员国内获得承认。相关的成员国应当通知委员会。委员会应当向公众公布这一信息。

本条例将对所有成员国具有完全直接的约束力。

附录四 外国专家在全国人大电子商务立法国际研讨会上的发言（薛虹翻译）

联合国国际合同使用电子通信公约

卢卡·卡斯特拉尼

（作者系联合国国际贸易法委员会电子商务工作组召集人）

2005年11月23日联合国大会通过了“联合国国际合同使用电子通信公约”。

一、公约主要实质性条文

公约第5条在设置解释原则时使用了众所周知的语言，因而，在《联合国国际货物销售合同公约》第7条中存在重要的判例法。

公约第5条第1款赋予了法官在其他贸易法委员会文本中，对有关共同的公约在解释和适用中进行统一解释的义务。然而，这依旧存在差异：旨在协调诸如“销售公约”等现有法律传统的文本必须要面对那些因根深蒂固的国内观念而导致的“回归趋势”。在使用电子通信的情况下，国内立法标准可能不存在或者不完善：因此，回归趋势可能不那么突出。然而更重要的是要强调公约的自主性，并促进其解释的统一性，在国家制定的统一示范法中对公约内容进行补充。

公约第5条第2款指用于解决由公约管理的但不具体处理事项的一般原则，部分一般原则可能与“销售公约”第7条所确定的原则相同（如诚信原则与便于缔结合同原则）。在贸易法委员会“电子商务示范法”与“电子签名示范法”中可以找到其他相关原则。

公约第6条是有关当事人的所在地。公约第6条第2款中有关“最密切关系”的概念受“销售公约”第10条的启发。然而，公约第6条第1款确定了一个具体规则用以协助确定合同一方的实际所在地。事实上，使用电子手段的一个特征是物理位置的非物质化，因此，合同各方都必须明确其所在地。公约第6条第1款明确了对于营业场所的自我主张可能被驳回。

此外，公约第6条第4款规定，设备与支持技术的所在地以及信息系统访问地点并不一定与合同一方的营业所在地有关。规则尤其适用于在商业互动场合，云服务的使用可能会极大地阻碍系统中某些信息的具体位置的确定。公约第 6 条第 5 款对于使用特定国家的域名或电子邮件地址引入了类似的规则，因为流动性使得电子通信的访问无处不在，这些列出的内容对于确定一方的经营所在地可能没有意义。

公约第 7 条旨在确保其他文本中的有关信息要求不受到公约适用的影响。提出这些要求的文本既可以是某一国家的也可以是国际性的，既可以是强制性申请的也可以是自愿采用的。

公约第 8 条在国际层面上确定了在“电子签名示范法”第 5 条中首次制定的电子通信不歧视原则，通过参考包含在内的电子信息（如链接或附加信息）也可以不通过参考来区分其事实情况。这一规则在公约第 8 条中并不明确，但可从该示范法第 5 条中所述的统一电子通信法的一般原则推断出来，如当这些要求在等同的纸质交易方面不存在时，它就会阻止与使用电子通信相关的某些要求。

公约第 8 条第 2 款澄清说明：电子通信的使用是可以选择的，但是这种许可使用可能是隐含的，启动电子交换或只是共享电子地址就足以表达其隐含的许可，在这两种情况下，这也相当于公约第 10 条规定的有关电子地址的隐含指定。

公约第 9 条是有关“作品”“签名”以及“原创”等关键概念的建立电子和纸质通信之间的功能等同性的核心条款。应当指出的是，这些等同物是为了在跨境使用电子通信方面开展业务，同时国内法也规定了国内交易的功能等同性。公约确保在国内层面实施功能等同性时可能存在的变化不会妨碍在国际层面对电子交易的法律上的相互认可。

公约第 9 条第 1 款明确，已在其他法律或合同协议中规定的形式要件，公约并不指定新的形式要件。

公约第 9 条第 2 款规定了与“电子商务示范法”第 6 条第 1 款相同的以纸质文件为基础的“书面形式”的功能等同性要求，作品的功能是提供未来的信息证据，如果电子通信中包含的信息可作为今后的参考，该功能就可实现。缔约方尤其需要注意的是避免由于技术过时而导致该信息无法被访问。

公约第 9 条第 3 款是有关手写签名的功能等同问题。当符合以下条件时，电子签名将满足手写签名的格式要求：（a）一种用于确定缔约方并明确该缔约方了解电子通信中所载信息的意图的方法；（b）所使用的其他方法：（i）在包括任何相关协议的情况下，对于生成或传达电子通信的目的是可靠的；（ii）事实本身或连同进一步的证据证明已履行了上文（a）项所述的职能。

公约第 9 条第 3 款对于“电子商务示范法”的第 7 条和“电子签名示范法”的第 6 条第 1 款的内容进行了大量的创新。无须重复“电子签名示范法”第 6 条第 3 款所载的双重结构，公约第 9 条第 3 款以最严格形式促进了技术中立性。此外，公约第 9 条第 3 款规定，“电子签名示范法”第 12 条所记载的跨境承认电子签名的实质等同原则应得到充分执行。这一原则表明外国电子签名可能不会因其来源而受到歧视，但应根据相同的可靠性要求，对在必须得到承认的司法管辖区中所创建的电子签名进行评估。

此外，“电子商务示范法”第 7 条和“电子签名示范法”第 6 条第 1 款所记载的“自然人认同”概念在公约第 9 条第 3 款中被替换为“缔约方的意图”，以更好地获取与签名相关的各种功能。事实上，纸质签名并不总是表示对签名文件的批准，而是可以满足其他功能，如对其内容的掌握与证明。与电子签名有关意向的实际内容必须根据意向的具体条款以及其他相关情况逐个进行确定。在这方面，无论是意图本身的表达还是同意接受这一意图，公约要求所使用方法均应明确地表明该缔约方的意图。此外，基于公约第 9 条第 3 款（a）条中的定义，公约侧重于该条的方法属性（而非数据概念），它扩大了可使用的流程以及技术的范围，在混合使用电子与非电子技术手段时，这方法可能尤其适用。

公约第 9 条第 3 款的（b）（ii）条中提出了一项安全条款，确保只要有可能确定电子通信的签字人并确定其签署该通信的意图时，该签字人不得以签字的方式或性质为由而拒绝签字。如果没有这一项规定，可靠性测试可能导致合法通信无效的结果，理由则是签名方式在特定的情况下并不可靠，由此签字人应承担的义务就有可能被免除，该项测试被称为“实践中的可靠性”，而在公约第 9 条第 3 款（b）（i）条所描述的被称为“理论上的可靠性”。

公约第 9 条第 3 款应根据“电子签名示范法”第 12 条有关电子签名的跨境认可经验进行评价，“电子签名示范法”第 12 条是国内通行的规定，但对于承认国外电子签名而言这是相对僵化的做法。然而，国内法律通常需要通过司法管辖区之间的一般对等协议来正式承认外国电子签名的效力，这些协议包括：外国的认证服务提供商所提供的认证协议、在签名需要被认可的国家的认证提供商之间的交叉认证协议，或者两者的组合。在实践中，这些机制被证明是烦琐的，并且缺乏实际应用价值。相反，基于技术中立和功能等同的控制原则，公约第 9 条第 3 款采用了基于实质等同原则的通用版本，包括了法律、技术以及商业因素在内的若干要素，以及双方的合同协议。因此，公约有助于事先相互承认电子签名效力以及争议的事后确认。

公约第9条第3款也许并未夸大跨境电子商务未来发展的重要性，从这方面应该指出的是，最近的双边以及多边自由贸易协定通常载有一项根据技术中立标准跨境承认电子签名效力的条款规定，这些规定与旨在促进无纸贸易电子商务利益相关，多边层面规定想要得到有效执行，只能通过公约第9条第3款所规定的机制来实现。

公约第9条第（4）款和第（5）款规定了有关“原始文本”纸质概念的功能等同要求。受到“电子商务示范法”第8条第（1）款和第（3）款的启发，这些规定对于确保跨国界适用的统一性也至关重要，同时还应灵活地适用这些规定。事实上与电子签名有可能发生的情况相类似，对要求隐含或明确地使用某些技术的“原始文本”功能等同物提出了更为严格的要求，这将对跨境承认电子通信构成不可逾越的障碍。

公约的其余实质性条款涉及电子签约。公约第10条是有关发送和接收电子通信的时间和地点。在“电子商务示范法”第15条基础上考虑到后续的技术创新和商业惯例。

根据公约第10条第1款的规定，在发起人的控制下，当电子通信离开信息系统时信息被发送；而根据“电子商务示范法”第15条的规定，当数据消息进入发起者控制之外的系统时被发送。此条规则已被修改，用以避免由于防火墙、垃圾邮件过滤器、收件人或中介系统关闭等原因而导致信息不能进入信息系统的结果。

公约第10条第2款用于区分指定电子地址和非指定电子地址，以确定电子通信的接收时间，“电子商务示范法”第15条第2款已经采纳了这种做法；然而，公约第10条第2款包含了关于非指定电子地址发送电子通信接收时间的新确定要素：在这种情况下，通信能够被检索且接收者知情时，该通信被视为已接收。此规则在书面通信中普遍存在。另外，“电子商务示范法”第15条第2款要求收件人进行实际的检索，这也许会导致收件人以延误或避免发送电子信息的方式避免访问电子邮件。

公约第10条第3款与“电子商务示范法”第15条第4款类似，确定了电子通信的发送和接收地点。公约第10条第4款由公约第6条补充，提供了确定收货地点的附加规则。

公约第11条指出，电子通信中所载的合同提案不涉及具体内容，但使用信息系统的各方通常可以进行访问，除非在该提案中明确表示了接受的意图，否则将被视为要约邀请而非具有约束力的要约。贸易法委员会以前的电子商务文本中并不存在这一规则，因此，这一规定的可取性主要受到了《联合国国际货物销售合同公约》第 14 条第 2 款的启发。基于此事实的理由是电子通信可以在瞬间内进行大量的数据交换，因此，商家可以在很短的时间内收到在线报价的绑定接受条款，这种可能性将需要大量实物库存的交易商品，这会导致仓库管理效率低下或购买成本的高昂以及最终使消费者承担高价。

公约第 12 条规定，尽管事实上自然人并没有对自动信息系统执行行为进行审查或干预，但使用自动信息系统缔结的合同是有效且可执行的。对于不歧视原则适用的解释，在对自动化电子系统的使用系统的熟悉程度有限的司法管辖区内尤为适用。

公约第 13 条表示，公约不会影响国家法律中经常包含的信息职责，当公约的申请通过双方的声明或协议延长到与消费者的交易时，公约适用的扩展就尤为重要。"电子商务示范法"的序言部分包含有类似的范围，表示"本法不会超越旨在保护消费者的任何法律规则"。

基于对这些实际上可能会阻碍跨境电子商务活动并违反电子商务不歧视性原则的信息责任的不同考虑，如果需要则只能用于电子通信的使用，这类情况在消费者保护方面并不少见。

公约第 14 条包含一项旨在保护自然人免受输入错误情况下可能受到合同约束的规则。贸易法委员会以前的文本中不存在这一规定，这是贸易法委员会电子商务文本不干涉实体法原则的例外，这种例外的理由和人与机器之间的相互作用的特殊性有关。然而，公约第 14 条的适用范围是有限的，因为只有在满足一些比较严格的条件时这种输入错误才有可能被撤销：输入错误是由处理自动消息系统的自然人做出的；自动消息系统不提供纠正错误的机会；一方在尽快通知对方错误时发生失误；错误的一方没有从交易中获得任何好处。因而，在目前的商业应用中情况常常如此，如果自动消息系统为人类提供了检查和确认输入信息的可能，则公约第 14 条不适用。此外，如果即时交付商品或服务（如数字商品或服务）可能会存在困难，但援引错误的一方证明它并没有从交易中受益也并非不可能。

综上所述，根据其要求，公约第 14 条的实际应用可能会有限，但会对于自然人采用电子交易机制进行审查从而减少输入错误具有重大的积极影响。

二、公约采用的模式

“电子商务示范法”和“电子签名示范法”取得了显著的成功，通过高水平的法律协调为全球电子通信的使用铺平了道路。各国继续以规范的方式采用示范法，提供先进并全面的立法并从中获益，同时以学术研究和增加判例法作为补充。特别是对于发展中国家起草及执行新立法时，这些都是重要的优势。在世界上的某些地区，贸易法委员会的这些文本被视为事实上的共同立法标准。在另外一些情况下，“电子商务示范法”和“电子签名示范法”已经与公约的实质性条款一起使用，以起草区域性文本草案。

跨境电子商务的重要性日益增加，随着“电子商务示范法”和“电子签名示范法”的颁布建议联合采用并与公约制定相互协调，否则就会剥夺了电子商务立法框架实现的关键因素。此外，公约的采用提高了“电子商务示范法”和“电子签名示范法”已被采用的司法辖区的效率，并根据最近的业务实践和技术发展引入新的规定并明确他人的行为。

随着公约的颁布接近其第一个十年，有可能在通过与适用方面取得一个初步的平衡。目前正式的缔约国数量并不是特别多：五个国家正式通过公约，其他一些国家处于采纳程序的高级阶段。

统一商业法条约的通过受到影响，这至少在一定程度上归因于某些一般问题，如议会时间日益减少，电子通信不能在公众中普及，因此不太可能受到政治关注。此外，由于当地法律能力的薄弱，资助者的兴趣缺乏，对相关福利的认识有限，商业法的改革通常不是发展中国家的优先事项。

不同的考虑也适用于目前发达国家采用制定法的模式，传统上，该领域的主要司法管辖区位于西欧和中欧以及北美，然而由于不同的原因，这些司法管辖区放弃了领导。一方面，欧洲各国充分沉浸在区域经济一体化进程中，并不总是专注于与全球统一文本的无缝互动；另一方面，在过去几十年中，美利坚合众国一直在致力于包括商业法领域的审判活动在内的多边行动，因此，在这些司法管辖区采用统一文本提供的“拖车效应”已经丧失。

此情况下的公约因这种趋势也导致了一个特殊的局面。事实上，各国认识到公约规定的重要性，但也只在国内采用它们。这发生在从危地马拉到越南的至少十个司法管辖区，即使公约的实质性条款在区域立法中被转移，采用正式条约的呼吁并未同时产生。

关于公约与双边和区域自由贸易协定之间的关系，应当指出的是，在区域经济一体化进程的框架内，很少有贸易协定缔结，如欧盟的这种情况，这也为商业交易提供了有利的规则。然而，商事法律共同性的不足，贸易商可能会面临无法充分获得这些贸易协定提供的机会等实际的问题。因此，通过现代高效的商业立法来补充自由贸易协定，统一的文本可能会有助于巩固区域贸易格局。

此外，如上所述，一些自由贸易协定包含关于促进使用电子通信的规则。这些规则在一些时候特别要求维持基于贸易法委员会文本的国家立法，以确保立法的统一性。基于技术中立的跨境承认电子签名效力的更为具体的规定也较为常见：实现这些规定的唯一方式就是通过公约并执行第9条第3款。

无纸贸易便利化与公约采用之间的关系在促进跨境无纸贸易的区域安排草案文本中得到了明显的体现，草案文本正在联合国亚洲及太平洋经济社会委员会议中（亚太经社会）进行谈判。该草案的目的是为区域内协调与无纸贸易便利化有关的规则与技术要求制定法律框架，同时该草案还预见到一个便于向各国提供技术援助的执行机制。草案的拟定评估了贸易法委员会关于电子商务的文本，认为该文本是建立支持无纸贸易所必需的法律框架的唯一全球法律标准并已在亚太地区广泛采用，因此，草案强调必须建立必要的法律框架作为优先事项，通过采用公约保证最高程度的统一性和法律可预测性以实现这一目标。

还应当指出，现有的合同框架支持私人贸易便利化服务提供者的运作，如果发生争议则可能不足以确保电子形式的合同协议的可执行性，特别是当与服务提供商之间联系有限或没有任何联系各方签订合同的，这个问题可以通过各国广泛地采用公约并将公约明确纳入合同框架予以解决。

三、结论

公约为全球一级的电子商务立法提供了新的标准。贸易法委员会之前的电子商务文本在为国内立法提供蓝图方面尤为成功，公约应达到即使不是更高的但也要类似的接受程度。事实上国内与国际电子商务同样重要，出于对全球经济考虑都应鼓励各国推进公约的采纳速度。

目前研究和推广公约做法的一个限制在于公约与其他条约的关系尚未得到充分探讨，在仲裁专家中传播有关公约的更多信息似乎尤为重要。事实上，越来越多的司法管辖区支持替代性的争议解决机制，并致力于提供最现代化的立法环境。然而，虽然电子手段越来越多地用于缔结仲裁协议，但在仲裁程序中仍然没有强烈要求仲裁机构采用公约。公约的采用将带来明显的好处，如关于“纽约公约”规定的执行机制。

欧盟统一市场电子交易中电子认证和可信服务条例

吉塞拉·费诺其奥

（作者系意大利博洛尼亚大学法学系私法与互联网法教授、

联合国国际贸易法委员会电子商务工作组现任主席）

一、引言

总体而言，可以肯定的是，虽然流程完全数字化的法律障碍已经被扫除了，有关电子文件和电子签名方面的法律，允许我们以数字形式做我们能以纸面形式做的任何事情。但是，在这种情况下，特别是对于那些需要进行身份验证的服务的发展，诸如公共行政部门和某些银行业务等提供的特定服务，（这使得）在线身份识别问题比以往任何时候都更为严峻。

关于所有需要验证身份的服务在数字化的新阶段中，它真正的要害问题在于该如何认证某人的身份。譬如，（某人）在开立新的银行账户，给一个或者另一个公共行政部门递交正式请求，或者在参与公共合同的竞标之时。

显然，并不是所有的在线服务都需要验证身份。许多电子商务服务只需在线支付，而无须验证身份。简言之，在这些情况下，全部所需的就仅仅是一张信用卡，除此之外，什么也不需要。但是有时候，即譬如在申办信用卡的情形下，身份验证却是必要的。

为了解决这一问题，欧洲议会通过了《欧洲议会和理事会 2014 年 7 月 23 日第 2014/910 号关于统一市场电子交易中电子认证和可信服务条例以及废止 1999/93/EC 指令的条例》（以下简称《EIDAS 条例》或《电子身份识别条例》），该条例被公布于 2014 年 8 月 28 日的欧盟官方期刊（L 257/73）。

二、电子身份条例

《EIDAS 条例》建立在《欧洲议会和欧盟理事会 1999 年 12 月 13 日关于建立电子签名共同法律框架的 1999/93/ EC 指令》（以下简称《欧盟电子签名指令》）的基础之上，它旨在提高（欧盟）统一市场电子交易的信任度和保障电子身份识别、电子认证、电子签名和其他跨境可信服务的相互承认，从而提高欧盟公共和私人在线服务的效率。

《EIDAS 条例》应于 2016 年 7 月 1 日起生效，与此同时《欧盟电子签名指令(1999/93/EC)》将自同日起失效。

就电子身份识别而言，《EIDAS 条例》通过创建有关在线服务的互任原则，以解决一国公民在其他的欧盟成员国通过使用他们的电子身份识别来认证他们自己的需求。

特别是，《EIDAS 条例》规定了若干条件，根据这些条件，欧盟成员国必须认可统一市场中自然人和法人的电子身份识别手段，以促进跨境贸易的发展和其与公共当局的互动。

虽然《EIDAS 条例》并未规定欧盟成员国为了访问在线服务的目的而有使用或引进电子身份识别手段的自由，但是该条例建立了明晰的规则以认可和接受电子身份识别手段，此电子身份识别手段将在所有的欧盟成员国中被直接适用且完全相同地适用。

三、条例而非指令

关于《EIDAS 条例》值得一提的是，尽管它建立在《欧盟电子签名指令》的基础之上，但用于规范该调整对象的法律文件却选用了条例而非指令。

条例如同指令一样是有拘束力的立法法案，不过，就欧盟成员国而言，条例并不需要成员国制定任何法案。

因此，一旦《EIDAS 条例》开始实施，所有的欧盟成员国就将在电子交易中的电子身份识别和可信服务方面受到同样的规则约束。通过此法律文件，欧盟国家将远不止协调统一，因为《EIDAS 条例》将在欧盟成员国之间提供真正统一的电子签名立法基础设施，以充分保障法律和技术的互操作性。

《EIDAS 条例》分为四个部分：第一部分构建了一系列的总则条款；第二部分内容涉及电子身份的识别和认证；第三部分规制电子签名；第四部分规定了可信服务的准则。

四、条例与电子身份

认可的过程始于成员国的一方将电子身份识别的方案通知给欧盟委员会。在条例中这一方案被定义为电子身份识别系统，依据此方案，电子身份识别的手段被签发。

通知国须将与该电子身份识别方案相关的信息递交给欧盟委员会，这些信息包括负责该通告的电子身份识别方案的当局、依据该方案的电子身份识别手段的签发方以及它的保证等级。

电子身份识别方案的保证等级（低/达标/高）取决于《EIDAS 条例》第 8 条规定的因素。保证等级表征着电子身份识别手段在所要求或者宣称的自然人或者法人身份方面提供的可信度。

在收到成员国的通知后，欧盟委员会将在欧盟官方期刊上发布已通告的电子身份识别方案的列表。欧盟委员会也将在收到一方成员国任何新的通知后的两个月内，公布该列表的修正案。另外，一方成员国也可以向欧盟委员会呈交要求移除该国之前已通告的电子身份识别方案的请求。

《EIDAS 条例》还规定了电子身份识别方案的适格“通知”所应满足的条件。

确切地说，假如满足《EIDAS 条例》第 7 条所列举的所有条件，电子身份识别方案的“通知”才是适格的。特别需要强调的是，依据该方案的电子身份识别手段必须被通知国签发或者被认可，并且该电子身份识别手段须被用于访问通知国公共部门提供的至少一种服务。

根据互任原则，《EIDAS 条例》规定当访问某个国家级公共部门所提供的服务需要进行电子身份识别时，如果电子身份识别手段的签发是以欧盟委员会公布列表中的电子身份识别方案为依据，那么欧盟成员国应该认可并接受另一个成员国签发的电子身份识别手段。

此外，与电子身份识别手段的保证级别相关的两个附加条件必须被同时满足：访问在线服务时电子身份识别的手段须有与公共机构要求的保证级别相同或更高的等级，并且相关公共部门采用的关于访问该在线服务的保证等级须为“达标”或“高”。

如果依据欧盟委员会公布列表中的电子身份识别方案，其签发的电子身份识别手段对应于“低”保证等级，那么公共部门为了跨境认证的目的，就具有自由裁量是否认可它的权力。

虽然《EIDAS 条例》规定了通知国、电子身份识别手段签发方以及认证程序运行方没有履行他们义务后的法律责任，但是它丝毫不减损欧盟各成员国国内法律关于“损害赔偿”定义的规定。

除有必要确保成员国之间在电子身份识别方案的相互认可外，该条例还旨在授予该方案的技术互操作性。

因此，它强调依据《EIDAS 条例》的规定，被通告的国家电子身份识别方案应具有互操作性，并且应该构建欧盟的互操作性框架。

《EIDAS 条例》选择的路径似乎是技术中立的：互操作性框架将不会在欧盟成员国之间歧视任何特定国家的电子身份识别的技术解决手段以及它将涉及互操作性的最低技术要求和上文已经提及的保证等级相关的最低技术要求。

此外，为了促进成员国之间的合作，《EIDAS 条例》规定，在电子身份识别方案通知给欧盟委员会的至少六个月之前，通知国应该将对方案的说明提供给其他成员国。假如在国家层面上，电子身份识别方案需要依赖方使用特殊的硬件或者软件，成员国不得将其对依赖方设定的此类要求强加于他国。

五、欧盟委员会最新实施的条例

根据《EIDAS 条例》第 12 条的规定，通告的国家电子身份识别方案应具有互操作性。

2015 年 9 月 8 日，欧盟委员会通过了两部实施办法来设定实施互操作性的统一条件。第一个实施办法是《欧盟委员会实施条例（EU）2015/1501 号根据〈欧洲议会和欧盟理事会条例第 2014/910 号关于统一市场电子交易中电子身份识别和可信服务条例〉第 12 条第 8 款制定的互操作性框架实施条例》（以下简称《互操作性框架实施条例》）。

《互操作性框架实施条例》建立在互操作性框架的技术和操作需求的基础之上，以确保成员国通知给欧盟委员会的电子身份识别方案具有互操作性。这些需求包括有关保证等级和互操作性的最低技术要求，以及唯一代表自然人或法人身份识别的最小数据集和共同的操作安全标准。除此以外，该实施条例规定，在可能的情况下，任何与互操作性框架相关的争议都应被相关成员国通过协商的方式加以解决。

在同一天通过《互操作性框架实施条例》的同时，欧盟委员会也通过了《欧盟委员会实施条例（EU）2015/1502 号根据〈欧洲议会和欧盟理事会条例第 2014/910 号关于统一市场电子交易中电子身份识别和可信服务条例〉第 8 条第 3 款制定的电子身份识别方式保证等级的最低技术性规范和程序实施条例》（以下简称《保证等级实施条例》）。

《保证等级实施条例》对技术规范和程序做出了规定，根据该条例的规定，依据通告的电子身份识别方案签发的电子身份识别手段，它的低/达标/高保证等级应加以明确。该同一的实施条例也设立了一条准则，即当依据通告的电子身份识别方案签发的电子身份识别手段，满足较高保证等级列举的条件之时，那么应推定它（也）满足较低保证等级的同等要求。

六、条例与电子签名

《EIDAS 条例》涉及电子签名的这部分规范与之前的欧盟立法框架相比，其并没有产生实质性的差异。

电子文件和电子签名的非歧视原则被确认——根据这个原则的规定，不得仅因为签名采用电子形式而否定其法律效力。根据《EIDAS 条例》第 25 条第 1 款的规定“在法律程序中不得仅仅以它是电子形式或者不能满足合格电子签名的要求为由而否认它的法律效力以及证据资格”。

《EIDAS 条例》界定了三种类型的签名：电子签名、高级电子签名和合格电子签名。

电子签名的定义是完全从技术中立的角度加以界定的。根据《EIDAS 条例》第 4 条的规定，“电子签名”是指被附着于其他电子数据，或者与之有逻辑联系并被签署者用于签名的电子形式的数据。

高级电子签名的定义也是从技术中立的角度加以界定的，正如《EIDAS 条例》所规定的，高级电子签名是指满足四种不同要求的一类电子签名。根据《EIDAS 条例》第 26 条的规定，高级电子签名对签名人而言其联系应是唯一的；可用于鉴别签名人；采用电子签名制作数据能仅由签名人唯一地控制；以及它和与之签署的数据相联系，以这种方式，数据的任何嗣后变化都可以被察觉。

《EIDAS 条例》规定的第三种电子签名类型为合格电子签名，它是指由合格电子签名创造工具和在合格电子签名证书的基础之上生成的高级电子签名。

考虑到签名的法律效力，《EIDAS 条例》第 25 条第 1 款规定，合格电子签名的法律效力应该与手写签名的法律效力相同。

另外，在成员国电子签名的互任方面，它根据《EIDAS 条例》第 25 条第 3 款的规定确立，它指在一个成员国签发的合格证书基础之上（生成）的合格电子签名，它在其他所有的成员国内都应被认可为合格电子签名。

《EIDAS 条例》也引入了电子签章，它是指被附着于其他电子数据，或者与之有逻辑联系，以确保后者数据来源和完整性的电子形式的数据。它是一种可以用来确保与之相关联的文件完整性的工具。像电子签名一样，电子签章能够是简便、先进或合格的。初步分析，电子签章似乎代表了法人的签名，但是其签名的性质必须得到每个欧盟成员国立法的确认。技术中立的原则同样也适用于电子签章。《EIDAS 条例》第 35 条第 1 款规定，在法律程序中不得仅仅以它是电子形式或者不能满足合格电子签章的要求为由而否认它的法律效力以及证据资格。

假如电子签章是合格的，其就拥有推定与合格电子签章相关联的原始数据为完整且正确的权利。此外，在一个成员国签发的合格证书基础之上（生成）的合格电子签章在其他所有的成员国内都应被认可为合格电子签章。

七、条例与可信服务

《EIDAS 条例》的最后一部分规定了被称为“可信服务”的规范。

“可信服务”的定义非常广泛并且涵盖市场提供的许多电子服务。根据《EIDAS 条例》的规定，可信服务是指一种通常提供报酬的电子服务，它包括电子签名、电子签章、电子时间戳、注册电子传输服务以及和这些服务相关的证书的制作、认证和验证。它也包括网站认证书的制作、认证和验证或者电子签名、电子签章或者这些服务相关证书的证据保全。

欧盟立法者规定了合格和不合格的可信服务以及可信服务提供者的区别。“合格可信服务”仅指符合《EIDAS 条例》规定的要求，确保一定程度安全的服务。监督机构应该核实可信服务提供者是否符合条例规定的要求，特别是，其是否满足合格可信服务提供者以及他们提供的服务是否为合格可信服务的要求。可信服务提供者应被登记在一个信任列表上，正如已经发生的认证服务提供者签发合格证书一样。

在信任列表中显示为合格状态后，合格可信服务提供者可以使用欧盟的信任标志以简便、可识别的和清晰的方式来表明他们提供的是合格可信服务。

合格的以及不合格的可信服务提供者应该采取适当的技术和管理措施来管理由他们提供的可信服务安全性造成的风险。特别是，这些措施应该用来防止和减弱安全事故造成的影响并且其应将这类事故的不利后果通知给利益相关者。

需要强调的是，合格的和不合格的可信服务提供者都应该将其中任何违反安全或者缺失完整性等会对提供的可信服务或者储存的个人数据产生重要影响的情形通知给监管部门、信息安全的国家主管机构或者数据保护的当局。假如违反安全或者缺失完整性的事项涉及两个或以上的成员国，这个被通告的监管机构应该通知其他相关成员国的监督机构和 ENISA（欧盟网络与信息安全局）。

八、其他创新点

还值得一提的是，《EIDAS 条例》引入了所谓的“电子时间戳”“注册（电子）传输服务”以及“网站认证书”。

“电子时间戳”是以电子形式存在的一组数据，该组数据与某个特定时间点的其他电子形式的数据相结合，作为后者在当时存在的证据。电子时间戳虽然并不能证明电子文件被创作完成的确切时间，但它能够证明该文件在当时已经存在。时间戳可以是“简便的”或者“合格的”。

“注册（电子）传输服务”是指通过利用电子手段使得在第三方平台之间传输数据成为一种可能的服务，并且其提供了处理传输数据有关的证据，包括发送以及接收数据的证据，以及保护传输数据免受丢失、盗取以及未经授权被修改的风险。在意大利，流传最广的注册（电子）传输服务被称为 PEC（电子邮件认证）。

最后，“网站认证书”是使对网站进行认证并且将网站和被签发证书的自然人或法人联系起来而成为一种可能的证明。就像电子时间戳一样，网站认证书能够是简便的或者合格的。网站认证书所追求的目标是把网站与个人联系起来，给予其不同级别的可信度。

九、结语

《EIDAS 条例》应该建立在一系列的法律之上，这些法律通过提供共同的基础以在公民、企业和政府机构之间实现安全的电子化互动，旨在提升电子交易的信任度，从而提高欧盟在线服务、电子交易和电子商务的效率。

值得强调的是，不同于欧盟之前通过的法案，（此次）用于规范调整对象的法律文件选用了“条例”。正如上文已经提及的那样，欧盟条例是有拘束力的法案，它必须被完全地适用于整个欧盟，且并不需要成员国制定任何法案。因此，对于电子交易中的电子身份识别和可信服务而言，所有的欧盟成员国将被同样的规则约束，以充分确保法律以及技术的互操作性。

《EIDAS 条例》的宗旨在于扫除欧盟成员国之间跨境使用电子身份识别手段认证的既有障碍，但是它的目的并不在于干涉欧盟成员国内部建立的有关电子身份认证管理系统和相关的基础设施。《EIDAS 条例》将凭借安全的电子身份识别和认证，以确保访问欧盟成员国提供的跨境在线服务成为一种可能。事实上，《EIDAS 条例》建立了诸如电子身份识别、电子文件、电子签名和电子传输服务等跨境关键促进因素互任的一般原则。尽管如此，《EIDAS 条例》也应当被记住的是，它仅适用于公共服务。

《EIDAS 条例》规定了适当的情形来增强成员国之间的法律互操作性和提高电子交易及市场的信任度。当然，《EIDAS 条例》并没有解决欧盟国家之外在线身份的互认问题，但是它确实构建了一套统一的欧盟内部立法基础设施，这将为未来在国际层面进一步发展与该议题有关的互认带来了希望。

图书在版编目（CIP）数据

国际电子商务法通论／薛虹著．—北京：中国法制出版社，2019.7

ISBN 978－7－5093－9763－3

Ⅰ．①国… Ⅱ．①薛… Ⅲ．①电子商务－比较法－研究－世界 Ⅳ．①D912.290.4

中国版本图书馆CIP数据核字（2018）第213354号

策划/责任编辑 谢 雯　　封面设计 李 宁

国际电子商务法通论

GUOJI DIANZI SHANGWUFA TONGLUN

著者/薛虹

经销/新华书店

印刷/河北鑫兆源印刷有限公司

开本/710毫米×1000毫米 16开　　印张/19.25 字数/266千

版次/2019年7月第1版　　2019年7月第1次印刷

中国法制出版社出版

书号 ISBN 978－7－5093－9763－3　　定价：98.00元

北京西单横二条2号

邮政编码 100031　　传真：010－66031119

网址：http：//www.zgfzs.com　　**编辑部电话：010－66010493**

市场营销部电话：010－66033393　　**邮购部电话：010－66033288**

（如有印装质量问题，请与本社编务印务管理部联系调换。电话：010－66032926）